通史悟鉴

中

贾康田 著

中国文联出版社

目录

第四章　三国、两晋、南北朝　纷争融合

第五章　隋唐五代　大国分崩

第四章 三国、两晋、南北朝

纷争 融合

三国两晋南北朝（220—589）包括三国、西晋、东晋十六国、南北朝四个历史阶段，从220年曹丕称帝建立曹魏，到589年隋朝灭南朝陈而统一中国，历时三百七十年。这一时期，统一局面被打破，朝代更替频繁，多国并存，社会矛盾尖锐。历经三国鼎立，西晋统一，东晋偏安江左，五胡十六国纷争，南朝宋齐梁陈，北朝北魏一统，六镇暴动分裂，浴火重生归隋。在几百年的风云激荡中，胡汉交融，南北会通，江南经济发展，北方战乱不断，民族文化经济交流，科技成果闪耀。民族间界线越来越小，社会出现民族大融合的趋势。国家由分裂复归统一，民族由对立走向融合。

三国鼎立　豪杰并起

三国时期（220—280）分为曹魏、蜀汉、东吴三个政权。自220年曹丕称帝开始，到280年西晋灭东吴，统一中国，三国时期结束。220年，曹丕篡汉称帝，定都洛阳，国号“魏”，史称“曹魏”。次年刘备称帝，定都成都，国号“蜀”，史称“蜀汉”。229年，孙权称帝，定都建业（今江苏省南京市），国号“吴”，史称“东吴”。至此三国正式鼎立。也有学者认为从184年黄巾起义开始，历史便进入三国时期，往往将184年到220年的三十六年时间纳入三国时期加以讨论。也有观点认为从190年董卓之乱开始，就进入了三国时期[1]。三国间相互不断征伐，社会动荡不安，给人民带来极大的灾难。但乱世出英雄，各地豪杰并起，形成庞大的利益集团，各大集团为了壮大自己的势力，一定程度上也重视经济发展。曹魏占据中原，恢复生机，骑兵作战英勇；蜀汉天府之国，沃野千里，步兵军力雄厚；东吴实行屯田制，农业、商业空前发展，水军精良无比。东南、西南经济得以开发，各国多与外族互动，开始了民族融合。曹魏统一北方后，挥军南下；蜀汉、东吴结盟，共抗曹魏的同时，也相互征伐；三国鼎足之势维持四十余年之久，蜀汉首先被曹魏灭亡，三国鼎立平衡被打破。司马炎代魏称帝，建立西晋，经过“晋灭吴之战”，东吴灭亡，西晋统一天下。

1. 曹魏　强魏归晋

曹魏（220—265）是三国时期割据政权之一。220年，曹丕逼迫汉献帝禅让，正式取代汉王朝，建立曹魏，定都洛阳。265年，司马炎篡魏，改国号为晋，曹魏灭亡，历经五帝，历时四十六年。在三国中，曹魏占据中原地区，是三国之中最强大的国家。东汉十三州，曹魏时先将凉州改为雍州，后又从雍州分出部分地区设立凉州，共十五州，其中曹魏拥有十二州，有凉州、雍州、司州、豫州、兖州、青州、徐州、并州、冀州、幽州、扬州、荆州的全部或者部分地区。其疆域约占有整个华北地区，大致北至山西、河北及辽东，与南匈奴、鲜卑及高句丽相邻；东至黄海；东南与孙吴对峙于长江淮河一带及汉江、长江一带，以寿春（今安徽省淮南市寿县寿春镇）、襄阳为重镇；西至甘肃，与

[1]《中国文明史 第四卷 魏晋南北朝 上册》（1. 政治发展大势）写有：“一般认为，三国的历史应从220年曹丕称帝算起。在魏、蜀、吴三个政权正式建立之前，三国鼎立的格局就已基本形成。因此三国的历史包括三国正式建立前三十年的军阀混战时期，大概从汉献帝初平三年（192）董卓之乱开始。”其实，220年曹丕篡汉之前，即使曹操控制东汉的政权，天下再怎么乱，纷争再怎么大，都应属于东汉的内战。

河西鲜卑、羌及氐相邻；西南与蜀汉对峙于秦岭、河西一带，以长安为重镇。曹魏人口最多，垦田面积最广，推行屯田制，组织流民耕种官田，使得社会秩序恢复，增强了曹魏实力。曹魏重要的改革有尚书令陈群创立的“九品中正制”[1]，对两晋南北朝的政治产生深远影响。

典军校尉曹操“陈留起兵”，乱世崛起，取得“挟天子以令诸侯”的地位。“官渡之战”曹操以少胜多，打败势力强大的袁绍，奠定了他统一中国北方的基础。之后，曹操用了七年时间平定河北，收复南匈奴，占领辽东，“白狼山之战”攻灭乌桓，统一中国北方。“赤壁之战”孙刘联军火烧赤壁，曹操兵败，初步奠定三分天下的格局。魏文帝曹丕逼迫汉献帝让位，曹魏开国。刘备、孙权先后称帝，孙刘结盟，共同抗曹，三国鼎立局面正式形成。“高平陵事变”，司马懿夺取曹魏大权。晋武帝司马炎称帝，西晋代魏。“晋灭吴之战”，东吴灭亡，西晋统一中国。

乱世崛起

魏武帝曹操（155—220）本名吉利，字孟德，小名阿瞒，沛国谯县（今安徽省亳州市）人，东汉末年杰出的政治家、军事家、文学家、书法家，曹魏政权的奠基人。曹操出生在宦官世家，汉相曹参之后，曹操的父亲曹嵩是宦官曹腾的养子，曹腾历侍四代皇帝，颇有名望。汉桓帝时，封为费亭侯，曹嵩继承

[1]“九品中正制”上承两汉察举制，下启隋唐科举制，在中国古代政治制度史上占有十分重要的地位，乃中国封建社会三大选官制度之一，实际是两汉察举制度的一种延续和发展，或者说是察举制的另一种表现形式。中正是品评人才的官职名称，九品中正制大体是指由各州郡分别推选大中正一人，大中正再产生小中正。大、小中正产生后，由中央分发一种人才调查表，在该表中将人才分为九等，即上上、上中、上下、中上、中中、中下、下上、下中、下下。此表由各地大、小中正以自己所知，把各地流亡人士无论是否出仕皆登记其上，表内详记年藉各项，分别品第，并加评语。小中正襄助大中正审核后将表呈交吏部，吏部依此进行官吏的升迁与罢黜。

了曹腾的侯爵，在汉灵帝时官至太尉。曹操早年就表现出对武艺的爱好与才能，且博览群书，尤其喜欢兵法。174年，曹操被举为孝廉，入京都洛阳为郎。不久，升任洛阳北部尉，后被拜为骑都尉，因平定黄巾军有功，升迁济南相。188年，汉灵帝为巩固统治，设置西园八校尉，曹操被任命为八校尉中的典军校尉。189年，董卓入京，废黜汉少帝刘辩为弘农怀王，立陈留王刘协（汉灵帝刘宏次子，汉少帝刘辩异母弟，母亲为灵怀皇后王荣）为汉献帝，自称太师，执掌朝政。190年，董卓想拉拢利用曹操，曹操见董卓倒行逆施，不愿与其合作，遂改易姓名逃出京师洛阳。曹操在回乡途中路过成皋（今河南省郑州市荥阳市汜水镇虎牢关村西北成皋古城），拜访故友吕伯奢。吕伯奢吩咐家人杀猪款待客人，自己前往西村买酒。曹操怀疑吕伯奢家人要谋害自己而杀死吕伯奢的家人，离开吕家后遇见买酒归来的吕伯奢，因担心吕伯奢告发，遂挥剑砍死吕伯奢。曹操回到家乡陈留（今河南省开封市附近）散尽家财，征募义勇，率先揭竿起义，讨伐董卓，史称“陈留起兵”。191年，关东诸侯心怀异志，冀州牧袁绍（司空袁逢之子，袁术异母兄）、御史中丞韩馥等倡议推翻董卓，立幽州牧刘虞为帝，袁术（司空袁逢嫡次子，袁绍异母弟）、曹操等坚决反对，袁绍为安抚曹操任其为东郡太守。192年，董卓被吕布所杀，董卓的两名部将李傕（jué）和郭汜（sì）卷土重来，战胜吕布，杀死王允，控制了东汉王朝。紧接着，反董卓战争及后来各种势力的相互攻伐，形成了地方军阀割据的局面。同年，兖州（今山东省西部、河南省东北部、河北省东南部）刺史刘岱被青州的黄巾军斩杀，济北相鲍信等人迎东郡太守曹操为兖州牧，曹操终于获得了安身立命之地。吕布被李傕、郭汜打败后，先投靠袁术，被拒绝后再投冀州牧袁绍。袁绍担心吕布对自己不利，欲加害吕布，吕布逃亡河内（太行山东南与黄河以北），与河内割据势力张扬联合。当时，曹操的父亲、前任太尉曹嵩在琅琊躲避战乱，在去兖州途中被徐州牧、安东将军陶谦派兵所杀。194 年，曹操向东攻打陶谦，陶谦向青州刺史田楷求救，田楷与时任平原县令刘备一起救援。刘备随后归附陶谦被任为豫州刺史，驻军小沛（今江苏省徐州市沛县）。同年，陶谦病逝，刘备接任徐州牧。吕布的谋士陈宫和陈留太守张邈二人已归附曹操，不想两人却发动叛乱，欲迎吕布为兖州牧。于是，曹操回军攻打吕布。195 年，吕布兵败东逃投奔刘备，曹操杀了张邈及其弟张超三族。196 年，汉献帝逃出京都长安，抵达洛阳。兖州牧曹操抢先率军进驻洛阳，取得了“挟天子以令诸侯”的地位。随后曹操把汉献帝迎到许县（今河南省许昌市），改称许都。曹操任徐州牧刘备为镇东将军，封宜城亭侯。袁术率大军进攻徐州刘备，吕布趁机偷袭了徐州治所下邳（pī）（今江苏省徐州市睢宁县古邳镇），俘虏了刘备的妻子。双方求和后，吕布归还了刘备的妻子。197 年，占领淮南地区的袁术在寿春（今安徽省淮南市寿县寿春镇）称帝，建号“仲氏”（又称仲家），广置公卿朝臣。袁术招揽后宫妻妾数百人，奢侈荒淫，挥霍无度。在他的腐败统治下，江淮一带民不聊生，怨声载道。袁术冒天下之大不韪称帝，一石激起千层浪，使他成了众矢之的，遭到孙策、吕布、曹操三方的攻伐，给袁术带来灭顶之灾。198 年，吕布再次发兵攻打刘备，刘备战败，妻子再次被俘，刘备只身逃脱，投奔曹操。曹操联合刘备进攻吕布，吕布兵败被杀，曹操任刘备为豫州牧、左将军。199 年，众叛亲离、走投无路的袁术前往投奔袁绍长子、时任青州刺史的袁谭，曹操派刘备半道截击，袁术北上不得，呕血而死。200 年，刘备参加董承衣带诏诛杀曹操行动，被曹操攻打，刘备兵败投奔袁绍，关羽迫降曹操。曹操凭借“奉天子以令不臣”的政治优势，南征北战，讨伐各方。曹操先后消灭盘踞徐州的吕布、退守阴陵淮南的袁术等割据势力，降张绣、逐刘备，控制了兖州、豫州、徐州、司州等地。

当时，袁绍先后占据冀州、青州、并州、幽州地区，统一了河北地区。袁绍的谋士许攸因为家里有人犯法被捕，许攸背叛袁绍投奔曹操。200 年，袁绍命大将颜良进兵白马（今河南省安阳市滑县），自己带领十万兵马进屯黎阳（今河南省鹤壁市浚县东），企图南下进攻许都。曹操经过周密的战略部署，集中兵力，扼守要隘，重点设防，以逸待劳，后发制人。以两万人和袁绍十万人在官渡（今河南省郑州市中牟县东北）展开决战。许攸为曹操献了偷袭袁绍军队乌巢（今河南省新乡市封丘县西）粮仓的计策。曹操奇袭乌巢粮仓，以少胜多，出奇制胜，于官渡打败势力强大的袁绍，袁绍大将颜良被关羽斩首，骑兵主将文丑阵亡，袁绍带八百骑兵仓皇退回河北，曹军先后歼灭和坑杀袁军八万余人，史称“官渡之战”。曹操以其非凡的才智和勇气，写下了他军事生涯中最辉煌的一页。此战奠定了曹操统一中国北方的基础，从此，北方无人能和曹操抗衡。后许攸随曹操平定冀州，因居功自傲，屡屡口出狂言，终因触怒曹操而被杀。202 年，袁绍因兵败忧郁而死，曹操乘机彻底攻灭了袁氏军事集团。

统一北方

当年，袁绍联合北方乌桓（北方游牧民族）灭了辽西（今河北省唐山市迁安市）军阀公孙瓒。袁绍将宗人的女儿嫁给乌桓首领为妻，与乌桓联姻，巩固了联盟。袁绍死后，北方乌桓继续支持袁氏。袁绍长子袁谭和少子袁尚为争夺继承权而互斗，不久袁谭在与曹操作战时被杀，袁尚投奔幽州的二哥袁熙，后一起北逃乌桓求援，乌桓数次袭击边境，劫走幽州百姓十万户。207 年，曹操为了彻底消灭北方乌桓势力和袁氏残余势力以根除心腹之患，北征乌桓、平定辽东。在曹操主力军队尚未到达白狼山（今辽宁省朝阳市喀左县白塔子镇大阳山一带）战场之前，大将张辽率领先锋部队已以少胜多大破乌桓并斩杀乌桓单于蹋顿，史称“白狼山之战”。“白狼山之战”曹操用兵神速，出敌不意，以少胜多，彻底摧毁乌桓的领地。之后，乌桓的势力被逐渐削弱，该部落的人口融入汉人或鲜卑部落，最终淡出历史舞台。平定辽东时，辽东太守公孙康杀掉前来投奔的袁绍之子袁尚，将其首级献给曹操以示归顺。曹操班师途经碣（jié）石山（今河北省秦皇岛市昌黎县境内）[1]，遥望渤海，回想自己功盖寰宇，意气风发，于是留下名篇《观沧海》：“东临碣石，以观沧海。水何澹澹，山岛竦峙。树木丛生，百草丰茂。秋风萧瑟，洪波涌起。日月之行，若出其中；星汉灿烂，若出其里。幸甚至哉，歌以咏志。”曹操充满浪漫主义的激情，描绘了大海吞吐日月、包蕴万千的壮丽景象，表达了他胸怀天下的远大志向。正是由于曹操的穷追猛打，战乱多时的北方实现了统一，为自己南征打下坚实的基础。

赤壁之战

208年，刘表病逝，其子刘琮接任荆州牧。曹操废除三公，恢复丞相制度，自任汉朝丞相。他统一北方后，乘刘表去世之机率大军南下进攻荆州，刘琮举荆州之众投降曹操。驻兵樊城（今湖北省襄阳市）的刘备，听说刘琮投降，便率军向江陵（今湖北省荆州市荆州区）撤退。江陵为荆州重镇，存有大量军用物资。曹操担心江陵落入刘备之手，遂亲率五千骑

[1] 曹操曾在碣石山留下诗篇《观沧海》，具体在哪里，学术界原有三种观点，一是山东滨州市无棣县县城北面三十多公里的地方；二是河北省秦皇岛市昌黎县的碣石山，有秦朝碣石宫遗址；三是辽宁省葫芦岛市兴城市。也有辽宁省葫芦岛市绥中县城西海滨之说。在20世纪80年代中期，秦皇岛孟姜女庙附近的孟姜女坟出土一批文物，证明昌黎县城北的碣石山应是当年曹操所登临的碣石山。

兵从樊城（今湖北省襄阳市）疾驰三百里，在当阳长坂（今湖北省宜昌当阳市东北），大破刘备军队，随后进占江陵，刘备逃至夏口（今湖北省武汉市汉阳区）[1]。曹操在击溃刘备后，想乘势一举鲸吞江东。孙权、刘备两家在鲁肃和诸葛亮等人的努力下联合抗曹，孙权命都督周瑜率军三万，与刘备的两万人马组成联军在赤壁（今湖北省咸宁市赤壁市西北部）抵抗曹操。周瑜用诈降之计，火烧曹军，以少胜多，曹军大败。曹操率军从华容道（今湖北省荆州市监利市西北）陆路撤回江陵，撤军北还，这就是历史上著名的“赤壁之战”。赤壁之战初步奠定了三分天下的格局。同年，曹操领军北归，留下从弟曹仁守南郡。209 年，刘备与周瑜在南郡一同攻打曹仁，迫使曹仁退缩在江陵城内。曹操采取一系列措施，稳定集团内部，他下《求贤令》，提出不拘品行、唯才是举的用人方针。曹操采用强制手段征召不愿为曹操效力的司马懿为文学掾（yuàn）。

曹魏开国

司马懿（179—251）字仲达，河内郡温县孝敬里（今河南省焦作市温县）人，三国时期曹魏政治家、军事谋略家、权臣，西晋王朝的奠基人之一。司马懿的十二世祖司马卬（áng）随项羽灭秦，受封殷王，建都河内（今太行山东南与黄河以北），汉朝时改为河内郡，司马家族世代居住在此地。司马懿的高祖父司马钧为汉安帝时征西将军，曾祖父司马量为豫章（今江西省南昌市）太守，祖父司马儁（jùn）为颍川（今河南省许昌市禹州市）太守，父亲司马防为京兆（今陕西省西安市）尹。司马防生有八子，因字中都有一个“达”字，当时号称“司马八达”。司马懿是司马防的次子，自幼聪明，博学广识，胸怀谋略，做事果断，英姿不凡。曹操

[1] 夏口是古镇名，因为在夏水（汉水）注入长江处，所以称夏口。本在江北，后因汉水改道，即今湖北省武汉市汉阳区。

虽安排司马懿与太子往来游处，历任黄门侍郎、议郎、丞相东曹属、丞相主簿等职，但认为他非等闲之辈，不是甘为臣下之人，对司马懿非常提防。

210 年，曹操在邺城（今河南省安阳市北、河北省邯郸市临漳县西南一带）所建的铜雀台落成。211 年，曹操开始对关中用兵，讨伐汉中（今陕西省汉中市南郑区）张鲁。两年的时间里，曹操平定马超、韩遂的西北联军，平定凉州。213 年，曹操举四十万大军，亲自南征孙权，在濡须口（今安徽省合肥市巢湖市东南）[1]，攻破孙权的江北营寨，生擒吴将公孙阳。同年，汉献帝封曹操为魏公。216 年，汉献帝进封曹操为魏王，邑三万户，曹操已真正成为东汉的无冕天子。218 年，刘备向汉中发动进攻。219 年，刘备驻军定军山（今陕省西汉中市勉县东南）与曹军对峙。曹将夏侯渊被蜀将黄忠斩杀，曹军战败，刘备夺得汉中。与此同时，孙权擒杀蜀将关羽，取得荆州。曹操表孙权为骠骑将军、荆州牧。司马懿升任太子中庶子，佐助魏太子曹丕，他因奇策善谋，深得太子信任。220 年，曹操病逝于洛阳，终年六十六岁，谥号武皇帝，庙号太祖。曹操次子曹丕逼迫汉献帝让位称帝，是为魏文帝，定都洛阳，国号“魏”，史称“曹魏”。

魏文帝曹丕（187—226）是魏武帝曹操次子，三国时期政治家、文学家，曹魏开国皇帝。曹操的二十五个子嗣之中，先后出现于曹操视野里的储嗣候选人有四位：曹昂、曹冲、曹丕、曹植。长子曹昂为刘夫人所生，197 年随曹操出征张绣，张绣降而复叛，曹昂为救曹操被杀身亡。小儿子曹冲为环夫人所生，从小聪明仁爱，与众不

[1] 史志记载：“巢湖水向东南流，经七宝、濡须两山对峙间，以口名之，即濡须口。”濡须口位于濡须山、七宝山之间，濡须山在今安徽马鞍山市含山县东关乡境，谓东关；七宝山在今安徽芜湖市无为市黄龙乡境，谓西关。巢湖水由此出口，经古濡须水通达长江，是船行巢湖南下江南的重要航道，也是南方地区北上经略中原的战略要道。

同，有神童之称，留有“曹冲称象”的典故，深受曹操喜爱，却于208年不幸夭折，年仅十三岁。能文能武的曹丕运用各种计谋，在司马懿、吴质等大臣的帮助下，战胜了同母弟曹植（二人为卞夫人所生）取得了王位继承权，被立为魏王世子。曹丕以帝王的身份即位后，继承曹操统一山河的远大志向，追求效法上古仁君，对内施政恩威并重，禁止外戚宦官干政，复兴儒学，教化民众，恢复社会生活秩序，促进经济与文化发展。他重新分配权力，打击排除异己势力，曹丕升司马懿为丞相府长史，封河津亭侯。不到一年的时间，司马懿再升任尚书、督军、御史中丞，被封为安国乡侯。

三国鼎立

221年，刘备称帝，兴兵讨伐东吴，孙权主动向曹魏称臣，曹丕拜孙权为大将军，封吴王。这一年，司马懿升为侍中、尚书右仆射（yè）。曹丕把曹彰等十一个兄弟皆封为公，唯独没封其弟曹植，依旧安排他做临淄侯。监国官灌均上奏曹植醉酒狂言，行为放纵。曹丕大怒，派人将曹植押送到京都，于是才有了流传至今的《七步诗》。在母亲卞太后的庇护下，曹植躲过一劫，被贬为安乡侯，后升为鄄（juàn）城侯。222年，曹丕封皇长子曹叡（ruì）为平原王，封曹彰等十一个兄弟皆为王，曹植被封为鄄城王。同年，刘备驾崩于白帝城。次年，在诸葛亮、孙权的努力下，蜀汉、东吴恢复结盟关系，共抗曹魏。至此，三国鼎立局面正式形成。222年、224年、225年，曹丕三次攻伐东吴，收效甚微。其间改封司马懿为向乡侯，转抚军、假节，加给事中、录尚书事，镇守许昌。226年，魏文帝曹丕病逝，时年四十岁，谥号文皇帝，庙号高祖。其长子曹叡在洛阳即位，是为魏明帝。

魏明帝曹叡（205—239）即位后，改封司马懿为舞阳侯。曹魏大多时间在与蜀汉、东吴的战事中度过。226年，孙权攻打江夏、襄阳，被司马懿击退，东吴大将张霸被斩，司马懿升任骠骑将军。227年，原先叛蜀投魏的蜀将孟达，在诸葛亮的多次劝说下又欲反曹魏而归蜀汉，被司马懿平定，孟达被斩杀。228年至234年，诸葛亮五次北伐出祁山（“六出祁山”的说法出自罗贯中的《三国演义》），曹叡任命司马懿为大将军领兵成功抵御。其间，229年，孙权称帝，定都建业（今江苏省南京市），国号“吴”，史称“东吴”。234年，诸葛亮病逝于五丈原（今陕西省宝鸡市岐山境内）。235年，魏明帝曹叡任命大将军司马懿为太尉，司马懿派牛金击败蜀将马岱。当年，魏明帝诏令大修洛阳宫殿，滥用民力，耗资巨大，百姓怨声载道。他沉迷美色，宫中佳丽达数千人之多。238年，曹叡派遣司马懿攻灭公孙渊，平定了辽东。239年，魏明帝曹叡淫乐伤身，病逝于洛阳，时年三十六岁，谥号明帝，庙号烈祖。因其亲生儿子全部夭折，立年仅八岁的养子曹芳（任城威王曹彰之孙、任城王曹楷之子）即位，由大将军曹爽（曹操养子、曹真长子）和太尉司马懿共同辅政。

司马夺权

曹芳（231—274）年幼即位，叔叔曹爽大权独揽，一手遮天。244年，曹爽率兵讨伐蜀汉，无功而返。247年，曹爽将郭太后（曹叡的明元皇后，曹芳尊为皇太后）软禁于永宁宫，剥夺司马懿的实权，改任司马懿为太傅，曹爽自此更加专权。司马懿善谋奇策，虽辅政平乱、擒斩孟达、抵御蜀汉、远征辽东多有战功，但他深谋远虑，不露声色，称病退居乡里，闭门不出，暗中储备自己的力量。249年，曹爽陪曹芳离洛阳到高平陵（今河南省洛阳市汝阳县大安乡工茹店村）祭陵，司马懿磨刀三十年，挥刀一夜间，起兵政变，诛杀曹爽兄弟及同党，诛灭其三族，曹芳变成傀儡，将司马懿完全掌握了曹魏大权，史称“高平陵事变”。251 年，太尉王凌在扬州发难，欲推翻司马懿、废黜曹芳、立楚王曹彪为帝，被司马懿平定，王凌、曹彪兵败自尽，凡牵涉其中的一律诛灭三族。同年，司马懿病逝，享年七十三岁。其长子司马师继续专擅朝政，总揽一切军政大权。252 年，东吴孙权病逝，其子年仅十岁的孙亮即位。司马师发兵十五万大军，兵分三路进攻东吴的南郡、武昌、东兴。东路军以司马昭为都督，领兵七万，直逼东兴。东吴太傅诸葛恪为统帅，率四万大军，在东兴堤以少胜多，击败魏将司马昭，史称“东兴之战”[1]。司马昭因战败而被削去侯爵，诸葛恪在吴国的声望则达到了顶点。254 年，司马师废黜曹芳，另立曹丕之孙、东海王曹霖之子、年仅十四岁的曹髦即位。曹芳离开洛阳，到河内郡原封国齐国居住，西晋建立后被封为邵陵县公。274 年，曹芳去世，终年四十三岁，谥号邵陵厉公。

曹髦（241—260）即位后，崇尚节俭，体察民情，处理冤案，考核官员，奖罚分明。曹髦文才武略，崇拜少康，试图做一位中兴之君。他不满司马氏专权秉政，掀起了一场反对司马集团的武装斗争。255 年，镇东大将军毌丘俭、扬州刺史文钦起兵声讨司马氏，大将军司马师亲征寿春（今安徽省淮南市寿县东北部寿春镇），毌丘俭战死，文钦败逃东吴。司马师班师后病逝，其弟司马昭掌握曹魏大权。257 年，征东大将军诸葛诞杀死扬州刺史乐琳，起兵讨伐司马昭。司马昭挟持曹髦和郭太后征讨寿春，于次年镇压叛乱，

[1]《三国志 . 诸葛恪传》：“权黄龙元年（229）迁都建业，二年（230）筑东兴堤遏湖水。后征淮南，败以内船，由是废不复修。恪以建兴元年十月会众于东兴，更作大堤，左右结山侠筑两城，各留千人，使全端、留略守之，引军而还。魏以吴军入其疆土，耻于受侮，命大将胡遵、诸葛诞等率众七万，欲攻围两坞，图坏堤遏。”《三国志 · 丁奉传》：“魏遣诸葛诞、胡遵等攻东兴，诸葛恪率军拒之。”据《宋书 · 郑鲜之传》提及东关之役死者众多，司马师下令丧礼从简，守丧期间也不禁止婚嫁和入仕。

斩杀诸葛诞。259年，曹髦因两次起兵失败，看到司马昭权势日盛，在无限郁闷中写下了一首《潜龙诗》：“伤哉龙受困，不能跃深渊。上不飞天汉，下不见于田。蟠居于井底，鳅鳝舞其前。藏牙伏爪甲，嗟我亦同然！”不想这首诗却给自己招来了杀身之祸。260年，曹髦在政治凌辱和死亡威胁下，没有软弱，奋起抗争。司马昭派中护军贾充、太子舍人成济等将曹髦杀死，并贬为庶人。曹髦用生命的代价，赢得了帝王的尊严和世人的尊重。司马昭另立曹操的孙子、燕王曹宇之子曹奂（原名曹璜）即位。

西晋代魏

曹奂（246—302）即位后，有名无实，只是司马氏的傀儡，曹奂拜任大将军司马昭为丞相，封为晋公。司马昭早已不满足这些头衔，早想取而代之做皇帝，是谓“司马昭之心，路人皆知”。263年，司马昭发动灭蜀之战，派钟会、邓艾、诸葛绪兵分三路南平蜀汉，刘禅投降，后移居曹魏都城洛阳，被封为安乐公，蜀汉灭亡。蜀将姜维志存光复，假意投降，次年与钟会反叛，事败被杀。刘禅在洛阳寄人篱下，形同囚徒，但安乐地度过九年余生。264年，司马昭以皇帝名义给自己晋爵为晋王。这一年，东吴孙休病逝，孙权第三子孙和之长子孙皓即位。265年，终未实现皇帝梦的司马昭中风而死，其子司马炎废曹奂为陈留王，宫室安排在邺城（今河南省安阳市北、河北省邯郸市临漳县西南一带），司马炎称帝，是为晋武帝，建国号为“晋”，史称“西晋”，中国历史进入晋朝时期。曹奂上书不称臣，受诏不用拜，在邺城安度天年，于302年八王之乱时寿终正寝，可谓乱世善终，谥号元皇帝。

统一中国

当时，东吴的内部争斗使国力削弱严重，加上孙浩不断向晋发动战争，可谓内外交困。271 年，东吴收复交趾（今中国广东省至越南北部）。272 年，东吴与晋发生“西陵之战”，东吴攻克西陵城（今湖北省宜昌市西北）。一时的胜利让孙皓误判了形势，穷兵黩武，徒耗国力。279 年，西晋灭吴的战前准备基本完成，晋军兵分六路大举伐吴。280 年，司马炎大举进攻东吴，史称“晋灭吴之战”。他以贾充为大都督，分上游、中游、下游多路并进，东吴大败。孙皓备亡国之礼，装棺材于车上，率众投降，西晋灭东吴，统一中国，三国时期彻底结束。孙皓归晋被赐号为归命侯，居住在洛阳。283 年，孙皓在洛阳去世。

2. 蜀汉　得相开国

蜀汉（221—263）是三国时期割据政权之一，221 年，刘备在成都称帝，国号“汉”，史称“蜀汉”，简称“蜀”。263 年，曹魏灭蜀汉，经历二世二帝，历时四十二年。蜀汉地跨荆州、益州，一度占据雍州的部分地区。其疆域北至武都、汉中；东抵巫峡；南包括中国云、贵；西达缅甸东部，即今中国云南全省，中国四川、贵州二省的大部，中国陕西、甘肃南部、广西西北部及缅甸东北部、越南西北部等。

东汉末年，汉宗室之后刘备乱世求存，与关羽、张飞“招募乡勇”，开启霸业。因势单力薄，势弱兵败，常寄人篱下。刘备三顾茅庐，得相开国，光复汉室。孙刘联盟，共同抗曹，定鼎荆州、益州。蜀汉经多年发展，占领南中（今云南省、贵州省和四川省西南部），获取了大量的物资、人口、装备及矿产等天然资源，国力变得强盛。蜀汉基本沿袭汉制，以尚书令辅佐军师理政，处理日常政务，推行礼法并施、威德并行，发展农业、工商业，经济繁荣，有“沃野千里”“天府之土”的美誉。诸葛亮七擒孟获，平定内乱，五出祁山，北伐中原，却“出师未捷身先死”“万古千秋五丈原”。司马昭发动灭蜀之战，刘禅投降，蜀汉灭亡。

共同起事

汉昭烈帝刘备（161—223），字玄德，涿郡涿县（今河北省保定市涿州市）人，西汉中山靖王刘胜之后，蜀汉开国皇帝，政治家。刘备从小胸怀大志，不怎么爱读书，喜欢狗马、音乐、漂亮衣服，不爱说话，深沉老练，但善待下人，喜欢结交豪杰。175 年，刘备十五岁时，母亲让他外出求学。刘备与同宗刘德然、辽西人公孙瓒一起拜原九江太守、北中郎将、同郡人卢植（后为袁绍军师）为师学习。184 年，爆发了席卷中原的黄巾起义。汉灵帝命地主豪强领兵镇压，各州募兵守备。刘备在涿县城门口巧遇关羽、张飞，在张飞家中，刘、关、张三人志同道合，畅饮叙谈，并约定共同起事。

势弱兵败

188 年，刘备因镇压黄巾起义立功，却仅仅被封了个安喜县（今河北省保定市定州市东）县尉，还受到督察督邮的欺凌，刘关张三人弃官而去，另谋大计。191 年，刘备与青州刺史田楷一起对抗冀州牧袁绍，刘备因累次建立功勋而升任平原县县令。之后，刘备参加讨伐董卓活动，因为势力弱小，诸侯混战屡遭失败，先后依附幽州军阀公孙瓒、徐州牧陶谦、兖州牧曹操、关东军首领袁绍、荆州牧刘表等多个诸侯。194 年，刘备同青州刺史田楷救援徐州牧陶谦迎战曹操。陶谦任刘备为豫州刺史，陶谦病逝后，刘备接任徐州牧，治下邳（今江苏省徐州市睢宁县西北）。198 年，吕布攻打刘备，刘备兵败，妻子被俘，吕布占领徐州。刘备只身逃脱，投奔曹操。曹操联合刘备进攻吕布，吕布兵败被杀，曹操任命车胄（zhòu）为徐州刺史，任刘备为豫州牧、左将军，人称“刘豫州”。200 年，汉献帝暗下衣带诏令董贵人的父亲车骑将军董承诛杀曹操，刘备参加诛杀行动，行动泄密，董承一族被诛杀。刘备于是袭杀徐州刺史车胄，占据徐州反曹。曹操亲自带兵先攻刘备，再伐袁绍，曹操迅速击溃刘备，以避免之后官渡之战两面作战的局面。刘备兵败，妻子被俘，关羽迫降，史称“徐州之战”。刘备逃往邺城（今河南省安阳市北、河北省邯郸市临漳县西南一带）投奔袁绍。同年，曹操、袁绍发生“官渡之战”，关羽将袁绍大将颜良斩首，骑兵主将文丑阵亡，曹军先后歼灭和坑杀袁军八万余人。曹操非常赏识关羽，封他为汉寿亭侯。但关羽身在曹营心在汉，一心想着刘备。当他得知刘备在袁绍处，历尽艰辛回到刘备身边。201 年，曹操亲自讨伐刘备，刘备前往荆州投靠东汉宗室镇南将军、荆州牧、成武侯刘表，屯兵新野（今河南省南阳市新野县）。荆州所辖九郡，分别为南阳郡（今河南省南阳市）、襄阳郡（今湖北省襄阳市）、樊城郡（今湖北省襄阳市）、油江口郡（今湖北省荆州市公安县）、江夏郡（今湖北省武汉市）、长沙郡（今湖南省长沙市）、桂阳郡（今湖南省益阳市）、零陵郡（今湖南省常德市）、武陵郡（今湖南省常德市）。

孙刘联盟

刘备在荆州数年功业未建，207 年，他向刘表提出趁曹操进攻乌桓时偷袭许都的建议，刘表没有采纳。同年，刘备前往隆中拜访诸葛亮，三顾茅庐之后，诸葛亮向刘备献上了《隆中对》，提出占据荆州、益州，光复汉室的蓝图。

诸葛亮（181—234）字孔明，号卧龙，琅琊阳都（今山东省临沂市沂南县）人，三国时期蜀汉丞相，杰出的政治家、军事家、文学家、书法家、发明家。其先祖诸葛丰曾在汉元帝时做过司隶校尉，诸葛亮的父亲诸葛珪（guī）在东汉末年任泰山郡丞。诸葛亮三岁时母亲章氏病逝，八岁时丧父，与弟弟诸葛均一起跟随由袁术任命为豫章太守的叔父诸葛玄到豫章（今江西省南昌市）赴任。诸葛玄被革职后投奔荆州刘表，诸葛玄死后，诸葛亮隐居隆中，常以管仲、乐毅自比。

208年，刘表病逝，刘表次子刘琮接任荆州牧。曹操趁机率大军南下进攻荆州，刘琮投降曹操。当时刘备驻兵樊城（今湖北省襄阳市），听说刘琮投降，便率军向江陵（今湖北省荆州市荆州区）撤退。曹操亲率五千骑兵在当阳长坂（今湖北省宜昌当阳市东北）大破刘备军队，占领江陵。曹操想一举鲸吞江东，孙权、刘备两家在鲁肃和诸葛亮等人的努力下，采用周瑜诈降之计，火烧曹军，以少胜多，取得“赤壁之战”的胜利，曹军大败。此时，初步形成了三分天下的格局。

定鼎荆益

曹操领军北归，留下从弟曹仁守南郡。209年，刘备与周瑜在南郡一同攻打曹仁，迫使曹仁龟缩在江陵城内。孙权、刘备双方也开始各自争夺荆州，刘备成功逼降武陵、长沙、桂阳和零陵荆南四郡；而孙权部将周瑜也向荆州南郡发兵，成功将长江以南的江夏郡和大部分南郡一带收为领地。210年，刘备屯兵公安，以土地稀少不利于发展为由，向孙权请求都督荆州。周瑜曾极力反对，但在东吴鲁肃的劝说下，孙权答应了刘备的请求，刘备便有了完整的荆州南郡。周瑜献计，骗刘备迎娶孙权的妹妹孙尚香，进而准备扣留刘备，威逼诸葛亮以荆州交换。不料周瑜的计谋被诸葛亮屡屡识破，致使东吴“赔了夫人又折兵”，周瑜不久病逝，年仅三十六岁。211 年，益州牧刘璋迎刘备率部进入益州，欲借刘备之力讨伐汉中张鲁，张飞、赵云、诸葛亮与关羽共同留守荆州。刘备行军北至葭萌（今四川省广元市西南），驻军不前，厚树恩德以收众心。212 年，刘璋别驾从事张松暗助刘备，欲将益州献给刘备，被兄长张肃告发，张松被杀，刘备与刘璋反目。双方经过历时三年的战争，刘备军师庞统战死，刘备于 214 年占据了刘璋的地盘益州。之后，魏、蜀、吴三国互战，争夺汉中、襄樊等地。215 年，孙权索要荆州，刘备不从，双方发生冲突，最后议和，以湘水为界，长沙、桂阳、江夏属孙权，南郡、武陵、零陵属刘备。218 年，刘备向汉中发动进攻。219 年，刘备驻军定军山（今陕西省汉中市勉县东南）与曹军对峙。蜀将黄忠将曹将夏侯渊斩杀，曹军战败，刘备夺得汉中。驻守荆州的关羽积极配合刘备的行动，发动“襄樊之战”，亲率荆州主力进攻曹军占据的樊城和襄阳，击败曹大将曹仁，并乘机围困襄阳、樊城。关羽巧妙利用汉水暴涨的时机，水淹于禁率领的七军，擒于禁、斩庞德，威震华夏。此时，孙权向关羽索要荆州无果后，派吕蒙虚袭荆州，关羽回军施救，在麦城（今湖北省宜昌市当阳市两河镇境内）兵败被杀。东吴占领荆州大部，隔三峡与汉军对峙。

蜀汉建国

221 年，刘备称帝，定都成都，国号“汉”，史称“蜀汉”。诸葛亮被任为丞相，主持朝政。同年，刘备发动讨伐东吴战争，欲夺回荆州并为关羽报仇。出战前，张飞被其麾下将领张达、范强谋杀，并将张飞的首级献给孙权。222 年，在夷陵地区（今湖北省宜昌市东）双方发生“夷陵之战”，东吴诱敌深入、以逸待劳，刘备惨败，退回益州。刘备一病不起，托孤刘禅于诸葛亮，并于223年病逝白帝城（今重庆市奉节县），终年六十三岁，谥号昭烈帝，庙号烈祖[1]。刘备临终时对诸葛亮说："你的才能超过曹丕十倍，如果太子可以辅佐，你就辅佐他，如果他实在不行，你可以取而代之自己做皇帝。"诸葛亮泣不成声地回答："我怎敢不尽心尽力，忠贞报国，死而后已！"同时，刘备嘱咐太子刘禅事诸葛亮如父，并告诫"勿以恶小而为之，勿以善小而不为"。白帝城托孤成为君臣坦诚相知的典范。之后不久，在诸葛亮、孙权的努力下，蜀汉、东吴恢复结盟关系共抗曹魏，至此，三国鼎立局面正式形成。

五出祁山

蜀汉怀帝刘禅（207—271），又称后主，字公嗣，小名阿斗。刘禅即位后，册封张飞之女张氏为皇后，由丞相诸葛亮辅政。224年，诸葛亮采用东和孙权、北伐曹操的战略，停止征战，严守边关，发展农业，融通儒法，严明公正，百姓休养生息。225年，蜀汉内乱四起，诸葛亮率军征讨南方四郡，平定内乱。平定南中叛乱时，曾七擒南蛮将领孟获，终使孟获心服口服，诚心归顺。内乱平定后，诸葛亮改益州郡为建宁郡。经过长期准备，诸葛亮准备北伐曹魏，进军中原。227年，诸葛亮把朝中大事安排就绪，给刘禅上奏了流传千古的《出师表》，劝告刘禅亲近贤臣，疏远小人，励精图治。228年，诸葛亮第一次北伐，率大军进驻汉中进攻祁山（今甘肃省陇南市礼县东、西汉水北侧，蜀陇咽喉要道）。魏明帝曹叡西镇长安，命张郃（hé）率领步骑五万应

[1] 刘备的庙号在《三国志・先主传》中并没有记载。李慈铭怀疑刘备的庙号是烈祖，是由刘渊所追尊。章学诚根据《三国志・先主传》中诸葛亮宣读的遗诏，指出刘备的庙号是太宗。卢弼认为章学诚的说法不足据，如果刘备庙号太宗，《三国志》本传没有不记载的道理。郭善兵则认为刘备的庙号缺失不能归咎于史书记载的疏漏，而是受到了郑玄礼学"一宗二祖与四亲庙"七庙学说的影响所致。《晋书・王弥传》称之为烈祖。

战。街亭之战魏将张郃大败蜀参军马谡，马谡大意失守街亭（今甘肃天水市秦安县城东四十五公里陇城镇），蜀军主力溃败。诸葛亮挥泪斩马谡，上疏请求自贬三级，被降职为右将军，代理丞相职务。赵云兵败箕谷（今陕西省汉中市西北），蜀汉北伐失败。当时，司马懿率兵乘胜直逼西城（指古秦州，今甘肃省天水市西南一百二十里）[1]，诸葛亮无兵迎敌，遂上演了历史上著名的"空城计"。同年，诸葛亮上奏了《后出师表》，审时度势地分析了敌强我弱的严峻事实，表中"鞠躬尽瘁，死而后已"之句，表达了诸葛亮坚定出师的决心和对汉室的忠贞。随后，他二出祁山，包围陈仓（今陕西省宝鸡市西南），攻打二十多天未破城，退回汉中。229 年，孙权在武昌（今湖北省鄂州市）称帝，随后迁都建业（今江苏省南京市），国号"吴"，史称"东吴"。同年，诸葛亮三出祁山，攻占武都（今甘肃省陇南市成县）、阴平（今甘肃省陇南市文县西北）二郡。231 年，诸葛亮四出祁山，蜀军包围祁山，魏军统帅司马懿迎击，魏名将张郃被斩，蜀军粮草将尽只好班师。234 年，诸葛亮五出祁山，并约定孙权十万大军同时进攻曹魏合肥，吴军无功而返撤回江东。蜀军只得与魏军单方面周旋，并在渭水南岸五丈原（今陕西省宝鸡市岐山县城南约二十公里五丈原镇的黄土台原）扎营，分兵屯田，准备打持久战。不料诸葛亮积劳成疾，病逝于五丈原，葬于汉中定军山下，时年五十四岁。姜维等遵照诸葛亮的遗嘱，秘不发丧，整顿军马从容撤退，并用木雕诸葛亮吓退司马懿及其追兵。"六出祁山"的说法出自罗贯中的《三国演义》，"六出祁山"也成为诸葛亮北伐的代名词。诸葛亮一生明于治而为相，鞠躬尽瘁，廉洁奉公，在他的治理下，创造了蜀汉的一个廉政时代。在动荡不安的三国时期，蜀汉难得一度政治

[1]《三国志 · 诸葛亮传》和《读史方舆纪要》卷五十九所载的"亮拔西县千余家还汉中"的西县，即指古秦州。而汉时置西城县，治所在今陕西省安康市西北，西魏时移至今安康。

清明、经济发达、人民安定。刘禅追谥诸葛亮为忠武侯，五丈原诸葛亮庙有这样一副对联“一诗二表三分鼎，万古千秋五丈原”，恰如其分地总结了诸葛亮的一生。

蜀汉灭亡

诸葛亮去世后，刘禅不再设置丞相一职，按照诸葛亮临终密奏，一方面任蒋琬为大将军辅政，另一方面让邓芝督领江州，继续维持吴蜀联盟。而南蛮方面，刘禅先后任命李恢、张翼、马忠等恩威并施，抚平南蛮叛乱。235 年，刘禅将中军师杨仪贬为庶民，升任蒋琬为大将军。239 年，刘禅升蒋琬为大司马辅政，总揽蜀汉军政。蒋琬前后执政十二年，他遵循诸葛亮的治国方针，将国家治理得井井有条。246 年，蒋琬病逝，费祎（yī）接任大将军辅政。费祎一心求安稳，只想保境安民，不再对魏国用兵。253 年，费祎遇刺身亡，刘禅命卫将军姜维总督内外军事。姜维连年征战，蜀汉内政无人治理，加上刘禅宠信宦官黄皓干预朝政，蜀汉国力走向衰弱。宦官黄皓、诸葛亮之子诸葛瞻、老臣张翼开始反对姜维北伐，致使姜维的军事布防得不到落实。263 年，司马昭发动灭蜀之战，曹魏五路大军攻入汉中，蜀汉兵败，刘禅投降后迁居曹魏都城洛阳，封为安乐公，蜀汉灭亡。蜀将姜维假意投降，图谋光复蜀汉，次年与钟会反叛曹魏，事败被杀。刘禅在洛阳寄人篱下，虽形同囚徒，但乐不思蜀，安乐度过九年余生，于 271 年在洛阳去世，终年六十五岁，谥号思公。304 年，刘渊起事，国号为汉，追谥刘禅为孝怀皇帝。

3. 东吴　倚江偏安

东吴（229—280）是三国割据政权之一，229 年，孙权在武昌（今湖北省鄂州市）称帝，随后迁都建业（今江苏省南京市），国号

“吴”，也称“孙吴”。280年，东吴被西晋灭亡，经历四帝，历时五十一年。东吴共有四个州，分别为扬州、荆州、广州、交州。东吴的疆域约占北至庐江郡（今安徽省合肥市），南通日南郡（今越南中部），西达交趾郡（今越南北部），东临东海，占有今浙江省、福建省、江西省、广东省、湖南省的完整地区，以及中国江苏省、广西壮族自治区、安徽省、湖北省、重庆市、上海市的部分地区和今越南北部地区。东吴地方政治制度是州郡制，中央政权主要受江东士族影响，奉行士族政治。东吴在三国政权之中，倚江偏安，相对能够与民休息，重视农业、手工业，兴修水利，社会较为安定，江南经济、文化也因此取得了长足发展。

东汉末年，军阀、破虏将军孙坚镇压黄巾起义，讨伐董卓之乱，攻陷庐江太守陆康，向江东发展，实力迅速壮大。之后孙坚与刘表作战时阵亡，其长子孙策继承父业，东渡长江，征战四方，统一江东。孙策遇刺身亡，其弟孙权继承父兄江东基业，重用周瑜安邦，联蜀抗魏，“赤壁之战”初定三分天下。借荆州、要荆州，“夷陵之战”战胜蜀汉，称帝迁都，建立东吴。孙亮即位后，“东兴之战”战胜曹魏，权臣孙峻出任丞相、大将军，擅杀忠良，残害宗亲。孙峻病逝，其堂弟孙綝（chēn）接任丞相、大将军，更加独断专行，滥杀无辜，逼废少帝孙亮，东吴时局动荡不安。至孙皓即位，暴虐治国，专于杀戮，政治腐败，怨声载道，江山社稷摇摇欲坠。西晋司马炎发动“晋灭吴之战”，孙皓率众投降，东吴灭亡。

统一江东

吴大帝孙权（182—252）字仲谋，吴郡富春县（今浙江省杭州市富阳区）人，三国时期东吴的建立者。孙权少年有志，豁达开朗，知人善任，仁而多断，崇尚侠义，喜欢蓄养贤才。他少年时就随父兄转战南北，见多识广。孙氏世代在吴地为官，东汉时其父孙坚曾任盱眙（xū yí）县丞和下邳（pī）县丞、佐军司马、破虏将军，其兄孙策为江东军阀。184 年，时任佐军司马的孙坚随右中郎朱儁（jùn）征讨黄巾军，然后起兵响应讨伐董卓。189 年，孙坚领兵到达荆州逼死荆州刺史王睿，到达南阳杀了南阳太守张咨，到达鲁阳（今河南省平顶山市鲁山县）后与袁术联手。袁术表奏孙坚为破虏将军，兼领豫州刺史。191 年，孙坚因奉袁术之命征讨荆州刺史刘表，不幸中箭身亡。其长子孙策继承父业，领兵屈事袁术，屡立战功。孙策与洛阳令周异之子周瑜关系密切，周瑜领兵跟随孙策挥师东渡长江，征战四方。196 年，孙策任周瑜为水军都督，任年仅十五岁的弟弟孙权为阳羡（今江苏省宜兴市）县长，后升任奉义校尉。197 年，袁术在寿春（今安徽省淮南市寿县寿春镇）称帝，孙策遂与袁术决裂。198 年，孙策授周瑜为建威中郎将，吴郡人皆称之为周郎。199 年，孙策拜周瑜为中护军，兼任江夏（治湖北省武汉市）太守随军攻打荆州。孙策攻破皖城（今安徽省安庆潜山市），虏获袁术任命的庐江太守刘勋家人及他们部下男女亲族，其中桥公二女皆国色天姿，孙策自纳大乔（本姓“桥”，小说《三国演义》误作“乔”）、周瑜纳小乔为妻。唐代诗人杜牧发挥想象力，一句“东风不与周郎便，铜雀春深锁二乔”将二乔与赤壁之战联系起来，令“二乔”闻名于世。孙策经过东征西讨，至 200 年基本统一了江东。曹操为了安抚孙策，把弟弟的女儿许配给孙策的小弟孙匡，为儿子曹彰迎娶了孙贲（孙坚同母兄孙羌之子）之女。吴郡太守许贡曾欲送密信给曹操，提醒曹操防范孙策。孙策发现后将许贡绞杀。同年，孙策被许贡的三个门客刺杀身亡。十八岁的孙权继承父兄在群雄割据中打下的江东基业，被东汉朝廷册拜为讨虏将军，兼领会稽太守，驻守吴郡，成为江东一方诸侯。周瑜将兵赴丧，以中护军的身份与长史张昭、大将程普同掌众事，共同辅佐孙权。

周郎安邦

周瑜（175—210）字公瑾，庐江舒县（今安徽省合肥市庐江县）人[1]，东吴名将，出身世家大族庐江周氏，堂祖父周景、堂叔周忠都官居汉朝太尉之职，父亲周异为洛阳令。周瑜少时与孙策交好，二十一岁时随孙策奔赴战场平定江东。孙策遇刺身亡，孙权继任兄职，周瑜向孙权推荐了鲁肃，并采纳了鲁肃“剿灭黄祖，讨伐刘表，占据整个长江一带，然后称帝，兼并天下”的建议。203 年至 208 年，孙权三次进攻江夏郡，最终击杀江夏太守黄祖，吞并江夏郡大部分领地。208 年，曹操乘刘表去世之机率大军南下进攻荆州，刘表之子刘琮举荆州之众投降曹操。曹操随后在当阳长坂（今湖北省宜昌市当阳市东北）击败依附刘表的刘备，占领荆州后，想乘势一举鲸吞江东。在鲁肃和诸葛亮等人的努力下，孙权命周瑜及程普等领兵三万，与刘备的两万人马组成联军在赤壁（今湖北省咸宁赤市壁市西北部）抵抗曹军。周瑜用诈降之计，火烧曹军，以少胜多，曹军大败，曹操率军从华容道（今湖北省荆州市监利市西北）陆路撤回江陵，撤军北还，史称“赤壁之战”。“赤壁之战”初步奠定了三分天下的格局。209 年，刘备与周瑜在南郡一同攻打曹仁，迫使曹仁龟缩在江陵城内。孙权、刘备双方也开始各自争夺荆州，刘备成功逼降荆南四郡武陵、长沙、桂阳和零陵；而孙权部将周瑜也向荆州南郡发兵，成功将西北一带收为领地。周瑜是东吴的安邦重臣，对东吴势力取得军事成功和割据地位功不可没。周瑜向孙权献计，骗刘备迎娶孙权的妹妹孙尚香，准备趁机软

[1]《三国志 · 吴书》记载：“周瑜字公瑾，庐江舒人也。”这里的“庐江”指庐江郡。“舒人也”，指周瑜系东汉末年舒县人。汉时舒县地域广阔，下辖今舒城、桐乡（今安徽桐城、枞阳）、怀宁、无为的大部分、鹊尾渚（今合肥三河）。一说周瑜是今庐江县人，一说周瑜是今舒城人。

禁刘备，以交换荆州。不料周瑜的计谋都被诸葛亮屡屡识破，致使其“赔了夫人又折兵”。210年，孙权批准了周瑜提出征伐益州的方案，周瑜返回驻地江陵，行至巴丘（今湖南省岳阳市岳阳楼一带），突然病重，吐血而亡，年仅三十六岁。南宋文学家范成大夸赞周瑜为“世间豪杰英雄士，江左风流美丈夫”。同年，在鲁肃的主张下，孙权将荆州南郡借给刘备。此后，三国之间常有战事发生，有时战争规模还比较大，但是总的说来，力量大体平衡，鼎足之势维持了四十余年之久。

荆州之争

215年，孙权讨还荆州，刘备没有答应。孙权以吕蒙为将，接连攻下长沙、桂阳、零陵三郡。孙刘双方议和，共分荆州，以湘水为界，以长沙、桂阳、江夏属孙权，南郡、武陵、零陵属刘备。219年，孙权袭取荆州，擒杀关羽，吴、蜀两国结仇。221年，刘备于益州称帝。同年，刘备欲夺回荆州为关羽报仇，亲率大军攻打东吴。222年，在夷陵地区（今湖北省宜昌市东）双方发生“夷陵之战”，东吴诱敌深入、以逸待劳，蜀军几乎全军覆没，阵亡数万人，刘备退回益州。“官渡之战”“赤壁之战”“夷陵之战”并称为三国三大战役。223年，刘备去世，蜀汉诸葛亮辅政以后，放弃对荆州的争夺，实行联盟东吴、北伐曹操的战略。224年，在诸葛亮、孙权的努力下，蜀汉、东吴恢复结盟关系，共抗曹魏。至此，三国鼎立局面正式形成。

东吴建国

三国鼎立局面形成后，蜀汉的战略重心是北伐中原，东吴孙权则注重发展经济，重视造船业，发展水军，大力开拓海上事业。

222年、224年、225年，曹丕连续三次攻伐东吴，收效甚微。226年，曹丕病逝，孙权乘机攻击江夏，不克而还。229年，孙权在武昌（今湖北省鄂州市）称帝，随后迁都建业（今江苏省南京市），国号“吴”，也称“东吴”“孙吴”。230年，孙权派卫温、诸葛直率“甲士万人”航海到台湾（时称夷洲），这是中原政治势力第一次到达中国台湾地区。234年，孙权亲征合肥新城，后来得知魏明帝曹叡亲自率大军前来救援，于是撤军。后又数次攻打曹魏，但皆无功而返。孙权晚年刚愎自用，猜忌群臣，信用奸佞，排斥忠良。他专门设置校事、察战两职，以监视文武百官。被重用的中书校事吕壹，窃柄弄权，陷害忠良。241年，孙权派卫将军全琮攻淮南，威北将军诸葛恪攻六安，车骑将军朱然围攻樊城。全琮与魏将王凌在芍陂（què bēi，今安徽省淮南市寿县南）交战，不利而还。同年，孙权的长子太子孙登去世。次年，孙权立三子孙和为太子，不久又封四子孙霸为鲁王。孙权非常宠爱孙霸，引发了太子孙和与鲁王孙霸之间因储君问题的“二宫之争”，朝中大臣亦分为两派。最后，双方两败俱伤，孙和被废，孙霸被赐死，幼子孙亮被立为太子。251年，孙权令诸葛恪大兴人力，于濡须水（巢湖最早的通江河道）两岸修筑大堤，取“东关兴盛”之意命名为东兴堤，遏制由巢湖进入长江的通道，也就掐死了魏军通过巢湖进军的通道。252年，孙权病逝，终年七十一岁，谥号大皇帝，庙号太祖。年仅十岁的孙亮即位，由诸葛恪、孙弘、孙峻等辅政。

动荡时局

孙亮（243—260）继承为帝，大赦全国，任命诸葛恪为太傅，滕胤为卫将军兼职尚书事，大将军吕岱为大司马，朱异为镇南将军。曹魏借孙大帝驾崩之际攻伐东吴，司马师发兵十五万大军，兵分三路进攻东吴的南郡、武昌、东兴。东吴太傅诸葛恪为统帅率领四万大军，在东兴堤以少胜多，击败魏将司马昭，斩杀魏将韩综、桓嘉等，史称“东兴之战”。此战诸葛恪在吴国的声望达到了顶点，也因此造成了诸葛恪日后的骄纵和最后的败亡。253年，诸葛恪率军进攻曹魏合肥新城，因为瘟疫流行，兵卒死亡过半，吴军战败，伤亡惨重。诸葛恪掩饰过失，居功自傲，更为独断专权，朝野上下怨声载道。权臣卫将军孙峻暗中与少帝合谋，酒宴上乱刀将诸葛恪砍死。孙峻出任丞相、大将军，封富春侯。孙峻掌权后，生活淫乱，在宫内任意奸污宫女，与全公主孙鲁班（孙权长女、孙亮异母姐，初嫁周瑜之子骑都尉周循，后再嫁卫将军全琮，人称全公主）私通。他滥用刑罚，擅杀忠良，大肆残害宗亲，导致废太子孙和、太子妃张氏、公主孙鲁育、宣太子孙登（谥号宣太子）之子孙英先后被杀。255年，孙峻带兵与魏国于淮河一带交战获胜，魏将文钦投降东吴。256年，孙峻受文钦怂恿伐魏，其间孙峻病逝，其堂弟孙綝（chēn）接任丞相、大将军，独掌大权，更加不可一世。257年，骠骑将军吕据、大将王惇等人对孙綝继任不满，皆被杀害。258年，十六岁的少帝孙亮对大将军孙綝的独断专行甚为不满，暗中与全皇后家族培植力量，同全公主、太常全尚（全皇后之父）、将军刘承谋划准备诛杀孙綝。全尚的妻子是孙綝堂姐，她知情后向孙綝告密。孙綝遂废少帝孙亮为会稽王，逼迫孙亮夫妇离宫，由将军孙耽押送到会稽（今浙江省绍兴市）居住。孙綝迎立孙权第六子、孙亮异母兄琅琊王孙休即位，是为吴景帝。260年，孙亮再被贬为候官（今福建省福州市闽侯县）侯，孙亮于押送途中丧命，史称少帝、废帝、会稽王。

孙休（235—264）即位后，任孙綝为丞相，权倾朝野。孙綝一家五侯掌领禁卫军，权力震慑人主，孙綝更加骄横放肆。259年，孙休与张布、丁奉合谋，设计捕杀了孙綝，年仅二十八岁。孙休在位期间，十分重视教育和农桑，颁布良制，嘉惠百姓，促进了东吴的繁荣。孙休专心于古典书籍，创建国学，设太学博士制度。262年，孙休任命卫将军濮阳兴为丞相，廷尉丁密、光禄勋孟宗为左、右御史大夫。后期他过分信任左将军张布和丞相濮阳兴二人，导致二人权倾朝野。264年，孙休病逝，年仅三十岁，谥号景皇帝。孙休临终托付欲立年仅十岁的太子孙𩅦（wān）即位，濮阳兴和张布却违背了孙休的意愿，迎立孙休之侄、废太子孙和之子孙皓为帝。

孙皓暴政

孙皓（242—283）昏庸残暴，暴虐治国，在位时沉溺酒色，专于杀戮，大修宫殿，不问政事，名声很大，惊动华夏。吴人对此感到失望，濮阳兴和张布暗地里感到后悔。于是，孙皓将濮阳兴和张布杀死，并夷其三族，封张布之女为美人。一次，孙皓问张美人的父亲去哪里了。张美人回答说父亲被奸贼所害。于是，孙皓命人用木棒将张美人打死。孙皓思恋张美人的貌美，问左右张布是否还有女儿。有人报告张布另有一女已经出嫁。孙皓遂将其抢夺入宫，拜为左夫人。他还规定两千石以上大臣之女，年满十五岁都要报名参加后宫选美，没有被选中方许出嫁。265年，孙皓逼杀朱太后（吴景帝孙休皇后），随后又把孙休的四个儿子遣送到一个偏远的小城，不久又追杀其中较年长的两个。这一年，曹魏司马昭中风而死，其子司马炎废曹奂为陈留王，司马炎称帝，是为晋武帝，建国号为“晋”，史称“西晋”，中国历史进入晋朝时期。

逆天国破

266年，孙皓迁都武昌（今湖北省鄂州市），御史大夫丁固、右将军诸葛靓镇守建业（今江苏省南京市）。268 年，孙皓开始向西晋发动战争，进攻西晋江夏郡云梦城（今湖北省孝感市云梦县南）、襄阳（今湖北省襄阳市）、合肥（今安徽省合肥市西）。东吴的内部争斗使国力削弱严重，加上孙皓不断向晋发动战争，可谓内外交困。271 年，东吴收复交趾（今中国广东省至越南北部）。272 年，东吴与晋发生“西陵（今湖北省宜昌市西北）之战”，东吴攻克西陵城。一时的胜利让孙皓误判了形势，穷兵黩武，徒耗国力。孙皓对臣民残忍无道，剥面皮、砍双足、挖眼珠等残暴行为令人发指，人人自危。他自己骄奢淫逸，后宫佳丽千人，民怨沸腾，政治更加腐败，加速了东吴的灭亡。280 年，西晋司马炎大举进攻东吴，史称“晋灭吴之战”。西晋贾充为大都督，分上游、中游、下游多路并进，攻破建康，东吴大败。孙皓备亡国之礼，装棺材于车上，率众投降，东吴被西晋灭亡，三国时期彻底结束。孙皓归顺西晋被赐号为归命侯，孙皓及其家眷迁居洛阳。284 年，孙皓在洛阳去世，时年四十三岁，史称末帝、乌程侯、归命侯。坚信自己将统一天下的孙皓，终因逆天而国破人亡，唐代诗人周昙有诗云：“吴宫季主恣骄奢，移尽江南百媚花。一旦狂风江上起，花随风散落谁家。”

西晋　短暂统一

西晋（265—317）是中国历史上三国时期之后的统一王朝，与后来的东晋合称“晋朝”。265 年，司马炎篡魏，建国号为“晋”，定都洛阳，建立“西晋”。十五年后，280 年西晋灭东吴，完成统一，结束了近一个世纪的分裂局面。直到 317 年，前赵灭亡西晋，共经历四帝，历时五十三年。西晋时期国家财富骤增，政治极端腐化，但手工业相对发达，以仿铸造青铜器的高温烧制的青瓷闻名。其社会文化程度也很高，代表有名医王叔和著《脉经》、地理学家裴秀编著《禹贡地域图》、史学家陈寿著《三国志》等。

晋武帝司马炎以柔治国，无为而治，恢复经济，发展生产，实现“太康之治”。晋惠帝司马衷时，皇后贾南风干政弄权，十六年“八王之乱”，腥风血雨，灾难深重。胡人多国兴起，前赵刘聪攻破洛阳，“永嘉之祸”晋怀帝司马炽被俘，国势渐衰。前赵刘曜再破长安，晋愍帝司马邺投降被俘，西晋灭亡。西晋短暂的统一，仅仅五十三年，所谓昙花一现。西晋确立了一整套官僚制度，设立了尚书省、中书省、门下省，作为皇帝之下的最高权力机构，并实行都督制对地方进行高压控制。皇室恢复分封，宗室子弟全部被封为王，确保了皇室的地位。西晋自建立时，官场政风就十分黑暗，贪赃枉法，贿赂风行，世家大族把持朝政，统一的背后危机四伏。当时，大量游牧部落内迁，关中和凉州（古雍州，今甘肃省武威市一带）的外族已占当地人口一半，这些外族被世族收作奴婢，生活贫困。阶级矛盾与民族矛盾交织一起，错综复杂，统治阶级荒淫无度，消极怠政，这些因素共同加速了西晋的灭亡。

西晋建立

西晋王朝的奠基人是司马炎的爷爷司马懿，他天资聪颖，博学洽闻，服膺儒教。三国时，司马懿赢得曹操的信任，虽智谋过人，屡建奇功，但他藏之如愚，养精蓄锐。三十年磨剑，一夜间挥刀，经过“高平陵事变”，独揽大权，架空魏室。晋武帝司马炎废魏称帝，开启西晋。

晋武帝司马炎（236—290）是晋宣帝司马懿之孙、晋文帝司马昭嫡长子，晋朝开国皇帝。265年，司马昭中风而死，其子司马炎继任相国、晋王之位。同年，司马炎废曹奂为陈留王，自己称帝，是为晋武帝，建国号为“晋”，定都洛阳，史称“西晋”。

统一全国

266 年，司马炎立曹魏通事郎杨炳之女杨艳为皇后，杨艳深得晋武帝宠幸，生有三子三女，长子司马轨两岁夭折，司马衷为次子。267 年，司马炎立次子司马衷为皇太子。272 年，在贾充和杨皇后的串通、周旋下，司马衷奉晋武帝之命娶贾充之女、年长自己两岁、又黑又矮又丑的贾南风为太子妃。贾南风生性善妒，心狠手辣，曾亲手杀死怀有司马衷孩子的宫女。274 年，皇后杨艳病逝。276 年，司马炎立杨艳堂妹、杨骏之女杨芷为皇后，素无才干、志大才疏的杨骏被升迁为车骑将军，封为临晋侯。西晋初期，由于历史的影响，地方世族影响力远超帝王。司马炎篡魏得手后，为避免其他世族、权臣效法，加强地方维护皇室的力量，分封了各宗室成员为王。中央设立三省，地方大封同姓王，有二十七人为王。同时，还大封公侯，一时大小不等的王国、公侯国多达五六百个。晋武帝颁布“占田令”，限制世族拥有田地的面积和数量。晋武王重视法律，命贾充等人撰写《晋令》，刊修律令，通行全国。军事上实行封国领兵制，王国分三等，赋予不同的领兵权。司马炎在长江上游的益州训练水军，建造战船。经过长达十年的充分准备，279 年，西晋开始发动灭吴战争，二十万晋军沿江东下，讨伐东吴，直捣吴军都城建业。经历四个多月的时间，280 年，“晋灭吴之战”取得全面胜利，东吴灭亡，司马炎统一了全国，结束了八十年的大分裂局面。

太康之治

司马炎灭吴之后，为了恢复经济，稳定国家，他以洛阳为中心，在全国采取了一系列措施，采取以柔治国和无为而治的治国方略。

重视农业生产、兴修水利、减少徭役，保护士族利益，严禁奢侈浪费，厉行节俭。为解决人口不足的问题，还下令十七岁女孩必须出嫁，否则由官府代找夫家。一时出现了社会民生富庶、人民安居乐业、四海平一、天下康宁的升平景象。百姓摆脱了战乱之苦，国家走上了发展之路。从 280 年到 289 年，是西晋比较繁荣的时期，史称“太康之治”。晋武帝在位的二十五年，是西晋王朝相对安定的时期。但是到了执政后期司马炎也开始逐渐怠惰政事，荒淫无度。仅收留孙皓宫中的宫女就达五千多人，后宫美女过万人。由于司马炎的纵欲，很快身体便体虚力亏，朝不保夕。290 年，司马炎病逝，终年五十五岁，谥号武皇帝，庙号世祖。其次子司马衷即位，是为晋惠帝。

八王之乱

晋惠帝司马衷（259—306）即位后，尊继母皇后杨芷为皇太后，立妃贾南风为皇后。司马衷是有名的智力残疾皇帝，以皇太后杨芷的父亲外戚临晋侯杨骏为太傅辅政。杨骏辅政时期，刚愎自用，滥用刑法，任命自己的亲信掌管禁军，杨骏一时位极人臣，却也给自己带来灭顶之灾。司马衷很信任皇后贾南风，贾皇后得以专权，并阻杨骏独揽政权。司马衷可以任由杨骏摆布，贾皇后却非善良之辈，且手腕强硬。291 年，由于贾皇后的干政弄权，在她的策划下，诸王为争夺中央权力，内讧不已，引发了持续十六年之久的内战，史称“八王之乱”。贾皇后先策动楚王司马玮发动了宫廷武装政变，设计让晋惠帝下诏书，宣称杨骏谋反，利用楚王司马玮从荆州带兵进入洛阳，诛灭杨骏三族，株连而死的达数千人。为了赶尽杀绝，贾皇后还将皇太后杨芷的母亲庞氏处死。汝南王司马亮升任太宰、录尚书事，与元老大臣太保卫瓘（guàn）共同执掌朝政大权，楚王司马玮被委任卫将军兼领北军中侯，贾皇后的亲戚也都担任了要职，参与国政。但贾皇后还未达到独揽大权的目的，再次一箭双雕，以晋惠帝名义下密诏令楚王司马玮杀了司马亮与卫瓘，再以伪造手诏害死司马亮、卫瓘的罪名，将司马玮处死。至此，八王之乱第一阶段结束，朝政大权真正被贾皇后掌控，她的亲戚党羽多被委以重任。292年，贾皇后伪造司马衷的诏书，迫害皇太后杨芷，废其太后位囚禁于洛阳郊外的金墉城。同年，断绝皇太后饮食，使其连续八天不得进食，皇太后被活活饿死于金墉城。自此，杨氏一族被尽灭。贾皇后大权在握后，开始荒淫放荡，为所欲为。她与太医令程据私通，还经常派人在洛阳城内外物色美貌少年入宫鬼混，与多人淫乱，有些甚至加以虐杀。299年，贾南风设计陷害太子司马遹（yù）谋反，废掉其太子位，将司马遹和他的三个幼子一起囚禁在金墉城，杀死司马遹生母才人谢玖，引发了第二阶段的八王之乱。

300年，贾皇后令黄门孙虑以药杵将太子司马遹槌死，引起了宗王朝臣们的极大不满。同年，赵王司马伦与宠臣孙秀等人伪造晋惠帝的诏书，以贾皇后杀害太子的罪名，杀死贾皇后及其党羽，很多官员都被罢免。贾南风这位历史上后宫乱政的典型负面人物，为人凶妒暴虐，手段残忍，最终不得善终，时年四十五岁。司马伦伪造诏书自封相国，孙秀等人都被封给大郡，掌握兵权，司马伦一党掌握了朝政大权。301年，赵王司马伦废晋惠帝自立为帝，将晋惠帝司马衷软禁于金墉城。同年，齐王司马冏（jiǒng）、河间王司马颙（yóng）、成都王司马颖三王联合常山王司马乂（yì）（后封长沙王）共同讨伐赵王司马伦，司马伦被杀，其党羽被铲除，晋惠帝复位，齐王司马冏专政。302年，成都王司马颖同河间王司马颙联合讨伐齐王司马冏，长沙王司马乂于洛阳响应。齐王司马冏及其党羽被除，长沙王司马乂掌政，成都王司马颖于邺城（今河南省安阳市北、河北省邯郸市临漳县西南一带）遥控指挥。303年，成都王司马颖为了除去驻守京城的长沙王司马乂，联合河间王司马颙率军攻击洛阳，但被长沙王屡屡击败。304年，东海王司马越勾结禁军擒长沙王，开城投降。长沙王被河间王将领张方用火烤死，成都王司马颖迫使晋惠帝立其为皇太弟，河间王司马颙为太宰，东海王司马越为尚书令。成都王班师返邺城，政治中心北移。之后，三王相互残杀，306年成都王司马颖、河间王司马颙相继被杀，东海王司马越迎晋惠帝还都洛阳，随后晋惠帝被毒死，时年四十八岁，谥号孝惠皇帝。其异母弟、晋武帝司马炎第二十五子豫章王司马炽即位，是为晋怀帝。至此，八王之乱结束。历时长达十六年的八王之乱，国力消耗巨大，一场王室内部腥风血雨的大屠杀，使得皇室诸王相继败亡，人民伤亡严重、流离失所，社会经济被严重破坏，阶级矛盾和民族矛盾不断激化，给社会带来深重而长久的灾难。

多国兴起

与此同时，西北边疆的少数民族向内地迁徙更加频繁，迁徙民族众多，由游牧生活向定居的农业生活过渡，主要有匈奴、羯（jié）、氐（dī）、羌（qiāng）及鲜卑五族，史称“五胡”。少数民族迁徙到内地的多为奴婢、佃客，他们受到汉族官僚、地主残酷的民族压迫，使得少数民族对西晋统治者“怨恨之气，毒于骨髓”。先是羌人三度叛乱，羯人不断有小规模反叛。299年，大面积旱灾、蝗灾、瘟疫使得大量逃荒流民涌入梁州（今陕西省汉中市、四川省东部和重庆市部分地区）、益州（今四川地区），氐族的流民领袖李庠（xiáng）、李特兄弟发动起义。益州刺史赵廞（xīn）镇压起义杀死李庠，李特率兵进攻成都。304年，李特之子李雄在成都称王，306年称帝，国号“成”。338年，李雄堂弟后汉王李寿入主成都，改国号为“汉”，史称“成汉”。成汉皇帝与晋怀帝分庭抗礼，当时的西晋统治机能早已瘫痪，已无力镇压叛乱。

晋怀帝司马炽（284—313）即位后，由东海王司马越为太傅辅政，把持政局。在此期间，匈奴人刘渊举旗反晋。刘渊是匈奴左部帅刘豹之子，从曹魏时就一直作为人质被扣留洛阳。他熟读史书、兵法，文武双全。在洛阳时就长期与五部匈奴首领密谋反晋，并推举自己为大单于。八王之乱时，304 年，刘渊趁机逃离洛阳，返回匈奴控制下的左国城部落（今山西省吕梁市方山县），以复汉为名称王，国号“汉”（后改国号“赵”），史称“前赵”，亦称“汉赵”。刘渊称王后打败司马腾，招降山东起义的王弥等人，形成了反晋浪潮。308 年，刘渊称帝，建都平阳（今山西临省汾市西南）。309 年，刘渊两次进攻洛阳兵败而归。310 年，刘渊去世，其太子刘和即位，没几天刘聪又杀兄自立为帝。

永嘉之祸

311 年，前赵刘聪的匈奴大军攻破洛阳，晋怀帝被俘，太子司马诠被杀。因该事件主要发生于晋怀帝永嘉年间，史称“永嘉之祸”。晋怀帝被送往平阳，刘聪封晋怀帝为会稽郡公、仪同三司，并把名公刘殷的孙女小刘贵人赐给晋怀帝为妻。313 年，在汉赵朝廷的宴会上，晋怀帝被命令为斟酒的仆人，当场晋朝旧臣伤感号哭，引起刘聪不满，刘聪将晋怀帝鸩杀，时年三十岁，谥号孝怀皇帝。晋怀帝在平阳遇害，晋武帝司马炎之孙、吴敬王司马晏之子司马邺在长安即位，迁都长安，是为晋愍（mǐn）帝，也是西晋最后一位皇帝。

西晋灭亡

晋愍帝司马邺（300—317）即位后，任命镇东大将军、琅琊王司马睿为侍中、左丞相，大司马、南阳王司马保为右丞相。西晋皇室、世族已从京师洛阳纷纷迁至江南，西晋中原王朝至此已名存实亡。316年，前赵刘聪派遣刘渊从子刘曜领兵攻破长安，晋愍帝投降，西晋灭亡。晋愍帝司马邺被送往平阳（今山西省临汾市西南），刘聪对他百般羞辱，晋愍帝艰难地度过了一年流亡生活。317年，司马邺被刘聪杀害，时年十八岁，谥号晋愍帝。这时，匈奴几乎控制了整个中原，开始了长达一百多年的大动乱时期。东晋政权在南方建立（长江从九江至南京向东北方向斜流，长江下游江南一带也称江东，古称江左，以江左代指东晋），北方同时出现民族政权并立的“五胡十六国”，历史进入东晋十六国。

东晋十六国　诡异平衡

东晋十六国指西晋王朝灭亡后，317年，镇守建康（今江苏省南京市）的西晋宗室司马睿南迁，在江南重建晋室，建立东晋。到420年，宋公刘裕废除晋恭帝，建立刘宋，东晋灭亡，历时一百零三年。与此同时，北方从304年氐（dī）族李雄建立成汉和匈奴贵族刘渊建立前赵并于316年灭掉西晋，到439年鲜卑拓跋部统一北方，这一百三十六年里，北方各民族相互征战，陷入军阀豪强混战局面，黄河流域成了“五胡”争夺天下的战场，先后出现以十六国为代表的众多国家政权，史称“五胡十六国”。东晋与五胡十六国并存，这一历史时期又称“东晋十六国”。这是一个灾难深重的时代，社会经济遭到极大的破坏，但同时也带来了农业技术的南北互补，社会经济的南北互通和民族文化的多方融合，南北处于一种诡异平衡的对峙状态。

（一）东晋　偏安江左

东晋（317—420）是316年西晋灭亡后，由西晋皇族司马睿南迁建立起来的偏安政权，属典型的门阀士族政治。317年，司马睿南迁，定都建康（今江苏省南京市），建立“东晋”。420年，南朝宋灭亡东晋，经历四代十一帝，历时一百零三年。东晋与北方的五胡十六国并存，依托长江割据求得自保，可以总结为“皇帝垂拱，士族当权”，四大门阀王、谢、庾（yǔ）、桓先后支配着王朝政局、门阀政治鼎盛、皇权衰落的同时，朝政却忙于内部的争权夺利，缺少恢复中原的壮志，长期维持着偏安江左的统治。

晋元帝司马睿南迁建国，中原士族衣冠南渡，团结笼络江东豪强，安抚百姓稳固政局。“王敦之乱”使晋元帝大权旁落，晋明帝司马绍以弱制强，平定叛乱。“苏峻之乱”后，晋成帝司马衍迁都石头城。当时，中国北方“五胡”与汉族争杀，分裂混战，先后建国。东晋虽然偏安江左，但也希望收复北方，多次北伐失败，走向衰落。晋孝武帝司马曜时，门阀谢安掌控朝政，在与前秦“淝水之战”中取得胜利。司马曜因与宠姬张贵人酒后一句玩笑，丢掉性命。晋安帝司马德宗时，发生“孙卢之乱”“桓玄之乱”，门阀桓玄一家独大，废黜晋安帝，自建“桓楚”。东晋北府军将领乱世英雄刘裕，联合各方力量平定“桓玄之乱”。晋恭帝司马德文在刘裕逼迫下禅位退居到琅琊王府，刘裕建立南朝宋，东晋至此灭亡。

衣冠南渡

晋元帝司马睿（276—322）是河内郡温县（今河南省焦作市温县）人，司马懿曾孙，琅琊恭王司马觐之子，晋武帝司马炎从子，袭封琅琊王，东晋开国皇帝。晋怀帝在位时，拜司马睿为安东将军、都督扬州诸军事。八王之乱时，司马睿在东海王司马越的参军王导

（镇军司马王裁之子）的辅佐下开始经营江东地区。307年，在王导的策划下，司马睿移镇建业（今江苏省南京市），中原士族相随南逃，衣冠南渡。王导依赖南渡的北方士族，团结江东豪强，笼络江左士族。313年，为避晋愍帝司马邺之讳，又因北方混战，民不聊生，而建业一片生机，军民康乐，遂改建业为建康。316年，西晋王朝灭亡后，司马睿于317年即晋王位（尚未称帝），重建晋室，国都建康（今江苏省南京市），史称东晋。318年，晋愍帝死于汉国的讣告传到江东，司马睿遂即皇帝位，是为晋元帝。晋元帝即位后，势单力薄，缺少南北士族的支持，皇位不稳。但他重用宰相王导执掌朝政，王导实行“镇之以静，群情自安”的方针，稳固政局，安抚百姓，抵抗外敌，因而获得了南、北士族的拥护，稳定了东晋政权。加上依托长江割地得以自保，维持了偏安局面。

王敦之乱

晋元帝前后多次北伐及西征，任祖逖为奋威将军，一直打到河南，并收复大片土地。但因朝廷腐败忌惮，祖逖缺粮少兵，还受到监督和掣（chè）肘，321年，祖逖忧愤而死，北伐宣告终止。司马睿过于信任王导，尊称其为“仲父”。王导堂兄王敦担任大将军，控制着长江中上游的军队，统辖州郡，自收贡赋。当时四分之三的朝野官员都是王家人或与王家相关，被称作“王与马，共天下”，王家势力对东晋政权造成极大威胁。322年，王敦以诛杀御史中丞、镇北将军刘隗为名，在武昌起兵进攻建康，击败朝廷军队后，自任丞相，诛杀尚书左仆射（yè）周颛（yǐ）等人，并在武昌遥控朝廷，史称“王敦之乱”。同年，大权旁落的晋元帝司马睿忧愤病逝，终年四十八岁，谥号元皇帝，庙号中宗。长子司马绍即位，是为晋明帝。

晋明帝司马绍（299—325）是晋元帝司马睿之长子，性情孝顺，文韬武略，聪明机智，礼贤下士，雅好文章。他即位后，立妃庾（yǔ）文君（左将军庾琛之女，太尉庾亮、司空庾冰之妹，车骑将军庾翼之姐，生子司马衍、司马岳，生女司马兴男）为皇后，大赦天下，凭借弱势中央，成功制衡权臣世家，推动了南方社会的安定发展。王敦继续谋求篡位，于324年再次起兵进攻建康，却病逝于军中，晋明帝以弱制强，平定了王敦叛乱，停止追究王敦党羽，依然全力重用丞相王导，保持了与江东士族间的和谐关系，稳定了东晋王朝的局势。325年，智勇双全、胸怀大志的司马绍病逝，年仅二十七岁，谥号明皇帝，庙号肃祖。其长子年仅四岁的太子司马衍即位，是为晋成帝。

苏峻之乱

晋成帝司马衍（321—342）年幼即位，其母皇太后庾文君临朝听政，司徒王导录尚书事，与中书令庾亮共同参辅朝政。外戚庾亮试图排斥王导势力，振作东晋王室，但庾亮疑忌大臣，肆意杀逐重要官员，杀死汝南王司马亮之子司马宗，引起统治集团内部冲突。327年，历阳镇将苏峻、寿春镇将祖约以杀庾亮为名，起兵叛乱，于次年攻破建康，执掌朝政，司马衍迁都至石头城（今江苏省南京市鼓楼区石头城景区），史称“苏峻之乱”。太后庾文君担心受辱，忧伤而死，庾太后死后由王导与庾亮（庾文君兄长）辅政。329年，陶（征西大将军陶侃）温（江州刺史温峤）联军收复京师，成功平乱，司马衍迁回建康。随着司马衍逐渐长大，他奉行勤俭，诏举贤良，劝课农桑，政权趋于稳固。340年，征西将军兼领江、荆、豫三州刺史庾亮病逝，其弟庾冰拜为车骑将军，出镇江州刺史、假节，另弟庾翼出任都督六州诸军事、安西将军、荆州刺史，接替庾亮镇守武昌。342年，司马衍病逝，年仅二十二岁，谥号成皇帝，庙号显宗。因其两子司马丕和司马奕年幼，尚在襁褓之中，其同母弟琅琊王司马岳即位，是为晋康帝。

门阀政治

提到门阀政治，就需要解释一下士族和门阀的概念。士族泛指世代为官的名门望族的一个群体，在官僚结构中居于显赫位置，在文化、政治、经济等方面处于社会上层的家族。士族体现的是个人价值目标，谋取个人仕途发展，基本依靠个人力量，单打独斗。士族有一定的政治地位，在文化和经济方面也发挥着重要影响力，是门阀的初级阶段。门阀是门第和阀阅的合称，是影响和控制国家政治走向的利益集团，是一个阶级，门阀是士族发展的必然产物。门阀集团之间，以婚姻关系、师生关系和上下级关系等，形成一个复杂的牢不可破的政治关系网络，依靠家族力量和门阀之间的力量，掌控着国家的政治、经济、军权等。说到底，门阀政治是皇权与士族势力的一种平衡。门阀集团后来因对皇权存在危害而走向了末路，隋朝的科举制度，就是门阀集团的掘墓人。东汉是门阀政治的萌芽时期，东晋是门阀政治的鼎盛时期，皇权衰落，宗室、外戚和四大门阀大族王（琅琊王氏、太原王氏）、谢（陈郡谢氏）、桓（谯国桓氏）、庾（颍川庾氏）先后支配着王朝政局。

晋康帝司马岳（323—344）在位只有短短两年多时间，没有什么大的政绩。但他的书法造诣很深，代表作品《陆女帖》被收录到后世誉为中国法帖之冠和“丛帖始祖”的宋代的《淳化阁帖》。344年，晋康帝因病去世，时年二十二岁，谥号康皇帝。年仅两岁的太子司马聃即位，是为晋穆帝。

晋穆帝司马聃（343—361）年幼即位，由其母皇太后褚蒜子摄政，朝政大权则由宰相何充等人把持。345 年，安西将军、荆州刺史庾翼病逝。徐州刺史桓温升迁使持节、安西将军、护南蛮校尉、荆州都督，掌握长江上游地区的兵权。桓温娶晋明帝之女南康公主，拜为驸马都尉。346 年，宰相何充去世。司徒蔡谟和皇族会稽王司马昱（司马睿幼子）辅政。同年，安西将军桓温伐蜀，于 347 年攻克成都，控制汉水上游和四川盆地，成汉政权投降。349 年，再次攻杀成汉残余势力，使蜀地全归东晋。至此，东晋统一了南方。354 年，桓温率军伐秦进攻关中，打到长安附近的霸上（今陕西省西安市东），最后因缺军粮而撤退。356 年，桓温讨伐河南击溃羌族首领姚襄，收复洛阳。后豫州刺史谢万缺少军事才能，败于前燕，洛阳地区复归前燕。司马聃在位期间先后由殷浩、外戚褚裒（póu）等人对北方少数民族和周边割据政权进行了数次大大小小的战争，互有胜负，南北方军事水平仍处于相持阶段。361 年，司马聃英年病逝，时年十九岁，谥号穆皇帝，庙号孝宗。皇太后褚蒜子令晋成帝司马衍之长子司马丕（司马聃堂弟）即位，是为晋哀帝。

北伐衰落

晋哀帝司马丕（341—365）即位后，封同母弟司马奕为琅琊王。他在位时期，减轻田税，关注民生，但军阀斗争激烈，大将桓温当国，几次北伐，国家战乱不断，东晋已走向衰败。慕容部日益猖獗，和东晋发生多次战争，均以东晋败退而告终。364 年，由于司马丕喜好长生不老之术，服药后药性大发而不能听政，由皇太后褚蒜子再次摄政。365 年，司马丕用药中毒身亡，年仅二十五岁，谥号哀皇帝。因司马丕没有后嗣，皇太后褚蒜子下诏令由琅琊王司马奕即位，是为晋废帝。

晋废帝司马奕（342—386）在位时，循规蹈矩、谨小慎微，虽身为皇帝，也只是个傀儡，权臣桓温掌控朝政。桓温久怀异志，为了图谋废立、揽权夺势，心生毒计，废帝立威。371年，桓温诬陷司马奕不能生育子嗣，虚构造谣司马奕放纵美人淫乱，浊乱后宫，说其三个儿子都是后妃与他人私通所生。372年，桓温带兵入京，发动宫廷政变，逼迫皇太后褚蒜子下诏废司马奕为东海王，被押送回到原东海王府，再降其为海西县公，被迁徙到吴县（今江苏省苏州市吴中区）。为斩草除根，桓温将司马奕的三个儿子及其生母全部诛杀。桓温立司马昱（yù）（司马睿幼子）即位，是为晋简文帝。386年，司马奕病死于吴县，时年四十五岁。

晋简文帝司马昱（321—372）善于清谈，推崇玄学。司马昱即位后，桓温为剪除异己，诬陷司马昱同父异母兄司马晞谋反将其免官。因多受桓温牵制，史称“政由桓氏，祭则寡人”，司马昱因忧愤过度，即位仅九个月就去世了，时年五十三岁，谥号简文皇帝，庙号太宗。觊觎皇位已久的桓温，在各家士族门阀联手阻止下，篡晋阴谋未能得逞，司马昱第三子、十一岁的司马曜（yào）顺利即位，是为晋孝武帝。

淝水之战

晋孝武帝司马曜（362—396）即位之初，由大司马桓温辅政。373年，桓温去世，再由皇太后褚蒜子临朝听政。376年，太后归政，实权则由征西司马、吏部尚书谢安为代表的陈郡谢氏掌控。383年，谢安作为东晋军总指挥，以八万兵打败了号称百万的前秦军队，赢得“淝水（今安徽省淮南市寿县东南）之战”的胜利，保全了东晋王朝的国运，为东晋赢得数十年的和平。385年，战后谢安因功名过盛而被晋孝武帝猜忌，谢安被迫前往广陵（今江苏省扬州市）避祸，同年谢安病逝。晋孝武帝为冲破士族门阀政治格局，恢复司马氏皇权，以其弟司马道子代替谢安执政。晋孝武帝与其弟司马道子都信奉佛教，许多僧尼出入宫禁，备受宠信。但司马曜晚年耽于享乐，沉湎酒色，又与司马道子争权，形成“主相相持”的局面，造成朝政日趋昏暗。396 年，司马曜与宠姬张贵人酒后一句玩笑话：“你快三十岁了，又没有孩子，明天我就废了你！”这句话导致自己在熟睡中被张贵人及侍女用被子捂死[1]，时年三十五岁，谥号孝武皇帝，庙号烈宗。其太子，年仅十四岁的司马德宗即位，是为晋安帝。

孙卢之乱

晋安帝司马德宗（382—418）即位后，立妃王神爱（王羲之的孙女）为皇后。司马德宗愚笨[2]，不善说话，因此他即位后东晋皇帝的权力直线下降，朝外许多将军实际已经自立，不受君命，朝内的权力也落在了大臣手中。朝政主要由会稽王司马道子及其子司马元显主持。司马道子父子当权，贪污奢侈，政治败坏到无以复加的地步。399 年，五斗米道徒士族孙恩乘民心骚动发动暴乱，攻破会稽郡。大将谢琰（谢安之子）、前将军刘牢之、参军刘裕率兵镇压，孙恩被逼撤退沿海。402 年，孙恩战败跳海自杀。余众推孙恩的妹夫卢循为首领，仍旧作乱，占领广州，史称“孙卢之乱”。

桓玄之乱

402 年，东晋将领桓玄（大司马桓温之子）乘“孙卢之乱”之机吞并上游诸藩镇，占领了东晋三分之二的土地。东晋朝是王、谢、庾、桓四

[1] 史学家吕思勉怀疑晋孝武帝以酒后戏言而被张贵人所弑是真凶散布的谣言，但晋孝武帝被宫人弑杀是肯定的，晋孝武帝之死很可能是司马道子父子及其党羽王韶之等人策划的阴谋。

[2]《晋书・安帝纪》称“帝不惠，自少及长，口不能言，虽寒暑之变，无以辩也。凡所动止，皆非己出”。《资治通鉴》称“安帝幼而不慧，口不能言，至于寒暑饥饱亦不能辨，饮食寝兴皆非己出”。

个门阀大族势力平衡下的产物，王、谢、庾三族相继衰落，桓氏成为唯一的大族。桓玄自江陵起兵攻入建康，废杀司马道子、司马元显父子，桓玄自封为丞相、太尉。从此，桓玄成为东晋实际的统治者。403年，桓玄废晋安帝为平固王，将其迁至浔阳（今江西省九江市），桓玄自立为皇帝，国号“楚”（史称“桓楚”），史称“桓玄之乱”。

刘裕崛起

404年，以寒门庶族身份为东晋北府军将领、乱世英雄刘裕胸怀政治抱负，联合各方力量密谋攻伐桓玄，经过周密部署后，首先占领京口（今江苏省镇江市）、广陵（今江苏省扬州市），一路追杀，桓玄一行逃到浔阳，挟持晋安帝再逃往江陵（今湖北省荆州市荆州区），桓玄在江陵兵败被杀，时年三十六岁。晋安帝在江陵复位，但好景不长，桓玄的将军桓振又攻陷江陵，晋安帝被俘。405年，晋军收复江陵，晋安帝在辅国将军何无忌的护送下回到建康（今江苏省南京市）复位，左光禄大夫刘镇之子冠军将军刘毅获授侍中、车骑将军、开府仪同三司、扬州刺史、录尚书事、徐兖二州刺史，以都督中外诸军事，掌握东晋军政大权。桓玄篡晋，是东晋门阀政治的尾声，桓玄死后，其堂兄桓谦、桓石绥等人仍负隅顽抗达五六年之久，于410年宣告失败，桓氏家族彻底覆灭。刘裕击败桓玄后，为提高威望进行北伐和国内统一战争。410年，刘裕攻破南燕都城广固（原益都县，今山东省潍坊市青州市），灭南燕，收复青州。411年，经过数年战争，卢循战败跳海自杀，刘裕收复广州，孙卢之乱结束。412年，刘裕攻破江陵城，杀死割据军阀刘毅。413年，刘裕遣将军朱龄石收复成都，杀死割据军阀谯纵。415年，刘裕遣将军王镇恶攻克襄阳，驱逐割据军阀司马休之，司马休之兵败北投后秦，此时，东晋境内实现全部统一。416年，刘裕乘后秦内乱之机，北伐关中。417 年，占洛阳、破潼关、直捣长安，俘虏秦皇帝姚泓，灭后秦国。事后，刘裕留下次子刘义真以冠军将军留守长安，镇守关中，自己返回建康。418 年，刘义真被大夏王赫连勃勃打败，全军覆没，只身逃回，关中地区得而复失。419 年，晋安帝司马德宗被刘裕派亲信王韶之杀害，时年三十七岁，谥号安皇帝。刘裕拥立晋安帝的同母弟司马德文即位，是为晋恭帝。

东晋灭亡

晋恭帝司马德文（385—421）是东晋的末代皇帝。420 年，刘裕逼迫晋恭帝禅位退居到琅琊王府，刘裕自立，建国“宋”，史称“南朝宋”，是为宋武帝，历时一百零三年的东晋至此灭亡。421 年，刘裕派兵将晋恭帝司马德文杀害，时年三十六岁，谥号恭皇帝。

（二）十六国 “五胡”内迁

十六国（304—439）与东晋大致同期，从 304 年氐（dī）族李雄建立成汉和匈奴贵族刘渊建立汉国（前赵），到 439 年鲜卑拓跋部统一北方。这一百三十六年的时间，原居西北、东北边远地区的许多少数民族纷纷迁徙内地，史称“五胡内迁”。少数民族内迁源于东汉时期，朝廷以招引或强制的方式，将边疆的北方各族内迁，以便监控各族，增加兵源和劳动力。于是，各民族人口内迁越来越多，分布于北方各地少数民族人口已达八百七十万之多。多民族内迁，使得人口迅速增加，文化交流广泛，经济水平提高，社会发展加快。但民族压迫和自然灾害加剧了民族矛盾和阶级矛盾的激化，北方（包括巴蜀、云南）各民族相互争战，先后组建的民族政权有二十一个。北魏崔鸿所撰的《十六国春秋》取十六个强劲的代表总结为“五凉、四燕、三秦、二赵，并成、夏为十六”，具体为：前赵

（匈奴）、后赵（羯）、前燕（鲜卑）、前凉（汉）、前秦（氐）、后秦（羌）、后燕（鲜卑）、西秦（鲜卑）、后凉（氐）、南凉（鲜卑）、西凉（汉）、北凉（匈奴）、南燕（鲜卑）、北燕（汉）、夏（匈奴）、成汉（巴氐）等政权，总称十六国。范围大致上涵盖汉地中部、东部、西南部、西部，最远可达漠北及西域。十六国中，后赵、前燕、前秦都曾占据过北方大部分疆土，尤其是前秦基本上短暂统一了北方，但北方的分裂混战始终没有停息，和南方东晋的相互征伐也无休无止。直到北魏立国后，统一华北，历史进入南北朝时期。

1. 成汉　巴氐小国

成汉（304—347）十六国政权之一，在西晋灭亡前最早立国，属西南云、贵、川割据势力，对中原形势影响不大。304 年，氐族李雄自封为“成都王”，建立“成汉”。347 年，东晋灭亡成汉，经历五位君主，历时四十四年。其领地占有今云南省、贵州省和四川省西南部。

西晋末年，氐族的流民领袖李特、李庠（xiáng）兄弟在巴蜀发动起义，先后战死。李特之子李雄继任后，攻克成都，称王称帝，国号“成”。李雄四处征战，占有南中地区。然李雄去世后，好景不长，内乱迭起，王室相互残杀，江河日下。李期在位时，李寿叛乱自立，李期自尽，改国号为“汉”，史称“成汉”。李势即位后，贪财好色，滥用刑罚，国势衰弱。东晋将领桓温率兵攻打成汉，李势投降，成汉灭亡。

李特入蜀

299 年，西晋大面积旱灾、蝗灾、瘟疫使得大量逃荒流民拥入梁州（今陕西省汉中市、四川省东部和重庆省部分地区）、益州（今四川地区），氐族流民领袖李特与兄弟李庠（xiánɡ）、李流率流民徙居巴蜀。李特祖父李虎为曹魏的将军，其父李慕为东羌猎将。300年，益州刺史赵廞联合李特、李庠兄弟占据成都，后又因妒忌李庠骁勇、得民心而将其杀害，李特怒而领兵攻打成都。303 年，李特率兵进攻成都，益州刺史罗尚拒守，李特战死，谥号景皇帝，庙号始祖。其弟李流继续带领流民作战，于次年病死。304 年，李特之子李雄接任首领，攻下成都，在成都称王继承王位，自封为“成都王”。

成汉建国

李雄（274—334），成汉开国皇帝，性情宽厚，颇有明君之风。306 年，李雄称帝，定都成都（今四川省成都市），国号“成”，史称“大成”，后称“成汉”。成皇帝与晋怀帝分庭抗礼，当时的西晋统治机能已经瘫痪，已无力镇压叛乱。李雄在位时爱护百姓，知人善任。他任用土著豪族、西晋时成都一带天师道首领范长生为丞相，废除晋朝法律，约法七章。他任用叔父李骧（xiānɡ）为太傅，兄长李始为太保，折冲将军李离为太尉，建威将军李云为司徒，翊军将军李璜为司空，材官李国为太宰。310 年，李雄派李国、李云等率军攻入汉中，梁州刺史张殷逃奔长安。李国等人攻陷南郑（今陕西省汉中市南郑区），将汉中人全部迁到蜀地。311 年，李雄派李骧攻陷涪城（今四川省绵阳市）。314 年，李雄攻占汉嘉郡（今四川省雅安市）、涪陵郡（今重庆市彭水县）。315 年，陇西（今甘肃省东南部，定西市中部）统帅陈安依附了李雄。李雄虚心爱才，对投降依附者实行宽免徭役赋税，使得远近相继归附。318 年，丞相范长生去世，其子范贲（bēn）继丞相位。李骧去世后，李雄任李骧之子李寿为大将军、西夷校尉。324 年，李雄舍弃自己的十多位儿子，而立其侄、其兄李荡之子李班为太子。330 年，李寿攻陷巴东。331 年，李寿进攻阴平（今甘肃省陇南市文县）、武都（今甘肃省陇南市武都区），氐王杨难敌（前仇池国君杨茂搜之长子，前仇池国第二任君主）兵败投降。333年，李雄派李寿进攻朱提（shí）（今云南省昭通市），宁州刺史尹奉投降，李雄占领南中地区（今云南省、贵州省和四川省西南部）。334年，李雄病逝，终年六十一岁，谥号武皇帝，庙号太宗。李雄之侄李班即位，是为成哀帝。

内乱迭起

李班（288—334）即位后，任堂叔建宁王李寿为录尚书事，辅佐朝政。李雄之子李越当时镇守江阳（今四川省泸州市江阳区），对李班即位心生不满，同弟弟安东将军李期密谋除掉李班。李班即位不到半年，在李雄灵堂前被李越杀害，时年四十七岁，谥号戾太子。群臣拥立李雄之子李期即位，是为成幽公。

李期（314或315—338）即位后，封其兄李越为建宁王，任为相国、大将军、录尚书事。封李寿为汉王，任梁州刺史、东羌校尉、中护军、录尚书事。李期在位期间，任用庸臣，信任尚书令景骞，尚书姚华、田褒，诛杀李雄之子李霸、李保和李寿的养弟安北将军李攸，致使朝堂上下人心惶惶，成汉政权江河日下。338年，李寿领兵攻入成都，杀死李越、景骞等人，将李期废为邛都县（今四川省西昌市东南五里）县公，幽禁在别宫里。同年，李期自缢而亡，时年二十五岁，谥号幽公。李寿自立，是为昭文帝。改国号为“汉”，史称“成汉”。

李寿（300—343）称帝后，追尊父亲李骧为献帝，母亲昝氏为太后；立妻阎氏为皇后，世子李势为太子。他继承李雄宽和俭朴的作风，遵行李雄的政策，勤于政事，好学爱才，谦虚恭敬，虚心纳谏。但李寿后期一味追求享乐，大规模修造宫室，引水进城，穷奢极欲，嗜杀成性，成汉在他的统治下日趋没落。343 年，李寿去世，时年四十四岁。谥号昭文皇帝，庙号中宗。其太子李势即位，即成汉末代皇帝。

成汉灭亡

李势（？—361）即位后，骄狂吝啬，贪财好色，杀人夺妻，不理国事，残害大臣，滥用刑罚，一时人人自危，国势更加衰弱。346 年，太保李奕在晋寿（今四川省成都市彭州市西北）起兵反叛，李势亲自领兵平叛，李奕被杀。346 年，东晋安西将军桓温伐蜀，于 347 年攻克成都，李势拉着棺木，将自己捆绑投降，被封为归义侯。李势及宗室迁至建康，东晋控制了汉水上游和四川盆地。349 年，东晋再次攻杀成汉残余势力，使蜀地全归东晋。成汉将领隗（wěi）文、邓定等重新夺回成都，推丞相范贲为帝，占据成都组建流亡政权。同年，东晋益州刺史周抚、龙骧将军朱焘攻打范贲，范贲被杀，成汉彻底灭亡。361 年，李势去世。

2. 前赵　小国灭晋

前赵（304—329）是十六国政权之一，是西晋灭亡前，五胡中率先建国的政权国。304 年，匈奴质子刘渊以复汉为名，自中原返回左国城（今山西省吕梁市方山县），即汉王位，国号“汉”，至刘曜时，改国号“赵”，史称“前赵”，亦称“汉赵”。329 年，后赵灭亡前赵，经历五位君主，历时二十五年。其领地占有今河北省、山西省、陕西省、甘肃省各一部分。

刘渊迁都平阳（今山西省临汾市西南），正式称帝，两次进攻洛阳失败。刘聪在位时，荒淫无度，乱伦后宫，“永嘉之祸”中俘虏晋怀帝；攻陷长安，灭亡西晋。刘粲（càn）即位后，淫乱醉乐，大司空靳准发动“平阳政变”，刘粲殒命。相国刘曜于赤壁（今山西省运城市河津市西北赤石川）[1]登基称帝，改国号“赵”，史称“前赵”。大司马石勒与刘曜反目，自立“赵王”，建立“后赵”，刘曜兵败，前赵灭亡。

质居洛阳

刘渊（？—310），前赵开国皇帝，是西汉时匈奴首领冒顿单于的后裔（刘邦把一位宗室之女作为和亲公主嫁给冒顿单于，并与冒顿单于相约为兄弟，故冒顿单于的子孙都以刘氏为姓），自幼好学，仪表堂堂，文武双全，擅长骑射。其父刘豹为东汉、魏晋时期南匈奴首领，被曹操任命为五部匈奴中的左部帅，在河东地区开拓势力，为其子刘渊建立前赵政权打下基础。264年至265年，刘渊作为人质居住洛阳，受到当时曹魏权臣司马昭的厚待。之后，在司马昭的推荐下，晋武帝司马炎召见了刘渊，非常赏识他的才能。279年，刘豹去世，西晋朝廷任命刘渊继任左部帅。289年，晋武帝任命刘渊为北部都尉。290年，晋惠帝司马衷即位，任命刘渊为建威将军、五部大都督，封爵为汉光乡侯。后因部下叛逃出塞而被免官，再由成都王司马颖推荐，刘渊担任宁朔将军、监五部军事。晋惠帝时，八王之乱战火再起。304年，司马颖击败司马乂，成为皇太弟，任刘渊为屯骑校尉。

刘渊称帝

304年，刘渊趁乱世离开洛阳回到左国城部落（今山西省吕梁市方山县）称王，国号“汉”。308年，刘渊正式称帝，迁都平阳（今山西省临

[1]《辞海》：“赤壁，古地名，在今山西省河津市西北。”318年，刘曜即帝位于此。《中国历史地名大辞典》明确记载：“赤壁，古地名，在今山西省河津市西北赤石川。”

汾市西南）。当年，刘渊封其子刘和为大司马，封梁王，刘裕为齐王，刘隆为鲁王。刘渊在位时，任贤纳谏，恭俭勤劳，励精图治。309年，刘渊两次进攻洛阳兵败而归。310年，刘渊病逝，谥号光文皇帝，庙号高祖。其长子刘和即位，在位仅六天就被庶弟刘聪弑篡自立，即位为汉昭武皇帝。

陷京灭晋

刘聪（？—318）年幼好学，通晓经史、百家之学和《孙武兵法》，喜书法，善射箭，文武双全。刘聪篡位后，立呼延氏为皇后，但对皇后毫无感情，他喜欢上了父亲刘渊的皇后单氏，经常与单氏同枕共欢。丑事败露后，单氏郁闷成疾病逝，刘聪一度痛不欲生。311年，刘聪派刘曜、王弥、石勒领兵攻破洛阳，晋太子司马诠被杀，晋怀帝被俘虏，史称“永嘉之祸”。刘曜看上晋惠帝美丽绝伦的羊皇后，将羊皇后带回封为妃子。晋怀帝被押送平阳，刘聪封晋怀帝为会稽郡公、仪同三司，并把名公刘殷的孙女小刘贵人赐给晋怀帝为妻。312年，呼延皇后病死，刘聪封司空王育和尚书令任凯之女分别为左、右昭仪；立中军大将军王彰、中书监范隆和左仆射（yè）马景之女为夫人；右仆射朱纪之女为贵妃。刘聪还嫌不够，将太保刘殷的两个女儿刘英、刘娥立为左、右贵妃，同时将刘殷的四个孙女立为贵人。刘聪成为千古少有的同娶姑侄六人为嫔妃的淫乱皇帝。313年，刘聪立刘英为皇后。同年，刘聪将晋怀帝鸩杀。晋怀帝在平阳遇害，晋武帝司马炎之孙，吴敬王司马晏之子司马邺在长安即位，迁都长安，是为晋愍（mǐn）帝。314年，刘聪任其子刘粲（càn）为相国、大单于，总领文武百官，将国事全部交于刘粲。刘聪自己则开始贪图享乐，长时间不参加朝会。315年，刘聪设上皇后、左皇后和右皇后以封妃嫔，造成“三后并立”。中护军靳准生有二女靳月光、靳月华，天姿国色。靳准将两个儿女献给刘聪同为皇后，靳月光为上皇后，靳月华为右皇后，靳准被拜司隶校尉。后靳月光与禁卫偷情，刘聪震怒，逼迫靳月光自杀。316 年，刘聪派族弟中山王刘曜发兵再攻长安，晋愍帝投降，西晋灭亡。318 年，刘聪病逝，谥号昭武皇帝，庙号烈宗。其太子刘粲即位，是为隐皇帝。

平阳政变

刘粲（？—318）虽才能出众，文武双全，但他自担任相国后，便骄纵奢侈，独断专行，疏远贤德，亲近小人，诛杀辅政大臣，不恤民情，遭国人憎恶。刘粲即位后，尊刘聪的皇后靳氏为皇太后。靳太后等人年龄都不到二十岁，而且非常漂亮美丽，刘粲在宫内日夜与她们淫乱，沉湎酒色，醉乐后宫。刘粲任命刘曜（刘渊的族侄）为丞相，总督内外军事，镇守长安。拜靳准为大司空，领尚书事，总领军政大权。靳准安排堂弟靳明担任车骑将军，靳康担任卫将军。同年，靳准发动“平阳政变”，将刘氏皇族男女老幼全部斩杀于东市，掘开陵墓，拖出刘聪死尸斩首，焚毁刘氏宗庙，杀死刘粲，谥号隐皇帝。靳准自号大将军、汉天王，遣使告知东晋司州刺史（司隶校尉部简称司州）李矩，并向东晋称藩。镇守长安的相国刘曜听闻平阳政变，领军发赴平阳，行至赤壁（今山西省运城市河津市西北赤石川），在赤壁登基称帝，改国号“赵”，史称“前赵”。

石勒反刘

刘曜（？—329），汉光文帝刘渊从子，前赵末代皇帝。他称帝后，封羊氏为皇后，任命羯族部落首领石周曷朱之子石勒为大司马、大将军，加九锡，增封十郡，并前十三郡，进爵为赵公。刘曜与石勒成掎角之势，进攻平阳。靳准堂弟靳明与靳康建议投降，靳准犹豫不决。319 年，靳准被靳明所杀，其众共推靳明为主，靳明送传国玺于刘曜，准备投降刘曜。石勒则进兵平阳，焚毁平阳宫室。刘曜派兵迎靳明出城，斩靳明全族男女，靳氏就此在历史舞台上落下帷幕。同年，刘曜迁都长安（今陕西省西安市）。刘曜杀死石勒派来送战报的左长史王修，石勒遂与刘曜反目，起兵反叛自称赵王。

前赵灭亡

汉赵一分为二，史家为区分，西边赵帝刘曜（含之前汉赵）称为“前赵”，东边石勒称为“后赵”。从此，两赵相争，双方相互攻伐，战火不息。刘曜在位期间，向西攻打仇池和凉州，向东抵御后赵，对内提倡汉学，设立学校，发展文教事业。329 年，刘曜兵败为石勒所俘，被杀身亡，前赵被后赵灭亡。

3. 前凉　尊晋实王

前凉（317—376）是东晋十六国时期政权之一，都城姑臧（今甘肃省武威市），是割据西北的地方政权。317 年，司马睿即晋王位（尚未称帝），重建晋室，史称“东晋”。同年，张寔（shí）在凉州（今甘肃省武威市）自称凉王，建都姑臧（今甘肃省武威市凉州区），表面向东晋和前赵称臣，实际已为王成为割据政权，史称“前凉”。376 年，前秦灭亡前凉，经历八位君主，历时五十九年。其领地占据甘肃省西部、宁夏回族自治区西部和新疆维吾尔自治区东部。

张寔称王后，收容了大量难民，前凉成为“士族北上”的最大聚居地。不料，张寔却被擅长旁门左道之术的刘弘派人所杀。之后，张茂、张骏在位时，始终把东晋作为正统，避战求安。张重华即位后，前凉屡遭后赵、前秦袭击，但抵御外侵时均取得胜利。张耀灵十岁即位，难控朝局，异母大哥张祚（zuò）杀侄自立。张祚不义自毙，被辅国将军宋混所杀。张玄靓年幼即位，右司马张邕（yōng）杀死领军将军宋澄，独专朝政。张玄靓的叔父中领军张天锡起兵杀死张邕后，再杀其侄张玄靓，重演杀侄自立悲剧。前秦出兵凉州，张天锡出降，前凉政权灭亡。

张寔称王

张寔（271—320）是西晋凉州刺史张轨之子。301 年，凉州汉族大姓、西汉赵景王张耳之后张轨，被西晋封为凉州刺史，治理凉州。314 年，张轨去世，追谥武王，庙号太祖。其子张寔继任凉州刺史，封西平郡公。西晋灭亡后，张寔仍据守凉州。317 年，张寔称王后，自恃险远，颇自骄恣。但前凉远离战火，政治开明，政局稳定，因而收容了大量难民，京兆（今陕西省西安市）人刘弘也到了凉州。刘弘擅长旁门左道之术，在天梯山聚众千余人。320 年，张寔的部下阎沙等被刘弘收买，准备拥戴刘弘为王。在刘弘的指使下，阎沙将张寔刺杀，时年五十岁，追谥张寔为昭王。牙门将史初把刘弘拘捕，并将其舌头割掉后关押，在姑臧城的街市上处以车裂，并诛杀刘弘党徒数百人。因张寔之子张骏年幼，众臣拥其同母弟张茂即位，自称凉州刺史、西平郡公。

避战求安

张茂（277—324）志向远大，处事果断。他即位后，任其侄张骏为抚军将军、武威太守，封西平郡公。张茂在姑臧城大兴土木，修筑宏大的灵钧台，劳民伤财，耗资巨大。324 年，汉赵封张茂为凉王。同年，张茂病逝，时年四十八岁，谥号成公，追谥成王，庙号太宗。张寔之子张骏即位，是为凉文王。晋愍帝拜张骏为凉州牧、护羌校尉，封西平郡公。

张骏（307—346）效法其父张寔，始终把东晋作为正统，他励精图治，善于用人，勤于政事。在他的治理下，前凉避免战火，国富兵强。346 年，张骏病逝，时年四十岁，谥号文公，追谥文王，庙号世祖。其次子张重华即位，是为凉桓王，他自领太尉、护羌校尉、凉州牧，被封西平郡公，假凉王。

抵御外侵

张重华（327—353）宽和持重，沉默寡言。他即位后，减轻赋税，救济贫困。但时运不佳，屡遭后赵、前秦的袭击。于是，张重华重用贤臣谢艾，封其为中坚将军，抵抗后赵和前秦的进攻。347 年，后赵将领麻秋进攻前凉，谢艾领兵抵御大胜麻秋。张重华升任谢艾为太府左长史，进封福禄县伯。349 年，张重华因对外取得胜利自称凉王、丞相，雍、秦、凉三州牧。353 年，张重华发兵前秦，却兵败丢掉秦州上邽（guī）（今甘肃省天水市西）。张重华二次发兵，重新夺回上邽。同年底，张重华病逝，时年二十七岁，谥号桓公，追谥凉桓王，庙号世宗。其子年仅十岁的张耀灵即位，自封大司马、凉州牧、校尉、刺史、西平公。

杀侄自立

张耀灵（344—355）年幼即位，难控朝局。张重华的异母大哥张祚（zuò）密谋右长史赵长等人，假传遗诏，拜张祚为使持节、都督中外诸军事、抚军大将军，辅佐朝政。张祚之前与张重华的母亲、张耀灵的祖母马氏（被尊为凉王太后）私通。353 年，张祚与马氏串通，张耀灵即位一个月便被废黜，降封为凉宁侯，张祚自封大都督、大将军、凉州牧、凉公。

不义自毙

张祚（327—355）即位后，荒淫无度，残暴不仁，与其弟张重华之妻裴氏通奸，从宫中的妃妾到父亲张骏、弟弟张重华没出嫁的女儿，无不奸淫。354 年，张祚称凉王。355 年，张祚派杨秋胡把张耀灵带到东苑，扳断张耀灵的腰肢后将其杀害，将尸体埋于沙坑之中，张耀灵年仅十二岁，谥号凉哀公。同年，辅国将军宋混、骠骑大将军宋澄兄弟与大臣张瓘（guàn）等里应外合攻入姑臧（今甘肃省武威市凉州区），张祚被宋混的部下斩首示众，暴尸路边，时年二十九岁，追谥威王。荒淫无道的张祚自取灭亡，百姓无不称快。宋混等立张重华之子年仅六岁的张玄靓为凉王，自称大都督、大将军、护羌校尉、凉州牧、西平公。

篡夺王位

张玄靓（350—363）年幼即位，任张瓘为卫将军，领兵一万人，行使大将军职事，手握朝政大权。张瓘为斩草除根，诛杀张祚二子。张瓘居功自傲，自命不凡，欲杀宋混、宋澄兄弟，废君自立。359 年，宋混先下手为强，讨伐张瓘，张瓘及其弟兵败畏罪自杀，被夷三族。361 年，宋混去世，其弟宋澄接任领军将军，代替宋混辅佐朝政。同年，右司马张邕憎恨宋澄独专朝政，起兵攻打宋澄，宋澄兵败被杀，宋氏家族一并被灭。张玄靓任张邕为中护军，任命张骏少子、张玄靓的叔父张天锡为中领军，共同辅佐朝政。张邕小人得志，大权独揽，排除异己，大树私党。363 年，张天锡起兵杀死张邕。同年，张天锡杀其侄年仅十四岁的张玄靓，谥号凉冲王。张天锡即位，自称使持节、大都督、大将军、凉州牧、西平公。

前凉灭亡

张天锡（生卒年不详）即位后，沉溺酒色，不理朝政。366年，东晋朝廷下诏任张天锡为大将军、大都督、督陇右关中诸军事、护羌校尉、凉州刺史、西平公。376年，前秦出兵凉州，张天锡出降，前凉政权灭亡。张天锡被押送长安后，前秦王苻（fú）坚还算仁慈，任张天锡为北部尚书，封归义侯。383年，前秦苻坚发兵攻打东晋，张天锡以征南司马的身份参加“淝水之战”，前秦失败，张天锡归顺东晋，被东晋朝封为金紫光禄大夫。张天锡身为亡国俘虏，在建康备受欺凌，食不果腹。张天锡次子张大豫投奔河西，依附割据势力。386年，张大豫自称凉王、抚军将军，重建前凉政权。387年，前秦吕光奉苻坚之命征讨张大豫，张大豫兵败被杀。397年，会稽王司马道子之子司马元显封张天锡为庐江太守。406年，精神昏乱病逝，时年六十一岁，谥号凉悼公。

4. 后赵　暴力国度

后赵（319—351）是十六国政权之一，是十六国时期羯族首领石勒建立的政权。319年，石勒与刘曜反目，在襄国（今河北省邢台市襄都区）自立称帝，汉赵一分为二，西边汉赵史称“前赵”，东边石勒史称“后赵”，后赵之后迁都邺城（今河南省安阳市北、河北省邯郸市临漳县西南一带）。351年，冉魏灭亡后赵，经历七位君主，历时三十三年。其领地占据今河北省、山西省、山东省、河南省、陕西省、江苏省、安徽省、甘肃省、辽宁省一部分。

石勒称帝后，诛杀刘曜，攻灭前赵。石弘即位后，被石虎杀害篡位。石虎自称摄赵天王，苛暴无度，荒淫乱国，父子相残，连杀两太子。石世年幼即位，诸子争位，兄弟反目，国内大乱。石遵诛杀其弟石世自立；其兄长石冲举兵讨伐石遵，石冲兵败被杀；辅国大将军冉闵发动兵变，石遵被杀，立石世异母兄石鉴即位。冉闵再次发动兵变，石鉴被杀，冉闵自立，改国号“大魏”，史称“冉魏”。随后，石虎之子石祗（zhī）在襄国（今河北省邢台市襄都区）自立为帝。石祗派大将刘显起兵讨伐冉闵，刘显兵败投降后，将石祗暗杀。后赵是一个暴力的国度，充满着腥风血雨，在杀戮中生存，在杀戮中灭亡。之后，刘显再与冉闵反目，回到襄国，自称为帝。刘显率兵攻打冉闵，兵败被冉闵所杀。前燕发兵攻打冉魏，冉闵兵败被杀，冉魏政权灭亡。

攻灭前赵

石勒（274—333），后赵开国皇帝，上党郡武乡县（今山西省晋中市榆社县）人，他壮健雄武，善于骑射。319年，石勒在襄国（今河北省邢台市襄都区）称帝后与前赵两赵相争，战火不息。329年，石勒诛杀刘曜，攻灭前赵。330年，称大赵天王，正式称帝，立其子石弘为皇太子，封侄子石虎为中山公、尚书令。石勒喜欢儒家文化，减租缓刑，求贤纳谏，开办学校，核定户籍，创办考试制度，重新制定度量衡，促进北方经济的发展与民族融合。他南掠晋土，北侵代国，推动后赵成为北方地区最强的国家。333年，石勒去世，终年六十岁，谥号明皇帝，庙号高祖。其太子石弘即位，为后赵第二位皇帝。

石虎篡位

石弘（314—335）为石勒次子，性情软弱，非常害怕尚书令石虎，自言自己懦弱，要让位给石虎。石虎收捕右光禄大夫程遐、中书令徐光，交付廷尉治罪，文武官员纷纷逃散。石虎将石弘劫持到殿前，石弘在石虎的逼迫下流泪即位，只是个傀儡，军政大权全由石虎做主。石弘无奈之下任命石虎为丞相、魏王、大单于，加九锡，以魏郡等十三郡为食邑，统领百官。334 年，石虎篡位，把石弘废为海阳王，石虎自称摄赵天王。石虎将石弘及程太后及石弘兄弟石宏、石恢囚禁在崇训宫，不久便将他们杀害，将石勒子孙诛杀殆尽，石弘时年二十二岁。

旷世暴君

摄赵天王石虎（295—349）是后赵明帝石勒之侄，善于骑射，勇冠当时。早年随石勒征战四方，开疆拓土，颇有功勋，累迁侍中、骠骑将军、开府仪同三司，册封中山公。石虎篡位后，荒淫残暴，屠杀百姓，致使民不聊生，社会生产遭到严重破坏。他立其子石邃（suì）为太子，将国政委托于太子，自己寻欢作乐。335 年，石虎迁都邺城（今河南省安阳市北、河北省邯郸市临漳县西南一带）。336 年，石虎在襄国（今河北省邢台市襄都区）建太武殿，在邺城建东、西两宫，灵凤九台殿；从民间挑选一万多名美女，分配到各殿，供自己淫乐。石虎曾下令全国二十岁以下、十三岁以上的女子，不论是否嫁人，都要做好准备随时成为他后宫佳丽中的一员，一时“百姓妻有美色，豪势因而胁之，率多自杀”。因此，他是五胡十六国中名副其实的暴君。太子石邃（suì）亦为酒色暴徒，经常夜闯大臣私宅，奸淫大臣妻妾，骄淫残忍，无故滥杀美姬。

父子相残

石虎喜怒无常，经常谴责斥骂、鞭打杖击太子石邃。石邃的两个弟弟河间公石宣、乐安公石韬都得到石虎的宠爱，石邃恨之如仇敌。同年，石邃准备带兵到冀州杀掉河间公石宣，发动政变。石虎父子相杀，将石邃及其妃子张氏、儿女二十六人全部杀害。并诛杀石邃宫臣中门党二百多人，废石邃生母郑皇后为东海太妃，立儿子石宣为天王皇太子，封石宣生母杜昭仪为天王皇后。338 年，石虎发兵征服辽西鲜卑，辽西公段辽任命的渔阳、上谷、代郡地方长官全都归降，石虎攻取四十多个城镇，段辽请降，石虎拜授降将阳裕为北平太守。同年，石虎与前燕交战，却败于前燕。石虎不顾人民负担到处征杀，致人民于水深火热之中。他大量从各地征集美女，从民间强行掠夺十三岁至二十岁的女子达三万余人，仅 345 年抢掠有夫之妇就有九千余人。逼得三千多女人自杀，大批百姓家庭夫妻离散，家破人亡。石虎不信任太监，宫中不设太监，他内置女官十有八等，相关职务皆由女人担任。346 年，石虎派凉州刺史麻秋攻打前凉，金城太守张冲惧而投降，凉州震动。347 年，再攻前凉却遭惨败，麻秋单枪匹马逃回。348 年，太子石宣因嫉恨弟弟石韬（石虎表露出有立石韬为太子的意思），派人将石韬杀害。石虎大为震怒，将太子石宣挖去眼睛、砍断手脚、烈火焚烧。连同石宣妻子儿女共九人全部处死，杀掉了石宣周围三百余人，把石宣的生母杜氏贬为庶人，东宫卫士一万多人全都被流放戍卫凉州。石虎立齐王石世为太子，立其生母刘昭仪为皇后。349 年，石虎身染重病，为消灾祛病，即皇帝位，其子爵位全都晋升为王。官逼民反，戍凉州东宫卫梁犊等发动起义，被石虎倾全国之力镇压。石虎任命彭城王石遵任大将军，镇守关右；燕王石斌为丞相，总领尚书职事；张豺为镇卫大将军、领军将军、吏部尚书。同年，石虎病逝，时年五十五岁，谥号武皇帝，庙号太祖。年仅十一岁的太子石世即位，由其兄石遵、石斌和张豺接受遗诏，共同辅佐朝政。

兄弟反目

石世（339—349）年幼即位，大权由生母刘皇后及张豺掌控。

石虎去世后其诸子为争帝位互相残杀，国内大乱。大将军彭城王石遵起兵叛乱，进攻邺城，张豺被杀，夷灭三族。石世在位仅三十三天便被废黜为谯王，刘皇后被废为太妃，不久皆被处死，石遵自立为帝。

石遵（？—349）即位后，尊母亲郑氏为皇太后，立妃张氏为皇后，立燕王石斌之子石衍为皇太子，以义阳王石鉴为侍中、太傅，沛王石冲为太保，乐平王石苞为大司马，汝阴王石琨为大将军，武兴公冉闵为都督中外诸军事、辅国大将军、录尚书事，辅佐朝政。石遵兄长沛王石冲听闻石遵杀了石世自立，遂举兵讨伐。双方在平棘（今河北省石家庄市赵县城南固城村）交战，石冲兵败被杀，手下士卒三万多人被活埋。同年，石遵欲杀心生不满、手握兵权的冉闵（其父冉良为石虎养子），被郑太后制止。冉闵发动兵变，石遵在位一百八十三天被杀，郑太后、张皇后、太子石衍等一并被杀死，冉闵拥立石遵和石世的异母兄义阳王石鉴即位。

冉闵篡国

石鉴（？—350）即位后，封冉闵为大将军，进封武德王；任司空李农为大司马，同时统管尚书职事；任命郎闿（kǎi）为司空；秦州刺史刘群为尚书左仆射（yè）；侍中卢谌为中书监。石鉴被冉闵所控制，时时感到威胁和不安，他密谋欲杀掉冉闵和李农，没有成功。冉闵发动兵变，石鉴被关押，冉闵进行血腥屠杀，数万人死于非命。350 年，石鉴在位一百零三天被冉闵所杀，冉闵自立，改国号“大魏”，史称“冉魏”。两月后，石虎之子新兴王石祇（zhī）听说其兄石鉴被冉闵杀死，于是在襄国（今河北省邢台市襄都区）自立为帝，并起兵讨伐冉闵。

后赵灭亡

石祗（？—351）为后赵末代皇帝，他任汝阴王石琨为相国，任羌族姚弋仲（曹魏镇西将军姚柯回之子、后秦开国皇帝姚苌之父）为右丞相、封亲赵王。派相国石琨领兵十万攻打邺城（今河南省安阳市北、河北省邯郸市临漳县西南一带），但在邯郸被冉闵打败，死者数以万计。于是，冉闵发兵到襄国攻打石祗，双方相持一百余天。351年，石祗去掉帝号，改称为“赵王”，派使者向右丞相、亲赵王姚弋仲、前燕慕容儁求援。在三面夹击下，冉闵被打败，只身化装后逃回邺城。石祗再派大将刘显领军七万攻打邺城，刘显被冉闵打败投降，并承诺杀石祗。随后，刘显暗杀了石祗，把他的首级献冉闵，后赵灭亡。

冉魏被灭

冉闵（？—352）于350年称帝后，后赵将刘显因投降冉闵杀石祗立功，被冉闵封为大单于、冀州牧。仅两月后，刘显与冉闵反目，回到襄国（今河北省邢台市襄都区），自称为帝。352年，刘显率兵攻打常山（今河北省石家庄市正定县，古称常山、真定，治所位于今石家庄市长安区东古城村东垣故城），反被冉闵打败，襄国被破，刘显及其百官一百余人全部被杀，当地居民迁居邺城（今河南省安阳市北、河北省邯郸市临漳县西南一带），襄国被付之一炬。同年，前燕国君慕容儁（jùn）派大将慕容恪领兵攻打冉魏冀州，冉闵亲自领兵应战，兵败被俘，冉魏政权灭亡。冉闵被羁押龙城（今辽宁省朝阳市），不久在龙城遏陉山（今辽宁省朝阳市龙城区边杖子乡大西山村旁的马山）被杀，追谥武悼天王。

5. 前燕　东北政权

前燕（337—370）是十六国政权之一，是十六国时期鲜卑族辽东公慕容所建立的政权。337 年，慕容皝（huàng）称王，国号“燕”，史称“前燕”，也称“慕容燕”。370 年，前秦灭亡前燕，经历三位君主，历时三十四年。前燕全盛时统治地区包括冀州、兖州、青州、并州、豫州、徐州、幽州等部分，占据今河北省、山东省、山西省、河南省、辽宁省各一部分。

慕容皝继任辽东郡公时，平定兄弟内乱，在棘城（今辽宁省朝阳市东约一百七里）[1] 立国称王。他击败后赵，迁都龙城（今辽宁省朝阳市），攻破高句丽，吞并宇文鲜卑。慕容儁（jùn）在位时，南征后赵，迁都蓟城（今北京市），灭亡冉魏，再迁邺城（今河南省安阳市北、河北省邯郸市临漳县西南一带），挺进中原。至慕容暐（wěi）时，与东晋在中原展开了连续作战，打败东晋大将桓温的大举进犯。前秦出兵讨伐前燕，包围前燕都城邺城，慕容暐兵败被俘，前燕灭亡。

平乱立国

慕容皝（297—348）是鲜卑慕容部首领慕容廆（wěi）第三子，333 年，其父辽东郡公慕容廆去世，追谥武宣，庙号高祖。慕容皝继任辽东郡公、平北将军、平州刺史，督摄部内，统治辽东。慕容皝其兄弟个个智勇双全，军功卓著，大家都猜忌自己将不能被慕容皝容纳，导致内乱。其异母兄慕容翰被迫投奔鲜卑段辽，同母弟慕容昭被杀，同母弟慕容仁举兵叛乱。336 年，慕容仁兵败被逼自杀。337 年，慕容皝在棘城（今辽宁省朝阳市东约一百七十里）称燕王，立妻子段氏为王后，其子慕容儁为太子。

[1] 棘城，又名大棘城，具体位置至今成谜，辽宁省朝阳市博物馆田立坤考证大棘城在辽宁朝阳北票市章吉营子乡三官营村。

迁都破敌

338年，慕容皝向后赵国君石虎称臣，请求与后赵联合会师消灭段辽。石虎出兵讨伐，辽西段辽请降，当年逃奔辽西的慕容翰向北投奔宇文部。慕容皝却不讲信用，没按约定会师，单方面趁机抢劫段辽无数畜产和五千户居民到棘城。于是，石虎发兵攻打棘城。慕容皝派其子慕容恪领兵应战，后赵战败。340年，慕容翰携两子从宇文部回到前燕。341年，东晋任命慕容皝为使持节、大将军、都督河北诸军事、幽州牧、大单于，封燕王。342年，慕容皝正式迁都龙城（今辽宁省朝阳市）。同年，慕容皝派慕容翰为先锋将军，成功攻陷高句丽都城丸都（今吉林省通化市集安市），高句丽王高钊出逃。343年，高句丽向慕容皝称臣。344年，慕容皝亲自领兵、任命慕容翰为前锋将军讨伐宇文鲜卑，攻陷宇文鲜卑都城紫蒙川（今辽宁省朝阳市西北），宇文部首领逸豆归兵败死于漠北，宇文鲜卑至此被慕容皝所并。慕容皝利用慕容翰消灭高句丽和宇文鲜卑以解后顾之忧，对慕容翰终不放心，将其赐死。348年，慕容皝在西部边境狩猎，马倒人伤，不久去世，时年五十二岁，谥号文明皇帝，追庙号太祖。其太子慕容儁即位，是为燕景昭帝。

进军中原

慕容儁（319—360）即位后，后赵皇帝石虎去世，诸子争位，相互残杀，国内大乱。350年，慕容儁率领三路大军南征后赵，进军中原，后赵幽州刺史王午弃城而逃，慕容儁攻陷蓟城（今北京市），夺得幽州，并迁都蓟城。352年，慕容儁派其弟大将慕容恪领兵攻打冉魏冀州，冉闵亲自领兵应战，兵败被俘，慕容儁占领邺城（今河南省安阳市北、河北省邯郸市临漳县西南一带），冉魏政权灭亡。

同年，慕容儁称帝，迁都邺城，极大地扩展了前燕慕容氏的版图，与南方的东晋和关中的前秦三足鼎立。360 年，慕容儁病逝，时年四十二岁，谥号景昭皇帝，庙号烈祖。其太子年仅十一岁的慕容暐（wěi）即位，由慕容儁之弟太原王慕容恪辅政。

慕容暐（350—384）年幼即位后，立其生母可足浑氏为皇太后，任叔叔慕容恪为太宰、录尚书事辅佐君王，任慕容廆少子慕容评为太傅，辅佐朝政。之后，前燕与东晋在中原展开了连续战事。369 年，东晋大将桓温大举进犯前燕，被前燕南讨大都督慕容垂（慕容皝第五子）和范阳王、征南将军慕容德（慕容皝幼子）率兵打败。后因宫廷内乱，太后可足浑氏和太傅慕容评准备密谋杀害慕容垂，慕容垂率众投向前秦苻坚。

前秦灭燕

370 年，前秦出兵讨伐前燕，包围前燕都城邺城，慕容暐兵败被俘，前燕灭亡。前秦苻坚还算仁慈，并未残害慕容宗室，把慕容暐及其王公以下的臣僚族人与鲜卑人四万余户迁徙到长安，封慕容暐为新兴侯，任命为尚书。383 年，苻坚任慕容暐为平南将军、别部都督跟随南征东晋，“淝水一战”前秦大败。384 年，慕容暐忘恩负义，联合长安城内千余鲜卑人准备刺杀前秦天王苻坚，因走漏风声，慕容暐被苻坚所杀，时年三十五岁，其叔父慕容德建立南燕时，追谥慕容暐为幽皇帝。

6. 前秦　十六首强

前秦（350—394）是十六国政权之一，也是十六国中最强大的国家。351 年，氐（dī）族盟主符洪自称大都督、大单于、三秦王，改姓苻（fú）健带领族人占据关中称帝，定都长安（今陕西省西安市），建立“前秦”。394 年，西秦灭亡前秦，经历六位君主，历时四十三年。其领地占据今河北省、山西省、山东省、陕西省、甘肃省、河南省、四川省、贵州省、江苏省、安徽省、湖北、辽宁省之大部。

东晋氐王之子苻健，继承父位，夺取关中，定都长安（今陕西省西安市），建立前秦政权。其子苻生即位，残暴失德，作茧自缚，苻健之侄苻坚发动政变，苻生被杀。苻坚即位，励精图治，扭转困局，国富兵强。“五公之乱”声势浩大，苻坚沉着应对，成功平叛。之后，苻坚攻灭前燕，平定仇池，出兵西拓，灭亡前凉，北取代国，统一北方。然前秦南征东晋，却兵败淝水，元气大伤。短暂统一北方的前秦陷入一片混乱，被统一的鲜卑、羌等部族酋豪纷纷举兵反叛，后燕、西燕、后秦先后建立，秦土分崩，四分五裂。西燕、后秦联合攻打前秦，“新平之祸”，一代明主苻坚丧命。其子苻丕即位，南下进攻西燕、东晋，兵败被杀。苻登即位，屡战后秦，互有胜负。大司马窦冲反叛前秦，自称秦王。苻登发兵后秦，同样兵败被杀。其子苻崇即位，后秦平定窦冲，苻登与陇西王杨定联合攻打西秦，兵败被杀，前秦灭亡。

前秦立国

苻健（317—355）的父亲苻洪是前秦帝国奠基者，苻洪被东晋朝廷任命为氐王、使持节、征北大将军、都督河北诸军事、冀州刺史、广川郡公。他勇猛威武，善于骑射，颇有谋略，乐善好施。苻洪曾归顺前赵皇帝刘曜，被册封为率义侯。前赵灭亡后，请降于后赵石虎，出任冠军将军、都督六夷诸军事。350 年，苻洪遭后赵降将麻秋毒杀，时年六十六岁，追谥惠武帝，庙号太祖。其三子苻健杀死麻秋，继承父位。苻健不忘父亲的临终遗言，立志夺取关中。351 年，苻健统领部众打败占据长安的后赵将领杜洪，成功入关，自称天王，定都长安，史称“前秦”。东晋屡次出兵讨伐，苻健都成功抵御，国势渐固。355 年，苻健病逝，时年三十九岁，谥号景明皇帝，庙号高祖。其三子苻生即位，是为前秦厉王。

失德招杀

苻生（334—357）天生独眼，力举千钧，击刺骑射，冠绝一时。他即位后，嗜酒如命，荒淫无度，残暴不仁，随意杀人，花样繁多，宗室、功臣几乎全被杀光。百官人人自危，纷纷辞官回家。苻生的胡作非为，终招杀身之祸。357 年，苻坚（苻健之弟苻雄之子）和其兄苻法发动政变，将苻生勒毙，时年二十三岁，谥号厉王。苻坚即位，是为宣昭帝。

国富兵强

苻坚（338—385）即位时，前秦社会一片混乱，战乱不息，天灾连年，秦川豪强横行，民族仇杀此起彼伏，百姓生活苦不堪言，国库空竭，百废待兴。他励精图治，厉行节约，崇尚儒学，整顿朝政，推行“休养生息，加强生产”政策，开发泾水，凿山起堤，疏通沟渠。苻坚提拔重用了一批精明廉洁的汉族士人参与朝政，其中最有影响的是寒门出身的王猛，王猛被拜为中书侍郎。王猛执法如山，惩治豪强，社会风气大为好转，出现了路不拾遗、夜不闭户的良好秩序。苻坚设立学校，创办教育，推行礼治建设，提高民众的文化素质，培养治国人才，使得前秦一度集权中央，国富兵强，国势大盛，史称“关陇清晏，百姓丰乐”。

五公之乱

365 年，淮南公苻幼（苻健之子）在长安发动叛乱，兵败被斩。

367 年，晋公苻柳（苻健少子）据蒲阪（今山西省运城永济市）、赵公苻双（苻坚同母弟）据上邽（guī）（今甘肃省天水市西）、魏公苻廋（sōu）（苻健之子）据陕城（今河南省三门峡市陕州区），燕公苻武（苻健之子）据安定（今甘肃省平凉市泾川县），同时造反，声势浩大，包围长安。苻坚排兵布阵，四路同时出击，历时一年零三个月，至 368 年，先后击败并斩杀四公，叛乱被平定。前后两次叛乱，史称“五公之乱”。

统一北方

369 年，前燕吴王慕容垂投降前秦，被苻坚任为冠军将军。370 年，前秦出兵讨伐前燕，包围前燕都城邺城，慕容暐兵败被俘，前燕被灭。前燕皇帝慕容暐等迁徙到长安，苻坚封慕容暐为新兴侯，任命为尚书。371 年，苻坚派兵进攻仇池，杨纂兵败，仇池国灭亡。同时，苻坚又向西出兵，攻伐陇西鲜卑首领乞伏司繁，尽降其众。同年，前凉君主张天锡、吐谷浑君主碎奚向前秦称藩。373 年，苻坚大举进攻东晋，攻下东晋梁、益二州。376 年，苻坚出兵十三万军队进攻前凉，前凉都城姑臧（今甘肃省武威市）被破，凉王张天锡被逼出降，前凉政权灭亡。同年，前秦名将邓羌、苻洛发兵攻击北方少数民族拓跋氏建立的代国（今内蒙古自治区中部、山西省中部、东北部与河北省西北部），代国被灭。至此，前秦成功统一北方，只剩下据有江南地区的东晋。

南征东晋

383 年，苻坚任慕容暐为平南将军、别部都督，命其跟随南征东晋。双方于淝水交战，“淝水之战”最终东晋以八万军力大胜八十余万前秦军，前秦大败，元气大伤。

秦土分崩

384 年，慕容暐忘恩负义，联合长安城内千余鲜卑人准备刺杀前秦天王苻坚，走漏风声，慕容暐被苻坚所杀。至此，前秦国家陷入混乱局面。先前被统一的鲜卑、羌等部族酋豪纷纷举兵反叛，建立割据政权。384 年，慕容垂逃回前燕故地复国称王，建立后燕；前秦北地长史慕容泓（前燕末代皇帝慕容暐之弟）投奔关东集结数千鲜卑人，自称大将军、济北王，建立西燕；羌人贵族姚苌（cháng）叛秦，自称大将军、大单于、万年秦王，建立后秦；丁零游牧民族也起兵反叛，秦土分崩，北方重新四分五裂。

新平之祸

385 年，前燕景昭帝慕容儁之子慕容冲在长安阿房城称帝，并联合后秦天王姚苌（cháng）围攻苻坚。苻坚留太子苻宏守城，自己携张夫人、儿子苻诜和女儿苻宝、苻锦到武将山（今陕西省宝鸡市麟游县良舍乡庙底村）避难。姚苌派骁骑将军吴忠率骑兵将苻坚包围，苻坚兵败，吴忠将苻坚等人送至新平软禁。苻坚为免两个女儿受到凌辱，忍痛先杀死苻宝和苻锦，张夫人和苻诜自杀，姚苌命人在新平的寺庙内（今陕西省咸阳市彬州市水口镇）将苻坚绞杀。苻坚死时四十八岁，后被三个国家共同追封谥号，尊为宣昭皇帝、文昭皇帝和壮烈天王，庙号世祖。苻坚庶长子苻丕即位，是为哀平皇帝。苻坚一生仁义宽厚，体恤民生，开疆拓土，统一北方，一代明主被杀，举国哀痛。

南奔被杀

苻丕（？—386）在前幽州刺史王永等的拥立下，在晋阳（今山西省太原市晋源区）即位。苻丕晋升王永为左丞相，任徐义为右丞相，苻纂为大司马，苻冲为车骑大将军、尚书令、仪同三司，任苻登（苻坚从孙、苻敞之子）为征西大将军、仪同三司、南安王、持节及州郡督。386 年，苻丕率军南下进攻西燕慕容永，双方在襄陵（今山西省临汾市襄汾县襄陵镇）交战，苻丕兵败，左丞相王永、前锋都督俱石子均战死。苻丕率残部向南奔往东垣（今山西省运城市垣曲县古城镇西），打算袭击洛阳。东晋扬威将军冯该从陕地截击，苻丕兵败被杀，时年三十三岁，谥号哀平皇帝。苻登即位，是为高皇帝。

兵败后秦

苻登（343—394）恭谨忠厚，颇有豪气。他即位后，与后秦屡次发生冲突，互有胜负。393 年，大司马、雍州牧、左丞相窦冲反叛前秦，自称秦王。394 年，后秦姚苌去世，苻登趁机发兵攻其子姚兴，苻登在马毛山（今宁夏回族自治区固原市西南四十里）兵败被杀，时年五十二岁，谥号高皇帝，庙号太宗。其太子苻崇即位，是为前秦末代皇帝。

亡于西秦

苻崇（？—394）在与后秦战乱中奔往湟中（今青海省西宁市湟中区）即位。同年，后秦皇帝姚兴发兵讨伐窦冲，窦冲逃奔汧（qiān）川（今陕西省西部渭河流域），汧川氐族部落首领仇高把窦冲抓获送往后秦。苻崇遭到西秦武元王乞伏乾归所驱逐，投奔陇西王杨定。杨定与苻崇联手攻打西秦，二人兵败被西秦凉州刺史乞伏轲弹斩杀，前秦正式灭亡。

7. 后秦 背主立国

后秦（384—417）是十六国政权之一，是羌族军阀姚苌建立的政权，定都北地（今陕西省铜川市耀州区），后迁都长安。384 年，投降前秦的姚苌自称“万年秦王”，建立“后秦”。417 年，东晋灭亡后秦，经历三位君主，历时三十三年。其领地占据今陕西省、甘肃省东部及河南省部分地区。

西晋灭亡后，姚苌父亲姚弋仲初附前赵、后赵，任持节、十郡六夷大都督、冠军大将军，屡立战功。后赵灭亡后，姚弋仲改顺东晋。姚弋仲去世后，其五子姚襄继承父志，与弟姚苌（姚弋仲第二十四子）抵抗前秦，姚襄战死，姚苌投降前秦。384 年，姚苌在渭北叛秦自立，定都北地。385 年，姚苌联合前燕攻杀前秦苻坚。386 年，姚苌迁都长安称帝，建立后秦政权。其子姚兴是一位有作为的少数民族君主，他攻杀前秦苻登，占取成纪、上邽（两地皆在今甘肃省天水市西），攻陷东晋洛阳，征服陇西西秦，消灭后凉，逼降南凉、北凉和西凉，占据姑臧（今甘肃省武威市）。姚兴提倡儒学，兴办学校，整顿军纪，以文治武功著称，使得后秦成为十六国后期国力仅次于后燕的强盛王朝。之后，姚兴兵败北魏，虽在东晋王朝发生内乱时先后攻取了东晋十二郡土地，向南方扩张了领土，出兵仇池（今甘肃省陇南市成县西一带），但因大兴佛事，丢失河西地区、归还东晋十二郡，加上大夏政权崛起，滋扰后秦岭北部地区，后秦由盛而衰。其子姚泓即位后，战火四起，皇族内乱，内外交困，东晋刘裕大军攻陷长安，姚泓投降被斩，后秦灭亡。

附赵顺晋

东汉末年，姚柯回任三国曹魏镇西将军、绥戎校尉、西羌都督。311 年，前赵刘聪的匈奴大军攻破洛阳发动“永嘉之祸”，晋怀帝被俘。次年，姚柯回之子姚弋仲举众向东迁徙到榆眉（今陕西省宝鸡市千阳县东），姚弋仲自称护西羌校尉、雍州刺史、扶风公。西晋灭亡后，前赵刘曜任姚弋仲为平西将军，封平襄公，镇守陇上（今陕北、甘肃及其以西一带）。前赵被灭，姚弋仲归降后赵石勒，任安西将军、六夷左都督，屡立战功。后赵石虎篡位后，拜姚弋仲为持节、十郡六夷大都督、冠军大将军。351 年，石祗被杀，后赵灭亡，姚弋仲投降东晋，拜使持节、车骑大将军、六夷大都督、大单于、都督江淮诸军事、开府仪同三司，册封高陵郡公。352 年，姚弋仲去世。姚弋仲共有四十二子，其子姚襄继任，统领其众，东晋任姚襄为持节、平北将军、并州刺史。357 年，姚苌跟随其兄姚襄抵抗前秦，姚襄战死，姚苌兵败被俘，投降前秦。

后秦建立

姚苌（330—393）投降当年，前秦苻坚即位，任姚苌为扬武将军。姚苌多次出战，战功卓著。前秦与东晋“淝水之战”失败后，国内爆发内乱。384 年，姚苌在古羌和西州豪族的拥戴下，自称大将军、大单于、万年秦王，建都北地（今陕西省铜川市耀州区东南），建立后秦政权。385 年，姚苌联合前燕慕容冲围攻苻坚，苻坚兵败被杀。386 年，姚苌攻占长安（今陕西省西安市），并于长安称帝，国号“秦”，史称“后秦”。393 年，姚苌病逝，享年六十四岁，谥号武昭皇帝，庙号太祖。其子姚兴即位，是为文桓帝。

文治武功

姚兴（366—416）生性仁慈，气度不凡。他即位后，勤于政事，治国安民，发展经济，兴修水利，关心农事，体恤孤寡，善于处理统治集团内部关系，以文治武功著称。394 年，姚兴与前秦苻登交战，苻登兵败被杀，姚兴扫除前秦残部，尽占原西燕河东（今山西省西南）之地。396 年，姚兴先后占取成纪、上邽（两地皆在今甘肃省天水市西），后秦势力达到天水郡。399 年，姚兴趁东晋内乱，攻陷洛阳，淮河、汉水以北的许多地方势力都归附了后秦。之后，姚兴发兵征服陇西西秦，越过黄河继续西进，消灭后凉，逼降南凉、北凉和西凉，占据西方重镇姑臧（今甘肃省武威市）。

兵败北魏

在北方已经崛起的北魏和后秦互相接壤，都有吞并对方的欲望。402 年，北魏发兵攻陷后秦高平，将高平府库积蓄及所有牲畜洗劫一空，百姓尽数徙到平城（今山西省大同市）。同时，北魏平阳太守又发兵侵入河东，从东部威胁后秦。后秦举国震动，人心惶惶。同年，后秦姚兴发兵攻伐北魏并州（今山西省地区），双方于柴壁（今山西省临汾市襄汾县南）交战，兵败而归。自此，后秦已无力东进与北魏抗争。

由盛而衰

403 年，东晋王朝内部发生变乱，姚兴趁机先后攻取了东晋的南乡（今河南省南阳市淅川县西南）、顺阳（今河南省南阳市淅川县香花镇西）、新野（今河南省南阳市新野县）等十二郡土地，向南方扩张领土，取得成效。同年，后秦出兵仇池（今甘肃省陇南市成县西），迫使仇池王杨盛送子到后秦为质，接受姚兴的封号。姚兴尊崇佛教，大兴佛事。405 年，姚兴在长安开辟逍遥园，作为僧人鸠摩罗什的译经场，并待罗什以国师之礼，尊崇备至。406 年，姚兴下令调回镇守姑臧政绩突出的凉州刺史王尚，将河西地区交给向后秦称臣的南凉国主秃发傉檀，使得后秦势力逐渐退出河西。同时姚兴将南乡等十二郡归还东晋，极大地削弱了自身的力量。407年，赫连勃勃叛秦自立，在后秦北方建立大夏政权。突然崛起的大夏滋扰后秦岭北部地区，后秦国力开始由盛而衰。416年，姚兴病重，其子姚弼谋位作乱，姚兴将姚弼及其党羽处死。次日，姚兴病逝，时年五十一岁，谥号文桓皇帝，庙号高祖。其子姚泓即位，是为后秦末代皇帝。

亡于东晋

姚泓（388—417）仁孝友爱、宽宏和气，开明大度，但能力平庸，体弱多病。他即位后，时局混乱，战火四起。先是羌人首领党容起兵叛乱，再是仇池公杨盛攻陷祁山，大夏赫连勃勃进兵入侵上邽、阴密、安定、雍州等地。同年，东晋太尉刘裕亲率大军分四路北伐，攻克许昌，收复洛阳。417年，祸不单行，后秦宗室皇弟姚恢为夺位反叛，被姚泓消灭。同年，东晋刘裕大军攻破潼关，围攻长安，姚泓举国投降，姚泓被押解到东晋都城建康（今江苏省南京市）斩首，年仅三十岁，后秦灭亡。

8. 后燕　内乱亡国

后燕（384—407）是十六国政权之一，是鲜卑慕容垂建立的政权，定都中山（今河北省保定市定州市），后迁往龙城（今辽宁省朝阳市）。384年，慕容垂在荥阳（今河南省郑州市荥阳市）称王，建立“后燕”。407年，慕容熙因兵变被杀，北燕取代后燕，经历七位君主，历时二十四年。后燕全盛时占有今河北省、山东省及辽宁省、山西省、河南省大部分地区，后燕从建立到亡国，内乱不止，动荡不安，自掘坟墓。

当年，前燕后宫内乱时，慕容垂率众投向前秦苻坚。前燕被前秦所灭后，慕容垂叛秦复燕，在荥阳（今河南省郑州市荥阳市）自称燕王。当时，归顺前秦的前燕慕容儁（jùn）之子慕容泓，也在关中起兵，宣布复兴燕室，改元燕兴，建立西燕政权。慕容垂占领前燕旧都邺城（今河南省安阳市北、河北省邯郸市临漳县西南一带）后，在中山（今河北省保定定州市）称帝，史称“后燕”。慕容垂消灭西燕后，发兵北魏，却遭惨败。其子慕容宝即位时，面对北魏讨伐，皇室内乱，可谓内忧外患。慕容宝逃往龙城（今辽宁省朝阳市），都城中山（今河北省保定市定州市）城内大乱，慕容皝曾孙慕容详被立。慕容宝异母弟慕容麟将慕容详诛杀，自立为帝。慕容麟遭到北魏的攻打，放弃帝号，投奔邺城的慕容德（慕容垂之弟）。慕容德称帝，慕容麟再度谋反，被慕容德所杀。慕容德率众自邺城迁至滑台（今河南省安阳市滑县东），自称燕王，史称“南燕”。自此，后燕一分为二，内乱迭起。慕容宝被其子慕容盛的岳父兰汗杀害，兰汗称帝，八十三天后兰汉被他的女婿慕容盛所杀，慕容盛称帝。左将军慕容国发动兵变，慕容盛镇压叛乱，却受伤而亡。慕容宝之弟慕容熙杀死慕容宝之子慕容元即位，他不顾江山，只爱美人，使得乱世更乱。慕容宝养子慕容云（即高云），发生兵变，将慕容熙弑杀，慕容云即天王位，史称“北燕”。后燕在内乱中复国，在内乱中亡国，可谓自取灭亡。

投奔前秦

慕容垂（约326—396）原名慕容霸，是前燕文明帝慕容皝第五子。369年，前燕后宫内乱，慕容垂率众投向前秦苻坚。370年，前燕被前秦所灭。383年，前秦与东晋“淝水之战”大败，唯独时任平南将军的慕容垂所领的三万大军安然无恙，全身而退。

叛秦复燕

慕容垂与前秦苻坚相互猜忌，互不信任。384 年，慕容垂在荥阳（今河南省郑州市荥阳市）自称燕王。并派三子慕容农到康台泽（今河北省邯郸市邱县邱城东南五里）夺取前秦牧马数千匹，步骑云集，军力强大。归顺前秦的前燕景昭帝慕容儁之子慕容泓，得知叔父慕容垂起兵反秦，也在关中起兵，宣布复兴燕室，改元燕兴，建立西燕政权，进攻长安。不料，慕容泓被谋臣高盖、宿勤崇等杀害，其弟慕容冲即位。385 年，慕容垂召集前燕旧将与反秦的各路大军会合攻伐邺城（今河南省安阳市北、河北省邯郸市临漳县西南一带），前秦苻丕最后兵败放弃邺城撤到晋阳，慕容垂占领前燕旧都邺城。386 年，慕容垂在中山（今河北省保定市定州市）称帝，史称“后燕”。

消灭西燕

386 年，西燕不想东归、计划久居长安的慕容冲被左将军韩延攻杀，拥立慕容冲的将领段随为燕王，改年号为昌平。慕容垂堂弟尚书令慕容永袭杀段随，因皇室内乱，慕容永几经周折拥立慕容泓之子慕容忠为帝，改年号为建武。最后，慕容永杀死自己拥立的傀儡皇帝慕容忠后称帝，定都长子（今山西省长治市长子县），史称西燕。394 年，慕容垂经过周密策划，攻克长子，杀慕容永及其王公大臣三十多人，消灭西燕。之后又消灭了河南王翟辽在黎阳（今河南省鹤壁市浚县）建立的翟魏，基本恢复了原先前燕的版图。后燕打退东晋、击败前秦、攻灭西燕，一度成为当时最强大的政权。

燕魏交兵

395 年，后燕慕容垂忘乎所以，被胜利冲昏头脑，向已经悄然兴起的北魏用兵，进攻都城平城（今山西省大同市），“参合陂（今山西省大同市阳高县）之战”惨败于北魏拓跋珪，四五万后燕士兵全部被活埋，这是十六国时期最大规模的战俘屠杀事件。396 年，慕容垂亲率大军，攻陷北魏平城，俘虏三万余人。慕容垂在班师途中病逝于上谷（今河北省保定市易县），享年七十一岁，谥号成武皇帝，庙号世祖。其四子慕容宝即位，是为惠愍帝。

内忧外患

慕容宝（355—398）资质平平，优柔寡断，游手好闲，胸无大志。他即位后，逼杀曾经在慕容垂面前说他不能嗣守大统的继母段元妃，立其三子慕容策为皇太子，其长子慕容盛、次子慕容会晋升为王。397 年，北魏反攻后燕都城中山（今河北省保定市定州市），尚书郎慕舆皓又发动叛乱，准备另立赵王慕容麟为帝，慕舆皓兵败被杀，可谓内忧外患。慕容宝逃往龙城（今辽宁省朝阳市），都城中山（今河北省保定市定州市）城内大乱，于是，众臣立太谷太守、开封公慕容详（慕容皝之曾孙）为帝。

一分为二

慕容详嗜酒如命，骄奢淫逸，不恤百姓，杀戮无度，残杀官民，无恶不作，官员、军民与他离心离德。同年，慕容宝异母弟赵王慕容麟将慕容详诛杀，自立为帝。紧接着北魏又将慕容麟打败，慕容麟投奔邺城（今河南省安阳市北、河北省邯郸市临漳县西南一带）的范阳王慕容德（慕容垂之弟），放弃帝号、仍称赵王，北魏军乘势攻克中山（今河北省保定市定州市）。398 年，慕容德称帝，慕容麟再度谋反，被慕容德所杀。慕容德率众自邺城迁至滑台（今河南省安阳市滑县东），自称燕王，史称“南燕”。自此后燕被一分为二，一蹶不振，内乱迭起，后燕被迫迁都到龙城（今辽宁省朝阳市）。同年，兰汗（慕容盛的岳父）杀死慕容宝、太子慕容策等，慕容宝时年四十四岁，谥号惠愍皇帝，庙号烈宗。兰汗称帝，八十三天后被他的女婿慕容盛所杀，慕容宝之长子慕容盛称帝，是为昭武帝。

受伤而亡

慕容盛（373—401）沉着聪慧，富有谋略。他称帝后，立其子辽西公慕容定为太子，追封伯父慕容令（慕容垂嫡长子）为献庄帝，次年又将伯母慕容令之妻丁氏尊为皇太后，先后抵御北魏，攻打高句丽。401 年，左将军慕容国和殿中将军秦舆、段赞等人发动兵变，率领禁军袭击慕容盛，虽然叛乱被镇压，慕容盛却身受重伤而亡，时年二十九岁，谥号昭武皇帝，庙号中宗。太子慕容定尚且年幼，慕容宝第四子、平原公慕容元是即位最合适的人选。因丁太后暗中与慕容垂少子、慕容宝之弟慕容熙私通，二人密谋，慕容元被赐死，慕容熙即位，是为昭文帝。

自掘坟墓

慕容熙（385—407）为后燕末代皇帝，是一个只爱美人不顾江山的昏君。402 年，慕容熙纳了原前秦中山尹苻谟的两个女儿为妃，长女苻娀（sōng）娥封为贵人，幼女苻训英封为贵嫔。丁太后对此非常不满，密谋废黜慕容熙败露，丁太后被逼自杀。慕容熙为讨苻训英姐妹的欢心，劳民伤财，大修宫殿，开挖天河，引水入宫。404 年，苻娀娥病逝。407 年，苻训英也不幸病逝。慕容熙痛不欲生，耗巨资为她们大修陵墓。由于慕容熙施政暴虐，之前因事获罪出逃在外的原卫中郎将冯跋结盟众将二十二人，推举慕容宝养子慕容云（即高云）为首领，发生兵变，将慕容熙弑杀，时年二十三岁，谥号昭文皇帝，庙号高宗，后燕灭亡。冯跋拥立慕容云即王位，恢复高姓，史称“北燕”。

9. 西秦 再度复国

西秦（385—431）是十六国政权之一，是陇西鲜卑族首领乞伏国仁所建立的政权。385 年，乞伏国仁叛前秦自立，定都苑川（今甘肃省兰州市榆中县大营川），建立“西秦”。431 年，大夏灭亡西秦，经历四位君主，历时四十六年。相对于前秦和后秦来说，西秦实力较弱，一直在夹缝中求取生存，其领地仅占据今甘肃省西南部。

前秦鲜卑族乞伏部首领乞伏国仁背叛前秦，建立西秦政权。其弟乞伏乾归即位，虽部分胡人政权归附，但被后秦姚兴打败，归顺后秦。九年后，乞伏乾归逃回苑川，西秦复国，改称秦王，迁都苑川。西秦降服薄地延归顺，攻克后秦金城郡（今甘肃省兰州市西），接连攻克后秦略阳（今陕西省汉中市略阳县）、南安（今甘肃省定西市陇西县东部、安定区及天水市武山县）、陇西（今甘肃省定西市陇西县）各郡，一时兴盛。后秦姚兴为安抚乞伏乾归，给他封官任职。之后，乞伏乾归攻打西羌彭利发、吐谷浑支统阿若干取得大胜，乞伏乾归迁都谭郊（今甘肃省临夏州积石山县刘集乡崔家村）。西秦再攻打南凉景王秃发傉檀，取得胜利。谁料乞伏乾归却被其兄之子乞伏公府所杀，其子乞伏炽磐即位。乞伏炽磐对外发动战争，灭亡南凉。其子乞伏暮末即位后，西秦动乱频发，分崩离析。乞伏暮末欲归附北魏不成，兵败大夏，出降被杀，西秦灭亡。

西秦建立

乞伏国仁（？—388）家族世代为鲜卑族乞伏部首领，父亲乞伏司繁作为首领，被前秦天王苻坚封为南单于。376 年，乞伏司繁去世，其子乞伏国仁接替父职，镇守勇士川（今甘肃兰州市榆中县夏官营镇）。383年，前秦苻坚攻打东晋，任乞伏国仁为前将军、先锋骑，“淝水之战”遭遇惨败。乞伏国仁的叔父乞伏步颓在陇西发动叛乱，苻坚派乞伏国仁回师讨伐。乞伏国仁趁机离开南征队伍，胁迫各部族拉起了十多万人的队伍。385年，前秦苻坚被后秦姚苌所杀，乞伏国仁遂叛前秦，自称大都督、大将军、大单于，兼秦河二州牧，在苑川（今甘肃省兰州市榆中县大营川）筑勇士城为都，国号为“秦”，史称“西秦”。386年，南安地区（今甘肃省定西市陇西县东南）的西秦东秦州刺史秘宜以及各部羌人联合兴兵进攻西秦，被乞伏国仁打败。388年，乞伏国仁病逝，谥号宣烈王，庙号烈祖。其子乞伏公府年幼，众臣拥立其弟乞伏乾归即位，称大都督、大将军、大单于、河南王。

归顺后秦

乞伏乾归（？—412）雄壮英俊，骁勇善战，深沉雅正。他即位后，迁都金城（今甘肃省兰州市西固区）。389年，前秦太宗苻登派使者任乞伏乾归为大将军、大单于、金城王。南羌首领独如、吐谷浑君主视连、鲜卑豆留鞬、叱豆浑、南丘鹿结、休官曷呼奴、卢水尉地跋先后率众归附乞伏乾归。394年，乞伏乾归消灭氐王杨定，占有陇西、巴西地区，成为西北又一强大政权。395年、397年，后凉吕光连续发兵攻打西秦，最后西秦虽然取胜，但也严重消耗了国力。400年，后秦姚兴攻打西秦。乞伏乾归兵败后，仅带几百名骑兵投降南凉康王秃发利鹿孤。后又到长安归降后秦，被任为镇远将军、河州刺史、归义侯，留居长安。乞伏乾归长子乞伏炽磐被后秦姚兴任为振忠将军、兴晋太守，带兵镇守苑川（今甘肃兰州市榆中县大营川）。

西秦复国

乞伏炽磐在苑川召集军队，据地自立。409 年，乞伏乾归逃回苑川，西秦复国，改称秦王，迁都苑川（今甘肃省兰州市榆中县大营川）。乞伏乾归大赦境内罪犯，改年号为更始，设置百官，公卿以下都恢复原位。410 年，西秦降服薄地延归顺后，首先攻克后秦金城郡（今甘肃省兰州市西），接连攻克后秦略阳（今陕西省汉中市略阳县）、南安（今甘肃省定西市陇西县东部、安定区及天水市武山县）、陇西（今甘肃省定西市陇西县）各郡，把二万五千户迁移到苑川、枹（fú）罕（今甘肃省临夏州枹罕镇）。后秦姚兴为安抚乞伏乾归，任他为使持节、散骑常侍、都督陇西岭北匈奴杂胡诸军事、征西大将军、河州牧、大单于、河南王。411 年，西秦攻打南凉景王秃发傉檀，取得胜利。412 年，乞伏乾归攻打西羌彭利发、吐谷浑支统阿若干取得大胜，乞伏乾归迁都谭郊（今甘肃省临夏州积石山县刘集乡崔家村）。同年，乞伏乾归及其十多子被其兄之子乞伏公府所杀，谥号武元王，庙号高祖。乞伏炽磐和弟弟广武将军乞伏智达、扬武将军乞伏木奕讨伐乞伏公府，将其连同四子一起车裂。乞伏炽磐即位，是为文昭王。

灭亡南凉

乞伏炽磐（？—428）勇敢果断，权谋过人。他即位后，迁都枹（fú）罕（今甘肃省临夏州枹罕镇）。他一心扩大势力，连年对外发动战争，穷兵窦武，积劳成疾。414 年，乞伏炽磐灭亡南凉。之后，主要与北凉征战。428 年，乞伏炽磐病逝，谥号文昭王，庙号太祖。其次子乞伏暮末即位，是为西秦末代君主。

为夏所灭

乞伏暮末（？—431）即位后，政治和刑罚非常酷滥，导致内外分崩离析，国内动乱频发。430 年，南安的各羌族部落一万余人背叛西秦，发动叛乱。在氐王杨难当的援助下叛乱得以平定。431 年，因受北凉所迫，乞伏暮末欲归附北魏，纵火焚烧城邑，捣毁宝物，统率部众一万五千户，向东前往上邽（今甘肃省天水市西）。大夏国主赫连定听说乞伏暮末的大军来犯，发兵抵抗，乞伏暮末只好就地固守南安（今甘肃省定西市陇西县东），西秦的故土全被吐谷浑汗国占领。大夏赫连定围攻西秦南安城，乞伏暮末出降被杀，西秦灭亡。

10. 后凉　称雄西北

后凉（386—403）是十六国政权之一，是出身略阳氐酋世家的吕光建立的政权。386 年，前秦吕光称王，建都姑臧（今甘肃省武威市），建立“后凉”。403 年，在南凉、北凉联合进攻下，吕隆被迫向后秦投降，后凉灭亡，经历四位君主，历时十八年。其领地占据今中国甘肃省西部、宁夏回族自治区西部、新疆维吾尔族自治区东部和青海省、内蒙古自治区及今蒙古国的一部分。

前秦骁骑将军吕光，南征北战，屡立战功，威震西域。他夺取凉州，占领姑臧（今甘肃省武威市）后，自称凉州刺史，改称大将军、凉州牧，建立后凉政权。他讨伐西秦，称霸西北。其嫡长子太子吕绍即位当天夜里，其异母兄吕纂（zuǎn）发动兵变，吕绍被逼自杀，灵皇帝吕纂篡位自立。吕纂在位时，内外交困，先后被南凉、北凉打败。吕纂被其堂兄弟吕隆、吕超等人杀害，吕光侄子吕隆即位。吕隆诛杀豪族、望族，社会动荡不安。吕隆兵败南凉，被后秦讨伐，投降并依附后秦。之后，后凉在南凉和北凉夹攻之下，迁往后秦长安，后凉灭亡。

威震西域

吕光（338—399）沉稳持重，宽厚有度，勇力过人，是西汉高后吕氏兄长吕泽之后，前秦太尉吕婆楼之子，前秦名将。357 年，前秦苻坚称大秦天王，重用王猛、吕婆楼等大臣。在王猛的极力推荐下，吕光初任美阳县（今陕西省宝鸡市扶风县法门镇）县令，深得治下百姓爱戴，后又升任鹰扬将军。之后，吕光南征北战，屡立战功，升任骁骑将军。383 年，前秦因与东晋“淝水之战”战败而国内大乱。吕光奉命自长安出发西征，西域焉耆（yān qí）国（今新疆维吾尔族自治区焉耆回族自治县）及其附属三十多个小国纷纷请降。

后凉建立

385 年，吕光消灭凉州刺史梁熙，夺取凉州，占领姑臧（今甘肃省武威市），自称凉州刺史。386 年，前秦苻坚被后秦姚苌绞杀的消息传到凉州，吕光悲痛过后，自称大将军、凉州牧，建立政权。389 年，吕光称三河王，后改称天王，国号大凉，都城姑臧（今甘肃省武威市），史称“后凉”。

西北霸主

395 年，吕光率十万大军讨伐西秦，西秦主乞伏乾归称籓，吕光成为西北霸主，后凉这时达到全盛时期，统治疆域同前凉略同。394 年，吕光任秃发部首领秃发乌孤为假节、冠军大将军、河西鲜卑大都统，封广武县侯。397 年，秃发乌孤反叛后凉，建立南凉。399 年，吕光病逝，享年六十三岁，谥号懿武皇帝，庙号太祖。其嫡长子太子吕绍即位。

内外交困

吕绍（？—399）即位当天夜里，其异母兄吕纂（zuǎn）发动兵变，吕绍被逼自杀，谥号隐王。吕纂篡位自立，是为灵皇帝。

吕纂（？—401）篡位次年，其弟吕弘起兵反叛，吕弘兵败被杀。同年，吕纂出兵南凉、北凉，却兵败而归。自此，吕纂像变了个人，出游打猎没有节制，沉溺酒色，日日酩酊大醉。401 年，吕纂被其堂兄弟吕隆、吕超等人杀害，谥号灵帝。吕光侄子吕隆（吕光弟吕宝之子）即位，是为后凉末代国君。

投降后秦

吕隆（生卒年不详）即位后，为树威名，诛杀豪族、望族，内外扰攘不宁，生产遭到极大破坏，人人不能自保，百姓饥寒交迫，出现了人吃人的惨象，被饿死者达十多万人。401 年，南凉康王秃发利鹿孤讨伐后凉，吕隆战败，秃发利鹿孤强行迁移后凉二千多户居民而回。同年，后秦发兵讨伐吕隆，吕隆兵败投降，后秦姚兴封吕隆为镇西大将军、凉州刺史、建康公，继续镇守姑臧（今甘肃省武威市）。

后凉灭亡

402 年，北凉沮渠蒙逊带兵进攻姑臧。403 年，在南凉和北凉夹攻之下，山穷水尽的吕隆被迫向后秦姚兴请求内迁，吕隆率百官迁往长安，被姚兴拜为散骑常侍、建康公，后凉灭亡。后吕隆因参与后秦姚泓之弟姚愔（yīn）的叛乱，被姚泓诛杀。

11. 南凉　河西鲜卑

南凉（397—414）是十六国政权之一，是河西鲜卑秃发乌孤建立的政权，先后定都西平（今青海省西宁市）、乐都（今青海省海东市乐都区）。397 年，秃发乌孤反叛后凉自立，建立南凉。414 年，西秦灭亡南凉，经历三位君主，历时十八年。南凉盛时占据今甘肃省西部和宁夏回族自治区一部分。

汉魏之际，由酋长统率的一支拓跋氏，从塞北迁到河西凉州，被称为河西鲜卑。在此居住约两个世纪，境内安定，部众渐盛。至秃发乌孤时继父职任秃发部首领，被后凉吕光任命为假节、冠军大将军、河西鲜卑大都统，封广武县（今甘肃省兰州市永登县）县侯，任职后凉。之后，他反叛后凉，自称大都督、大将军、大单于、西平王，定都西平（今青海省西宁市），建立南凉。秃发乌孤称王后，出兵后凉，攻占后凉金城（今甘肃省兰州市西），取得街亭胜利，迫使后凉三郡投降，万众归附，迁都乐都（今青海省海东市乐都区）。秃发乌孤壮志未酬，却醉酒落马，重伤而亡。其弟秃发利鹿孤即位后，击退后凉来犯。至秃发傉（nù）檀时，迫于压力，向后秦称臣。之后，南凉四处征战，取得胜利，战胜后秦后，秃发傉檀复称凉王。他两次出击北凉，均被打败，国力衰弱。西秦乞伏炽磐偷袭南凉乐都，秃发傉檀投降西秦被杀，南凉灭亡。

任职后凉

秃发乌孤（？—399）河西鲜卑人，与北魏拓跋氏同出一脉，秃发即“拓跋”的异译读音。秃发乌孤其父秃发思复鞬为秃发鲜卑的首领，他在位时占据凉州一带（约今甘肃省南部），在秃发思复鞬的经营下，秃发部落的人马逐渐强盛起来。秃发思复鞬去世后，秃发乌孤继任秃发部首领。394 年，后凉武懿帝吕光任命秃发乌孤为冠军大将军、河西鲜卑大都统，封广武县（今甘肃省兰州市永登县）县侯。

南凉建立

395年，秃发乌孤打败乙弗、折掘二部，讨伐意云鲜卑等。396年，后凉吕光又任秃发乌孤为征南大将军、凉州牧、左贤王，秃发乌孤没有接受。397年，秃发乌孤反叛后凉，自称大都督、大将军、大单于、西平王，定都廉川堡，史称“南凉”。

醉酒落马

秃发乌孤称王后，以廉川堡（今青海省海东市民和县西北史纳村）为中心，不断发展势力。他在广武兴兵出兵后凉，攻占后凉金城（今甘肃省兰州市西）。后凉吕光派将军窦苟攻打南凉，双方在街亭（今甘肃省兰州市永登县西乌鞘岭）展开激战，后凉大败。秃发乌孤迫使后凉乐都（今青海省海东市乐都区）、湟河（今青海省海东市化隆县群科镇日兰古城）、浇河（今青海省海南州贵德县）三郡投降，岭南羌胡数万部落前来归附。后凉将领杨轨、王乞基率领数千户来投奔，建武将军李鸾献出兴城（今青海省海东市民和县南）投降。398年，秃发乌孤改称武威王。399年，秃发乌孤从西平（今青海省西宁市）迁都至乐都（今青海省海东市乐都区）。同年，秃发乌孤醉酒骑马，摔伤两胁，伤重而死，谥号武王，庙号烈祖。其弟秃发利鹿孤即位，是为南凉康王。

击退后凉

秃发利鹿孤（？—402）即位后，又将都城迁回西平（今青海省西宁市）。400年，后凉吕纂出兵讨伐南凉。秃发利鹿孤派其弟秃发傉（nù）檀带兵抵抗，打败后凉军。401年，秃发利鹿孤攻伐后凉，活捉后凉右仆射（yè）杨恒。402年，秃发利鹿孤病逝，谥号康王。

其弟秃发傉檀即位，是为南凉景王。

败秦复王

秃发傉檀（365—415）年少机智，胆略过人，早年臣服于后秦皇帝姚兴，拜车骑大将军、西平太守，册封广武郡公，迁凉州刺史。他即位后，还都乐都（今青海省海东市乐都区）。404 年，因后秦势盛，傉檀去除年号，向后秦称臣。406 年，秃发傉檀讨伐南羌、西虏、北凉，得胜而归。后秦姚兴任秃发傉檀为都督河右诸军事、车骑大将军、领护匈奴中郎将、凉州刺史、常侍，公爵依旧，镇守姑臧。407 年，秃发傉檀袭击西平、湟河诸羌，取得胜利，但兵败北凉沮渠蒙逊和大夏赫连勃勃。408 年，后秦姚兴派姚弼带兵攻陷南凉昌松（今甘肃省武威市东南），后被秃发傉檀反击打败，秃发傉檀复称凉王。

身死国灭

410 年，秃发傉檀两次出击北凉，均被北凉打败。之后，南凉不断遭到别国攻打，国力逐渐衰弱。414 年，秃发傉檀率军向西讨伐高句丽乙弗，西秦乞伏炽磐偷袭南凉乐都，秃发傉檀投降西秦，南凉灭亡。乞伏炽磐任命秃发傉檀为骠骑大将军，封为左南公。415 年，乞伏炽磐将秃发傉檀鸩杀，时年五十一岁，谥号景王，史称南凉景王。

12. 南燕　东方鲜卑

南燕（398—410）是十六国政权之一，是鲜卑族慕容德建立的政权，先后定都滑台（今河南省安阳市滑县东）、广固（今山东省潍坊市青州市邵庄镇）。398 年，后燕慕容德自立，建立南燕。410 年，东晋灭亡南燕，经历两位君主，历时十三年。其领地占有今山东省及江苏省一部分。

前燕慕容皝幼子、后燕慕容垂之弟慕容德，在慕容垂建立后燕时，被任命为车骑大将军，复封范阳王，居镇护卫，参决政事。慕容垂之子慕容宝即位后，任慕容德为车骑大将军、冀州牧、南蛮校尉等职，镇守邺城（今河南省安阳市北、河北省邯郸市临漳县西南一带），专统南境，辅佐后燕，战功赫赫。后燕内乱，内忧外患，慕容德在滑台（今河南省安阳市滑县东），自称燕王，艰难立国。后由其侄慕容超继位，信用佞臣，贪图享乐，南燕走向衰落。慕容超发兵滋扰东晋，抢掠晋民，招致东晋刘裕领兵攻打，慕容超城破被俘，随亲族三千余人被押送到建康（今江苏省南京市）斩首，南燕灭亡。

辅佐后燕

慕容德（336—405）身材魁伟，博览群书，清明谨慎，多才多艺，为前燕文明帝慕容皝幼子，后燕武成帝慕容垂之弟，南燕开国皇帝。384 年，慕容垂建立后燕，任命慕容德为车骑大将军，复封范阳王，居镇护卫，参决政事。慕容垂之子慕容宝即位后，任慕容德车骑大将军、冀州牧、南蛮校尉等职，镇守邺城，专统南境。

艰难立国

当时，北魏反攻后燕都城中山（今河北省保定市定州市），尚书郎慕舆皓又发动叛乱，可谓内忧外患。慕容宝外逃，开封公慕容详（慕容皝之曾孙）称帝。慕容宝异母弟赵王慕容麟将慕容详诛杀，自立为帝。398 年，慕容德率众自邺城迁至滑台（今河南省安阳市滑县东），自称燕王，国号为燕，史称南燕。399 年，北魏攻占滑台，慕容德率众向东攻取青州、兖州，迁都广固（今山东省潍坊市青州市邵庄镇)。400年,慕容德正式称帝,大赦天下。405年,雄踞齐鲁的慕容德,壮志未酬,悄然病逝,享年七十岁,谥号献武皇帝,庙号世宗。慕容德之侄、北海穆王慕容纳之子慕容超即位,是为南燕末代皇帝。

走向衰落

慕容超(385—410)即位后,政刑不恤,奢侈靡费费,许多宗室贵族叛逃,人心离散。慕容超信用佞臣公孙五楼,任命其为侍中、尚书,兼领右卫将军,专擅朝政。宗室元勋谋反,被镇压后,慕容超开始寻欢作乐,出游围猎,不理朝政,国势走向衰落。

扰晋亡国

409年,慕容超派公孙五楼之兄公孙归等人率领三千骑兵侵犯并攻克东晋的宿豫(今江苏省宿迁市)、济南(今山东省济南市),抢掠一千多男女后离开。410年,东晋刘裕领兵攻打南燕,慕容超据守广固城(山东省潍坊市青州市邵庄镇),誓死不降。刘裕破城,慕容超被俘,广固城被夷为平地。慕容超随亲族三千余人被押送到建康(今江苏省南京市)全部斩首,慕容超时年二十六岁,南燕灭亡。

13. 北凉　和亲而亡

北凉(401—439)是十六国政权之一,是匈奴沮渠部沮渠蒙逊建立的政权,凉州一带最强大的势力。397年,沮渠蒙逊首推建康郡太守段业为凉州牧、建康公。401年杀段业而自立,建立北凉。都张掖。439年,北魏灭亡北凉,经历三位君主(含段业),历时四十三年。其领地占据今甘肃省西部地区。

沮渠蒙逊的伯父沮渠罗仇、沮渠麹(qū)粥兄弟因打了败仗被后凉主吕光斩杀，沮渠蒙逊遂反叛后凉，推举建康郡太守段业为使持节、大都督、龙骧大将军、凉州牧、建康公，史称北凉。之后，沮渠蒙逊发动兵变杀死段业，入主北凉。他发兵后凉姑臧，在与南凉一起夹击下，后凉投降后秦，后凉被灭。沮渠蒙逊定都张掖，称河西王，凉州牧。沮渠蒙逊出兵攻占西凉敦煌（今甘肃省酒泉市敦煌市西），灭掉西凉。其三子沮渠牧犍即位，将妹妹兴平公主嫁给北魏拓跋焘与北魏和亲。拓跋焘册封沮渠牧犍为河西王，同时也把妹妹武威公主嫁给沮渠牧犍为妻，双方亲上加亲。没想到沮渠牧犍与他的嫂子李氏通奸，李氏与沮渠牧犍的姐姐合谋毒害武威公主，拓跋焘派解毒医生救活武威公主。于是，北魏发兵攻破北凉姑臧，沮渠牧犍投降北魏，后被赐死，北凉灭亡。北凉酒泉太守沮渠无讳（沮渠牧犍之弟）等率残余势力占据酒泉（今甘肃省酒泉市肃州区仓后街），北魏拓跋焘率军攻破酒泉，沮渠无讳投降归顺，被册北魏封为征西大将军、凉州牧、酒泉王。沮渠无讳却想收复北凉失地，在北魏拓跋焘的强攻下，向西败逃至高昌（今新疆维吾尔族自治区吐鲁番市高昌区）重新建国，史称高昌北凉，被南朝宋刘义隆封为使持节、散骑常侍、都督凉河沙三州诸军事、征西大将军、领护匈奴中郎将、西夷校尉、凉州刺史、河西王。其弟沮渠安周继任河西王位后，柔然（游牧于今蒙古国全境和俄罗斯联邦贝加尔湖地区的鲜卑族部落制汗国）攻破高昌，沮渠安周被杀，高昌北凉灭亡。

叛凉辅段

沮渠蒙逊（368—433）的祖先是匈奴的左沮渠，称为沮渠氏。沮渠蒙逊是狄地王沮渠法弘之子，他才智出众，善于权变，熟知天文，雄才大略。396 年，后凉吕光任命段业为建康郡（西汉时属酒泉郡，今甘肃省张掖市高台县城西南二十公里骆驼城乡）[1] 太守、尚书。397 年，沮渠蒙逊的伯父沮渠罗仇、沮渠麹（qū）粥兄弟跟随后凉主吕光征讨河南打了败仗，被吕光斩杀。于是，屯聚在金山（今甘肃省张掖市山丹县西南）的沮渠蒙逊和堂兄沮渠男成一起推举建康郡太守段业为使持节、大都督、龙骧大将军、凉州牧、建康公，建都骆驼城（今甘肃省张掖市高台县南二十二公里），史称北凉。399 年，段业自称凉王，任沮渠蒙逊为张掖太守、临池公、尚书左丞；任沮渠南成为辅国将军，负责军国大事。

入主北凉

之后，北凉多次与后凉交战。401 年，在沮渠蒙逊的离间下，段业杀死沮渠南成。沮渠蒙逊借此发动兵变将段业杀害，沮渠蒙逊继任使持节、大都督、大将军、凉州牧、张掖公，继承凉州王霸之地，统治北凉。

后凉被灭

402 年，沮渠蒙逊带兵进攻后凉姑臧（今甘肃省武威市）。403 年，后秦姚兴任沮渠蒙逊为镇西大将军、沙州刺史、西海侯。在南凉、北凉的夹击下，后凉投降后秦，后凉被灭。

沮渠称王

407 年，沮渠蒙逊率兵攻伐南凉秃发傉（nù）檀，占领姑臧（今甘肃省武威市）。410 年，南凉秃发傉檀两次攻打北凉，均被沮渠蒙

[1] 建康郡为十六国前凉张骏置，治所在今甘肃省高台县西骆驼城，属凉州。辖境相当今高台县及酒泉市东南一带。骆驼城遗址是 1996 年 11 月国务院公布的第四批全国重点文物保护单位，是目前国内遗存最大、保护最完整的汉唐古文化遗址。据史书记载、专家考证，骆驼城为汉代的表是县，魏晋时期的建康郡遗址。建康郡是北凉政权的发祥地，段业以建康郡割据，史称北凉。

逊打败。412年，沮渠蒙逊迁都姑臧（今甘肃省武威市），称河西王，凉州牧。此时，北凉控制今甘肃省西部大部，成为凉州一带最强大的势力。

灭掉西凉

414年，南凉被西秦灭亡。415年，沮渠蒙逊领兵攻克西秦广武郡（今甘肃省兰州市永登县）。421年，沮渠蒙逊出兵攻占西凉敦煌（今甘肃省酒泉敦煌市西），西凉灭亡，北凉占领了整个凉州地区。433年，沮渠蒙逊突然病逝，终年六十六岁，谥号武宣王，庙号太祖。其三子沮渠牧犍即位，是为哀王。

和亲北魏

沮渠牧犍（？—439）聪颖好学，和雅有度，初任敦煌郡守。他即位后，遵父亲遗言，将妹妹兴平公主嫁给早已一统北方的北魏拓跋焘，被封为右昭仪。拓跋焘册封沮渠牧犍为河西王。437年，拓跋焘把妹妹武威公主嫁给沮渠牧犍为妻，被封为皇后。

国破家亡

起初，沮渠牧犍出于对北魏的敬畏，对公主比较敬重和体贴。但时隔不久，沮渠牧犍兄弟三人轮流与他们的嫂子李氏通奸，李氏与沮渠牧犍的姐姐合谋毒害武威公主。拓跋焘派解毒医生驰往北凉救治，救活武威公主。拓跋焘下令捉拿李氏，沮渠牧犍不肯交出，命她迁居酒泉（今甘肃省酒泉市肃州区仓后街）。439年，北魏拓跋焘发兵攻破姑臧（今甘肃省武威市），沮渠牧犍投降北魏，被杀，谥号哀王。至此，北凉灭亡。

高昌北凉

439 年，北魏灭亡北凉后，拓跋焘派镇南将军奚眷袭击张掖，派镇北将军封沓进攻乐都，奚眷得胜后继续攻陷酒泉（今甘肃省酒泉市肃州区仓后街），北凉酒泉太守沮渠无讳（沮渠牧犍之弟）弃城向西败逃。440 年，沮渠无讳又率军夺回北魏占领的酒泉，然后进攻北魏所占领的张掖，未能攻克。拓跋焘下诏命让沮渠无讳投降归顺，沮渠无讳归顺后，被拓跋焘册封为征西大将军、凉州牧、酒泉王。沮渠无讳不仅没有对北魏感恩戴德，反而想收复北凉失地。441 年，拓跋焘发兵进攻酒泉，酒泉被围城半年之久，一万多人被活活饿死，酒泉被攻破。沮渠无讳率残兵向西占领鄯善国（今新疆维吾尔族自治区若羌县附近）。442 年，沮渠无讳占领高昌（今新疆维吾尔族自治区吐鲁番市高昌区），重新建国，史称“后北凉”“高昌凉国”或“高昌北凉”。南朝宋刘义隆下诏任沮渠无讳为使持节、散骑常侍、都督凉河沙三州诸军事、征西大将军、领护匈奴中郎将、西夷校尉、凉州刺史、河西王。444 年，沮渠无讳病逝，其弟沮渠安周继任河西王位。460 年，柔然（游牧于今蒙古国全境和俄罗斯联邦贝加尔湖地区的鲜卑族部落制汗国）攻破高昌，沮渠安周被杀，高昌北凉灭亡。

14. 西凉　北伐亡国

西凉（400—421）是十六国政权之一，是自称西汉将军李广后裔李暠（hào）所建立的政权，建都敦煌（今甘肃省酒泉市敦煌市西），后迁都酒泉（今甘肃省酒泉市肃州区仓后街）。400 年，后凉镇西将军李暠自立，建立政权，因位于后凉西部，故名西凉。421 年，北凉灭亡西凉，经历三位君主，历时二十二年。其领地占有今甘肃省西部一隅。

后凉建康太守段业自称凉州牧，建立北凉政权，任李暠为效谷县（原安西县，今甘肃省酒泉市瓜州县西）县令，后升任安西将军、敦煌太守、兼任护西胡校尉，再升为持节、都督凉兴以西诸军事、镇西将军，兼任护西夷校尉。之后，李暠在敦煌称凉公，建立了西凉政权。五年后，李暠自称大将军、大都督、兼任秦凉二州牧，并派和尚法泉秘密前往东晋奏表，迁都酒泉，逼近北凉。西凉发展生产，国泰民安。北凉侵犯西凉，被西凉击败。李暠之子李歆即位后，东晋朝廷任命他为持节、都督七郡诸军事、镇西大将军、护羌校尉、酒泉公，他再次打败北凉入侵。李歆被胜利冲昏头脑，盲目出兵北伐北凉，与沮渠蒙逊战于蓼泉，兵败被杀。其弟敦煌太守李恂在敦煌即位，自称冠军将军、凉州刺史。次年春，北凉沮渠蒙逊亲率大军攻破敦煌，李恂自杀，西凉灭亡。西凉王室后裔李宝（李暠之孙）西迁到西域吐鲁番盆地占据伊吾县（今新疆维吾尔族自治区哈密市），建立伊吾西凉（又称后西凉），之后投降北魏。

西凉建立

李暠（351—417）自称西汉飞将军李广十六世孙，西凉开国国君。他自幼好学，擅长文辞，沉稳聪慧，宽厚谦和，精通武艺，熟知兵法。397 年，后凉建康太守段业自称凉州牧，建立北凉政权。段业任李暠为效谷县县令，后升任安西将军、敦煌太守兼任护西胡校尉，再升为持节、都督凉兴以西诸军事、镇西将军兼任护西夷校尉。400 年，李暠遭到猜忌和排挤，在敦煌称凉公，史称西凉。

迁都酒泉

401 年，李暠派遣使节上奏章向后秦纳贡。402 年，后秦皇帝姚兴任命李暠为安西将军，封高昌侯。405 年，李暠自称大将军、大都督、兼任秦凉二州牧，并派和尚法泉秘密前往东晋奏表，迁都酒泉（今甘肃省酒泉市肃州区仓后街），逼近北凉。

击败北凉

李暠重视农业，劝课农桑，轻徭薄税，发展生产，连年五谷丰登，百姓安居乐业，可谓国泰民安。西凉在军事上势单力薄，采取结交南凉、对抗北凉的战略。410 年，北凉沮渠蒙逊背弃盟约侵犯西凉，李暠派太子李歆截击打败北凉军，擒获北凉将领沮渠百年。417 年，李暠病逝，享年六十七岁，谥号武昭王，庙号太祖。其太子李歆即位，是为西凉后主。

国破身死

李歆（？—420）即位后，东晋朝廷任命他为持节、都督七郡诸军事、镇西大将军、护羌校尉、酒泉公。他即位当年，北凉沮渠蒙逊派张掖太守沮渠广宗向西凉诈降，李歆上当派兵迎接，双方在解支涧（今甘肃省张掖市高台县西南）会战，李歆大破北凉军，斩杀七千余人。李歆在位期间，任命其弟李恂担任敦煌太守。李歆用刑过于严厉，不惜民力，大造宫殿，寻欢作乐，不听劝谏。420 年，北凉沮渠蒙逊设计先在东方进攻西秦秃发氏，立即秘密回师。李歆错误判断形势，以为是千载良机，亲率三万大军北伐攻打北凉蓼泉，被北凉击败，李歆战死，北凉攻占西凉都城酒泉（今甘肃省酒泉市肃州区仓后街）。其弟敦煌太守李恂在敦煌即位，自称冠军将军、凉州刺史。

西凉灭亡

李恂（？—421）即位后，北凉沮渠蒙逊派遣世子沮渠德政率军进攻敦煌，李恂紧闭城门，拒不应战。421 年，北凉沮渠蒙逊亲率大军水灌敦煌，李恂乞降不成，部下投降，李恂自杀，沮渠蒙逊下令屠城，西凉灭亡。

伊吾西凉

西凉灭亡后，422 年，西凉王室后裔李宝（李暠之孙）与舅舅唐契、唐和西迁到西域吐鲁番盆地占据伊吾县（今新疆维吾尔族自治区哈密市），善抚流民，建立伊吾西凉（又称后西凉）。439 年，北魏灭北凉，北凉残余势力欲效仿西凉西迁，伊吾西凉分兵截击，唐契战死。442 年，李宝出兵占领敦煌并遣使投降北魏，北魏任命他为都督西垂诸军事、镇西大将军、开府仪同三司、领护西戎校尉府，四品以下官职允许按照北魏制度自行任命。444 年，李宝调回京师平城（今山西省大同市），唐和接任其职。唐和孤军长期戍守北魏最远的西部边陲焉耆（qí）镇（今新疆维吾尔族自治区巴音郭楞蒙古自治州焉耆县西南四十里城子），一直到太武帝拓跋焘去世。文成帝拓跋濬（jùn）即位后，唐和应召入朝，被授任为镇南将军，封爵酒泉公。

15. 北燕　东北鲜卑

北燕（407—436）是十六国政权之一，是鲜卑族高云（慕容云）、冯跋所建立的政权，都城龙城（今辽宁省朝阳市）。407 年，后燕高云称天王，建立北燕。436 年，北魏灭亡北燕，经历三位君主，历时三十年。其领地占领今辽宁省西南部和河北省东北部。

后燕原卫中郎将冯跋发动政变灭亡后燕，拥立高云为天王，建都龙城（今辽宁省朝阳市），史称北燕。高云为近臣所杀，冯跋平定叛乱，自立天王，定都昌黎（今辽宁省锦州市义县）。冯跋平定内乱，和睦柔然、契丹、东晋等，并将乐浪公主远嫁柔然和亲，局势一度安定。其弟冯弘发动政变，逼令太子冯翼自杀，并杀死冯跋一百多个儿子，自立为君。冯弘废长立幼，其众子归降北魏，众叛亲离。北魏拓跋焘征讨北燕，冯弘兵败逃往高句（gōu）丽被杀，北燕灭亡。

北燕开国

高云（？—409）初名慕容云，北燕开国国君。407 年，后燕原卫中郎将冯跋发动政变灭后燕，拥立后燕惠愍帝慕容宝养子高云为天王，建都龙城（今辽宁省朝阳市），国号燕，史称北燕。北燕因其都龙城，又名黄龙。高云忠厚稳重，沉默寡言。他虽为天王，但大权实际由冯跋弟兄把持。409 年，高云为近臣离班、桃仁所杀。冯跋平定叛乱，自立为天王，定都昌黎（今辽宁省锦州市义县）。

安内睦外

冯跋（？—430）出身将门，谦和有礼，宽宏大度。他在位期间，振顿朝政，肃清吏治，劝课农桑，省徭薄赋，设立太学，重视教育，平定内乱，实行“堕农者戮之，力田者褒赏”。对外与柔然、契丹、东晋交好，巩固统治，维持偏安局面达二十多年。411 年，柔然可汗郁久闾斛律派使者要求娶冯跋之女乐浪公主，冯跋将乐浪公主远嫁柔然和亲。430 年，冯跋病逝，谥号文成皇帝，庙号太祖。其弟冯弘逼令冯跋之子太子冯翼自杀，并杀死冯跋一百多个儿子，自立为君，是为昭成帝。

众叛亲离

冯弘（？—438）为北燕末代国君，他即位后废掉了原配妻子王氏，废黜王氏所生的长子冯崇，令他镇守肥如（今河北省秦皇岛市卢龙县北），立后妻慕容氏所生之子冯王仁为太子。原太子冯崇同母弟广平公冯朗、乐陵公冯邈两人劝说冯崇，一起归降北魏。

国亡被杀

432年，北魏太武帝拓跋焘亲自率兵征讨北燕，冯弘固城自守，北燕所辖六郡全都向北魏投降。436年，北魏攻打北燕兵临城下，冯弘被迫烧毁宫殿，逃往高句（gōu）丽，北燕灭亡。高句丽是夷狄濊貊（huì mò）族和扶余族人在中国东北地区及朝鲜半岛的一个政权，两年后，冯弘及其子孙十多人被高句丽王所杀，冯弘谥号昭成皇帝。

16. 大夏　最后政权

大夏（407—431）是十六国政权之一，是南匈奴铁弗部族人赫连勃勃建立的政权，定都统万城（今陕西省榆林市靖边县城北五十八公里处红墩界乡白城子村），十六国时期最后出现的一个政权，也称胡夏。407年，后秦赫连勃勃叛秦自立，建立大夏。431年，吐谷（yù）浑（西北慕容氏游牧民族国家）灭亡大夏，经历三位君主，历时仅二十五年。其领地占据今陕西省和内蒙古自治区一部分。

前秦分裂时，北魏攻破代来城（今内蒙古自治区东胜市西大成梁古城），屯驻代来城的刘卫辰被杀，其子赫连勃勃逃奔鲜卑族叱干部，再投后秦高平公没奕于，并娶没奕于之女为妻。赫连勃勃袭杀岳父没奕于，兼并没奕于的军队，叛后秦自称天王、大单于，国号大夏。赫连勃勃耗巨资在朔方水北、黑水之南修筑都城统万城（今陕西省榆林市靖边县城北五十八公里处红墩界乡白城子村），改姓赫连。之后，大夏进攻东晋，攻下长安，赫连勃勃在霸上（今陕西省西安市东）称帝。其子赫连昌即位时，内乱迭起，北魏拓跋焘趁机攻破大夏统万城。赫连昌坠马被擒，被押解到北魏都城平城（今山西省大同市）。北魏拓跋焘将妹妹始平公主嫁给赫连昌，任他为常忠将军，封会稽公。赫连昌却叛魏西逃，被擒后斩杀。赫连昌之弟赫连定即位后，灭亡西秦，欲攻北凉，遭遇吐谷（yù）浑（西北慕容氏游牧民族国家）袭击，兵败被擒，送往平成被斩，大夏灭亡。

投奔叱干

赫连勃勃（381—425）南匈奴铁弗部人，属匈奴右贤王去卑的后代。他姿容俊美，生性残忍，是匈奴左贤王刘卫辰与前秦公主苻氏之子。其父刘卫辰被前秦天王苻坚任命为西单于，督摄河西各族。前秦分裂时，北魏攻破代来城，刘卫辰被杀。赫连勃勃逃往今陕北地区的鲜卑族叱干部，叱干首领叱干他斗伏打算把赫连勃勃押送北魏。叱干他斗伏其侄叱干阿利半路上把赫连勃勃抢走，将其送到后秦高平公没奕于那里，没奕于把女儿嫁给赫连勃勃。

归顺后秦

406 年，后秦皇帝姚兴任命赫连勃勃为持节、安北将军、五原公，把三交五部鲜卑及杂族共两万多部落交给他，镇守朔方（今内蒙古自治区河套地区）。同年，河西鲜卑杜崘（lún）向姚兴进献八千匹马，渡过黄河到达大城时，赫连勃勃把马匹扣留下来。赫连勃勃恩将仇报，袭击并杀死岳父没奕于，兼并没奕于的军队，人马达到数万人。

大夏建立

407 年，赫连勃勃叛秦自立，自称天王、大单于，他认为匈奴是夏启的后代，故国号大夏，定都统万城（今陕西省榆林市靖边县城北五十八公里处红墩界乡白城子村）。他任命其长兄赫连右地代为丞相、代公，次兄赫连力俟提为大将军、魏公，叱干阿利为御史大夫、梁公，弟弟赫连阿利罗引为征南将军、司隶校尉，若门为尚书令，叱以韪为征西将军、尚书左仆射（yè），乙斗为征北将军、尚书右仆射。

建都改姓

赫连勃勃称王当年，讨伐打败鲜卑薛干等三部，进攻后秦三城。之后又征伐南凉，进军后秦，均取得胜利。赫连勃勃为政残暴，杀人如麻，朝官自危，民不聊生。413 年，赫连勃勃举十万之众在朔方水北、黑水之南修筑都城，刑杀工匠数千人。赫连勃勃认为朕正要统一天下，统治万邦，可以用统万作名称，故名曰“统万城”。赫连勃勃的祖先因为语言和中原不同，所以子随母氏姓刘。赫连勃勃觉得随母姓不合乎礼，认为美好显赫实际上和上天连在一起，改姓为赫连氏。

攻取长安

418 年，赫连勃勃趁东晋刘裕灭后秦占领长安后，趁机进攻东晋，攻下长安，在霸上（今陕西省西安市东）称帝，国势更强。425 年，赫连勃勃病逝，结束了他的一生，时年四十五岁，谥号武烈皇帝，庙号世祖。其三子赫连昌即位。

失都叛魏

赫连昌（？—428）身材魁岸，容颜俊美，初封太原郡公。他的即位，引起了兄弟们的不满，互相争战，关中大乱。426 年，北魏拓跋焘趁机袭击大夏的统万城，得胜而归。427 年，拓跋焘再攻大夏，统万城被破，王宫百官、后宫佳丽一万多人被北魏俘获，赫连昌逃往上邽（今甘肃省天水市）。428 年，北魏进攻赫连昌据守的上邽，赫连昌退守平凉（今甘肃省平凉市）。双方交战，赫连昌坠马被擒，被押解到平城（今山西省大同市）杀害。时任大夏大将军、领司徒的赫连昌之弟赫连定收集夏军残部数万人，一路奔走，逃奔平凉（今甘肃省平凉市），即皇帝位。

身死国亡

赫连定（？—431）是赫连勃勃第五子，大夏末代帝。他凶暴无赖，阴险狡诈。430 年，赫连定准备联合刘宋攻打北魏，拓跋焘知情后，发兵打败赫连定，赫连定受伤后逃到上邽。431 年，赫连定乘西秦发生叛乱之机，突袭西秦，俘获西秦国主乞伏暮末，并将其以及西秦国皇族五百余人斩杀，西秦灭亡。赫连定又欲渡黄河攻击北凉，大夏军渡河过了一半时，遭遇吐谷（yù）浑（西北慕容氏游牧民族国家）袭击，夏军大败，赫连定被擒，大夏灭亡。吐谷浑可汗将赫连定送到北魏平城，并将之处死。

随着南方东晋和北方十六国的相继灭亡，历时进入南北分裂对峙的南北朝时期。

南北朝　对峙更替

南北朝（420—589）是中国历史上一段大分裂时期，从 420 年刘裕篡东晋建立南朝刘宋开始，到 589 年隋灭南朝陈为止，历时一百七十年。该时期上承东晋十六国，下接隋朝，南北两势虽然各有朝代更迭，但长期维持南北政权对立，所以称为南北朝。总体来讲看，在南北对峙中北方逐渐取得优势，为隋朝的统一奠定了基础。

另外，对于南方全部建都建康（今江苏省南京市）的东吴、东晋、刘宋、南齐、南梁、南陈等六个政权，史称六朝。

（一）南朝　士族政治

南朝（420—589）是中国历史上四个由汉族建立的王朝统称，承自东晋，先后有刘宋、南齐、南梁、南陈四朝更迭，都城均在建康（今江苏省南京市）。420 年，宋武帝刘裕废晋恭帝，建立刘宋，东晋灭亡。589 年，隋文帝杨坚派晋王杨广灭掉南陈，历时一百七十年的南朝结束。南朝时期，政权完全依靠大地主阶级拥护，尤其以琅琊王氏为代表的北方士族，他们出身北方，是东晋王朝的主要支持力量，始终掌握着南朝的实权。士族享受政治上、经济上的各种特权，他们为了自己的享受，也推动了文化和艺术的发展。随着南朝皇权的逐渐强大，门阀士族变得衰落，土著寒人步入官僚，江南开发规模空前，社会发展相对稳定，南朝时期的建康城和同时期的古罗马城并称为“世界古典文明两大中心”。南朝对南方的经济进行了大开发，南方人口大量增加，商业、手工业也有很大的发展，为经济重心逐渐南移奠定了基础。南朝疆土以刘宋时为最大，极盛时北至中国潼关、黄河一带，西至是中四川大雪山，西南到中国云南，南至越南中部横山、林邑（东南亚中南半岛东部古国）一带。但由于政权交替，宗室血腥，社会动荡，经济发展一度衰落，政治局势陷入被动，只能靠长江天险抵御北朝，最终被隋朝统一，结束了中国长达近三百年的分裂局面。

1. 南朝宋　寒人掌机要

南朝宋（420—479）是南北朝时期南朝的第一个朝代，也是南朝中历时最长、疆域最大、国力最强的朝代。420 年，东晋宋王刘裕废晋恭帝，建立南朝宋。因开国君主为刘裕，为区别赵匡胤建立的宋朝，又称刘宋。479 年，相国萧道成逼迫宋顺帝刘准禅位，建立南朝齐，南朝宋灭亡，历经八帝，历时六十年。南朝宋继承东晋疆域，基本上为二十二州上下，强盛时，据关守河，北部防线到达中国潼关、黄河一带，其统治地区北部与北魏划黄河为界，西至中国四川大雪山，西南包括中国云南，南至越南中部横山、林邑（东南亚中南半岛东部古国）一带。南朝宋前期，大力推行改革，集权中央，抑制豪强兼并，改善政治和社会状况，社会基本安定。但南朝宋后期，朝政混乱，帝王更迭频繁，终被南朝齐取代。南朝宋是南北朝时期第一个由寒门庶族建立的朝代，出现了“寒人掌机要”的政治局面。文化上涌现了一批影响深远的大家，如谢灵运、刘义庆、鲍照、裴松之、范晔、颜延之、祖冲之、何承天等，建康文学史论在南朝宋时期发展到巅峰，《世说新语》《后汉书》《三国志注》等名著诞生于南朝宋，对后世影响深远。

东晋末年，北府军将领、相国、宋王刘裕逐一消灭割据势力，总揽东晋军政大权，废黜晋恭帝自立，定都建康（今江苏省南京市），建立南朝宋。刘裕结束了前朝的门阀政治，开创了“寒人掌机要”的政治格局，被称为“南朝第一帝”。其子宋少帝刘义符年少即位，玩心不改，不问朝政，玩掉皇位，丢掉性命，被权臣废黜斩杀。其异母弟宋文帝刘义隆即位，翦除权臣，励精图治，实现“元嘉之治”。刘义隆被太子刘劭弑杀，刘劭即位七十二天，又被其弟宋孝武帝刘骏斩杀。宋孝武帝推行改革，平定内乱，战胜北魏，但他诛杀宗室，引发内乱。其太子宋前废帝刘子业即位，乱伦残暴，被其叔父刘彧（yù）弑杀。宋明帝刘彧即位，屠杀宗室、功臣，清剿孝武帝子孙，制造“义嘉之难”。其太子年仅十岁的宋后废帝刘昱即位，可谓年幼暴君，杀人取乐。至此，南朝宋开始皇帝幼小、皇室微弱、寒门士族掌权的混乱局面。宫廷侍卫杨玉夫将刘昱弑杀，刘彧第三子十一岁的宋明帝刘准即位。刘准在相国萧道成的逼迫下禅位被杀，萧道成建立南朝齐，南朝宋灭亡。十三岁的刘准临终时一句话“愿生生世世，再不生帝王家”，说出了身为末代皇帝的悲哀。

刘宋建国

宋武帝刘裕（363—422）以寒门庶族身份为东晋北府军将领，在“桓玄之乱”后掌握朝廷大权。对内平定孙恩起义，消灭桓楚、西蜀及卢循、刘毅、司马休之等割据势力，使南方出现百年未有的统一局面。对外消灭南燕、后秦等国，降服仇池，又以却月阵（刘裕发明的兵车战法，以两千精锐步兵大破北魏三万精锐骑兵）大破北魏，收复淮北、山东、河南、关中等地，光复洛阳、长安两都。419年，刘裕凭借着巨大的军功，总揽东晋军政大权，官拜相国、扬州牧，进封宋王。420年，刘裕废晋恭帝自立，定都建康（今江苏省南京市）。刘裕家族世居彭城（今江苏省徐州市），是春秋时期宋国旧地，故取国号为宋，史称南朝宋。刘裕代晋，标志着门阀与皇帝共天下局面的结束。他称帝后，汲取前朝门阀政治的教训，加强集权，抑制兼并，实施土断（居民按实际居住地编定户籍）制度，整顿吏治，重用寒士，振兴教育，轻徭薄赋，废除苛法，厉行节俭，政治风气大为改善。刘裕奠定了南朝“寒人掌机要”的政治格局，开创了江左六朝疆域最辽阔的时期。史家誉之为“定乱代兴之君”，也有“南朝第一帝”之称。422年，刘裕病逝，终年六十岁，谥号武皇帝，庙号高祖。其十七岁长子刘义符即位，是为宋少帝。

玩掉皇位

宋少帝刘义符（406—424）即位后，尊皇太后萧文寿为太皇太后，封原太子妃司马茂英（晋恭帝司马德文之女海盐公主）为皇后，由领军将军谢晦、中书监兼尚书令傅亮、司空徐羡之、护军将军檀道济四位大臣辅政。宋少帝好为游狎（xiá）之事，青春少年，童心未泯，不理朝政，自得其乐。北魏侵扰、作战失利，概不过问；群臣谏言、建言献策，一律不听。朝臣面对新君，既寒心又失望。424年，司空徐羡之、南兖州刺史檀道济等以萧太后的名义废宋少帝为营阳王，不久被杀，年仅十八岁。刘义符只因一个“玩”字，玩掉了皇位，玩掉了江山，玩掉了自己的性命。徐羡之等又派人杀死了流放在新安（今安徽省黄山市徽州区）的庐陵王刘义真（刘义符异母弟、刘义隆异母兄），立刘裕第三子刘义隆即位，是为宋文帝。

元嘉之治

宋文帝刘义隆（407—453）即位后，对徐羡之等杀害其兄长的罪行心有余悸。426年，刘义隆宣布徐羡之等罪行，并领兵亲征，徐羡之闻讯自杀，傅亮被捕处死，谢晦出兵反抗，兵败被擒后处死。刘义隆翦除权臣后，继续实行刘裕的治国方略，招贤纳士，清理户籍，实行劝学，发展农业，使得人民休养生息，社会生产有所发展，经济文化日趋繁荣，史称“元嘉之治”。430年、450年和452年三度出师北伐，但都无功而返。尤其是第二次北伐失败，北魏长驱直入，六州残破。太子刘劭因曾经反对北伐，与宋文帝产生矛盾。刘劭与其弟始兴王刘濬（jùn）深信女巫严道育的巫术，用巫蛊术诅咒刘义隆一事被曝露，刘义隆欲废太子刘劭、赐死刘濬。453年，太子刘劭联合其弟刘濬抢先发动宫廷政变，闯宫弑父，刘义隆时年四十七岁，谥号景皇帝，庙号中宗。刘劭即位，在位仅七十二天，便在其弟刘骏的讨伐下兵败被杀，时年三十岁。刘骏即位，是为宋孝武帝。刘骏即位后改刘义隆谥号为文皇帝，庙号太祖。

孝武改制

宋孝武帝刘骏（430—464）机智聪颖，文章华敏，文武双全。他在位时，政治上推行了一系列改制举措，削弱士族权力，大力提拔寒门势力，整顿刑律，改置州镇，设立典签（诸王出使，朝廷派典签佐之，名为典领，实则监视，权力甚大，故有签帅之称），加强中央集权。经济上继续推行土断，赦免奴婢和军户，抑制兼并，限制士族封山占水，改革税制，并改铸钱币。454年，宋武帝刘裕第六子刘义宣在荆州称帝，起兵谋反，被及时削藩平乱，刘义宣兵败被杀。宋孝武帝在军事上以颜师伯为青州刺史，重用殷孝祖、卜天生等将领。458年，北魏侵犯南朝宋的青州（今山东省淄博市临淄区、潍坊省青州市一带），南朝宋击溃北魏，取得了宋魏第一次“青州之战”的胜利，收复了济水以北的失地。宋孝武帝在文化上尊孔崇佛，恢复礼乐，涌现了一批影响深远的大家，如谢灵运、刘义庆、鲍照、裴松之、范晔、颜延之、祖冲之、何承天等。但孝武帝统治晚年大兴土木，奢侈无度，好酒奢靡，贪财好利。为了巩固帝位，过度诛杀宗室，引发宗室内斗，动摇了统治基础。他先后诛杀了南平王刘铄（刘义隆四子、刘骏异母弟）和武昌王刘浑（刘义隆十子、刘骏异母弟），平定了竟陵王刘诞（刘义隆六子、刘骏异母弟）、海陵王刘休茂（刘义隆十四子、刘骏异母弟）的叛乱。464年，刘骏病逝，时年三十五岁，谥号孝武皇帝，庙号世祖。其长子太子刘子业即位，是为宋前废帝。

残暴遭弑

宋前废帝刘子业（449—465）即位后，由太宰刘义恭、尚书令柳元景、始兴公沈庆之、尚书中事颜师伯、领军将军王玄谟五人辅佐。刘子业在位时，凶残暴虐，滥杀大臣，朝廷内外百官性命不保。465 年，刘子业甚至讨杀他的叔祖太宰、江夏王刘义恭（刘裕第五子），并杀其四子。466 年，乱伦残暴的刘子业，被其叔父湘东王刘彧（yù）（刘义隆第十一子，刘骏异母弟）等人弑杀，刘子业之弟刘子尚、其姐刘楚玉亦被处死。刘子业时年十七岁，史称前废帝。刘彧即位，是为宋明帝。

义嘉之难

宋明帝刘彧（439—472）即位时，平定了几乎同时登基建立政权的刘子勋（宋孝武帝刘骏第三子），于当年底消灭刘子勋政权，平定江南与淮南各地。为根除宋文帝系与宋孝武帝系内斗局面，刘彧屠杀皇亲宗室，诛杀功臣名将，全面清剿宋孝武帝子孙，史称“义嘉之难”。淮北方镇薛安都当时起兵参与刘子勋之乱，后投靠北魏。于是，北魏在四年之内陆续攻下淮北、山东半岛地区，刘宋战乱不断，耗损国力巨大，统治阶层力量削弱，人民苦不堪言。而刘彧生活奢靡，残暴杀人，为保太子刘昱之位，无端杀害立过大功的弟弟刘休仁、刘休佑、刘休若等，并屠杀可能会不利于太子的大批重臣。472 年，刘彧病逝，时年三十三岁，谥号明皇帝，庙号太宗。其太子年仅十岁的刘昱即位，是为宋后废帝。

年幼暴君

宋后废帝刘昱（463—477）即位后，由袁粲（càn）、褚渊二位顾命大臣共同辅佐朝政。刘昱是历史上年纪最小的暴君，为人凶狠残暴，杀人取乐，人人自危，朝政混乱。474 年，宋文帝刘义隆第十八子刘休范以“清君侧”为名举兵进犯京师建康（今江苏省南京市），在右卫将军萧道成的指挥下平定叛乱，刘休范被杀。萧道成因功晋爵为公，升任中领军，总率禁军，权势日隆。476 年，萧道成升任尚书左仆射（yè）。同年，建平王刘景素（宋文帝刘义隆之孙）被迫于京口（今江苏省镇江市）举兵叛乱，在萧道成的督战下，刘景素败亡。至此，宋直系年长宗室力量彻底凋亡。南朝宋已形成皇帝幼小、宗室无能、皇室微弱、寒门子弟掌权的混乱局面。477 年，刘昱被侍卫杨玉夫杀死，时年仅十四岁，史称宋后废帝。萧道成拥宋明帝刘彧第三子十一岁的刘准即位，是为宋顺帝。

禅位国亡

宋顺帝刘准（469—479）即位后，封萧道成为相国、齐王。虽然刘准名义上是皇帝，但朝廷权力掌握在相国萧道成手中。479 年，萧道成逼迫刘准禅位，刘氏宗亲都被幽禁而死，刘准被封为汝阴王，迁居丹阳（一说丹阳宫）[1] 并派兵监管，不久被杀害，时年十三岁，谥号宋顺帝。萧道成建立南朝齐，南朝宋政权到此灭亡。

2. 南朝齐　短命王朝

南朝齐（479—502）由南朝宋相国萧道成建立，也称“南齐”，是南北朝时期南朝的第二个朝代，也是南朝四个朝代中最短命的朝代。479 年，萧道成代宋建立南朝齐。502 年，南朝齐被南朝梁取代，历经七帝，历时二十三年。其疆域基本上同南朝宋，为二十二州上下，后来相继失去雍州沔（miǎn）北及淮南豫州之地。南朝齐前期社会政治相对稳定，经济比较发达，文化繁荣，生产发展。后期多数为短命的皇帝，昏暴、残忍、荒唐、无道。南朝齐因逼退而立，因逼退而亡，历史惊人地相似。

[1]《南史・卷三・宋本纪下第三》记载：“封帝为汝阴王，居丹徒宫，齐兵卫之。建元元年五月己未，帝闻外有驰马者，惧乱作。监人杀王而以疾赴………”

在南朝宋一个个皇帝年幼、宗室衰退、寒门士族掌权的混乱局面下，相国萧道成迫使宋顺帝刘准禅位，建立南齐。萧道成关心百姓疾苦，提倡节俭自奉，对内革除暴政，对外通好安定，人民安居乐业。其太子齐武帝萧赜（zé）即位，遵其遗嘱，励精图治，实现“永明之治”。其皇太孙萧昭业即位，一代荒唐天子，恣意妄为，通奸庶母，被西昌侯萧鸾（齐武帝萧赜堂弟）弑杀，萧昭业之弟齐恭王萧昭文即位。傀儡皇帝萧昭文在位仅七十五天就被废杀，齐明帝萧鸾自立。萧鸾心狠手辣，屠戮宗室，血洗皇族。其子东昏侯萧宝卷即位，奢侈荒淫，大肆游玩，众叛亲离。齐明帝萧鸾之子齐和帝萧宝融即位一年，被萧衍（齐高帝萧道成之族弟萧顺之之子）逼迫禅位，萧衍称帝，建立南朝梁，南朝齐灭亡。

南齐立国

齐高帝萧道成（427—482）是西汉丞相萧何二十四世孙，其父萧承之是刘宋时期著名武将。萧道成仪表英俊，风姿特异，善知兵法，谋略过人。曾跟其父随军南下，军功卓越，步步高升，被授予辅国将军。467年，宋明帝刘彧（yù）时，任南兖州刺史。472年，宋明帝临终时升任萧道成为右卫将军。474年，萧道成平定刘休范叛乱有功，晋爵为公，任中领军，掌握禁卫军，督五州军事。476年，萧道成升任尚书左仆射（yè）。479年，萧道成迫使宋顺帝刘准禅位，自立为帝，建立南齐，是为齐高帝。齐高帝生活上以身作则，崇尚节俭，反对奢靡，减轻人民负担；政治上任用寒人掌权，实行检籍（大规模的户籍清查、严令整顿户籍）；外交上与北方通好，维护边境安定。齐高帝和以后的齐武帝为政宽纾，使人民得到十多年的休养生息，促进了南方经济的发展。482年，萧道成病逝，时年五十六岁，谥号高皇帝，庙号太祖。其太子萧赜（zé）即位，是为齐武帝。

永明之治

齐武帝萧赜（440—493）性情刚毅，处事果断，是一个英明刚断的君主。他在位期间，励精图治，努力实施富国政策，任用良吏，政事修明，十分关心百姓疾苦，重视教育，多办学校，以富国为先，反对奢靡，提倡节俭，延续检籍政策。对外与北魏通好，边境比较安定。齐武帝在位的十一年间带动了经济文化的发展，社会较为安定，史称“永明之治”。493 年，太子萧长懋去世，萧长懋的长子南郡王萧昭业被立为皇太孙。同年，萧赜去世，时年五十四岁，谥号武皇帝，庙号世祖，其皇太孙萧昭业即位。

荒唐天子

萧昭业（474—494）即位后，由竟陵王萧子良（齐武帝萧赜的次子）与西昌侯萧鸾（齐武帝萧赜堂弟）辅政。萧昭业容貌俊美，喜好隶书，但劣童心性，恣意妄为，大失人心。他滥发赏赐，甚至与庶母霍氏通奸，浪费奢靡，挥霍无度。荒唐天子萧昭业仅在位一年，于 494 年被萧鸾杀死，时年二十二岁。萧鸾追废萧昭业为郁林王，拥立萧昭业之弟新安王萧昭文即位，是为齐恭王。

傀儡皇帝

齐恭王萧昭文（480—494）即位后，仅是个傀儡皇帝，朝政大权掌握在萧鸾手中。萧昭文的饮食起居、一举一动都受到监视和控制。他在位仅七十五天，就被萧鸾废为海陵王，萧鸾自立为帝，是为齐明帝。齐明帝萧鸾登基一个月便派人暗杀了年仅十五岁的萧昭文，谥号恭王。

屠戮宗室

齐明帝萧鸾（452—498）是齐高帝萧道成之侄，自幼父母早逝，由三叔萧道成抚育，视如己出，却不想养虎为患，祸害无穷。萧鸾生性阴险，心狠手辣。他即位后屠戮宗室，将齐高帝萧道成与齐武帝萧赜当时在世的子孙二三十人几乎全部诛灭，手段之狠，令人不寒而栗。萧鸾自翦宗枝，适得其反，没有求得稳定，反而削弱了齐朝的统治基础。498年，萧鸾因病去世，时年四十七岁，谥号明皇帝，庙号高宗。其次子萧宝卷即位，是为东昏侯。

东昏荒乱

东昏侯萧宝卷（483—501）即位后，视百姓如草芥，不修德行，骄奢淫逸，大兴土木，奢侈荒淫，宠信潘妃，任用奸佞，滥杀顾命大臣，激化内部矛盾。他一月中有二十多天要出外，日夜玩乐，不理朝政。随意诛杀无辜，肆意横行，逼得文官告退，武将造反，可谓众叛亲离，人心离散，国势日衰。500年，雍州（今湖北省襄阳市）刺史萧衍（其父亲萧顺之是齐高帝萧道成之族弟）起兵讨伐，于501年拥南康王萧宝融（齐明帝萧鸾第八子）于江陵（今湖北省荆州市荆州区）临时称帝，是为齐和帝。

代齐建梁

齐和帝萧宝融（488—502）称帝后，萧衍领兵东讨萧宝卷。同年，建康城禁卫军倒戈，杀死萧宝卷，迎萧衍入建康城。萧宝卷时年十九岁，谥号东昏侯。萧衍处死萧宝卷宠妃潘玉奴及萧宝卷宠臣共四十一人。502年，萧宝融在萧衍派人迎接东归建康途中，被迫禅位给萧衍，萧衍称帝，建立南朝梁，南朝齐灭亡。一个月后萧衍杀死萧宝融，时年十五岁，谥号齐和帝。

3. 南朝梁　门阀寒门并重

南朝梁（502—557）是南北朝时期南朝的第三个朝代，也称南梁。502 年，齐高帝萧道成之族弟萧顺之之子萧衍代齐建立南朝梁，因萧氏家族祖上原封地在古梁郡（今河南省商丘市），故定国号为梁，又称萧梁。557 年，南梁相国陈霸先代梁建立南朝陈，历经六帝，历时五十五年。其疆域在南朝齐的基础上，因北伐获得淮北之地，一度达河南地，又开拓闽、越，平俚洞，破柯（《隋书》记载）。

南朝齐和帝萧宝融即位仅两年，便被萧衍逼迫禅位，萧衍称帝，建立南朝梁，南朝齐灭亡。南朝梁历时共五十六年，梁武帝萧衍在位就长达四十八年。他在位初期，专心政务，勤政爱民，纠正宋、齐以来的弊政，采取了系列改革措施，他实行的政策对南朝梁的政治安定、经济复苏有很大的促进作用。农业生产发展，南方粮食充盈，商业也尤为发达。萧衍尊崇门阀世族，宽待宗室，选拔官吏采用门阀大族和寒门并重的基本政策。梁武帝萧衍本人文化素质很高，同时也重视文化发展。南朝梁五十多年的时间，涌现了大批有重大成就的文学家和诗人。比如《昭明文选》的作者萧统、《宋书》的作者沈约、《南齐书》的作者萧子良、《文心雕龙》的作者刘勰、《诗品》的作者钟嵘，以及文学名士如江淹、谢出、到溉、到洽、丘迟、吴均、庾信、刘昭、刘峻、陶弘景，以及萧衍二子简文帝萧纲和元帝萧绎，堪称文学盛世。南朝梁后期政治腐败，横征暴敛，国政败坏，阶级矛盾尖锐。萧衍收留了东魏大臣侯景，却引狼入室，爆发“侯景之乱”，导致自己身死台城（建康宫城），战火四起，江南社会经济遭到巨大破坏。萧衍之子傀儡皇帝简文帝萧纲废后被杀，侯景再立萧衍曾孙萧栋为帝，即位不到三个月，又被废黜，侯景自立为帝，定都建康，改国号汉，史称侯汉。交州司马陈霸先和太尉王僧辩，斩杀侯景，平息叛乱。萧衍七子梁元帝萧绎在江陵（今湖北省荆州市荆州区）称帝，北齐趁乱夺取了南朝梁江北、淮河两岸之地，北周（当时还是西魏）也趁乱夺取了南朝梁的巴蜀及荆襄等地，南朝梁短时间失去了近三分之二的疆土，国土尽失，实力大为削弱，奠定了南弱北强的局势。萧衍八子萧纪几乎同时在成都称帝，复国号梁，是为武陵贞献王。于是，兄弟相残，萧纪兵败被杀。西魏进兵江陵，江陵失陷，萧绎被杀。萧绎之侄萧詧（chá）之前在襄阳已经称藩西魏，被西魏扶为傀儡皇帝，是为梁宣帝，仅有江陵一州之地，史称西梁或后梁。太尉王僧辩屈事北齐，扶植萧衍之侄萧渊明在建康称帝，是为梁闵帝，称藩北齐。陈霸先举兵袭杀王僧辩，废黜萧渊明，拥立萧绎九子年仅十三岁的萧方智为帝，是为梁敬帝。梁敬帝被逼迫禅位，陈霸先称帝，建立南朝陈，南朝梁灭亡。在江陵建立的西梁，一直附属于北周。后隋文帝废除西梁，西梁灭亡。

萧梁建立

梁武帝萧衍（464—549）是西汉相国萧何的二十五世孙，东晋淮阴县令萧整的后代，南朝齐丹阳尹萧顺之之子。他天生聪明，自幼好学，博学多才。484年，竟陵王萧子良开建西邸，广招文学之士，萧衍作为竟陵八友之一，投入萧子良门下。490年，萧衍任镇西将军、萧子隆的咨议参军。495年，萧衍领兵与北魏作战，取得大胜，因战功升任太子中庶子。498年，萧衍出任雍州（今湖北省襄阳市）刺史，主持雍州防务。500年，萧衍起兵讨伐萧宝卷。502年，废黜齐和帝萧宝融，萧衍取代南齐称帝，是为梁武帝，建立南朝梁。

勤政爱民

梁武帝萧衍在位初期，专心政务，提倡节俭，纠正宋、齐以来的种种弊端，采取了更换异己、任用亲信、兼以讨伐的方针。梁武帝勤政爱民，清正廉明。他恢复门阀世族尊崇地位，宽纵皇室，授诸王以实权，采用门阀大族和寒门并重的选拔官吏的基本政策。梁武帝在位时间达四十八年，在南朝诸帝中位列第一。他在发展经济的同时，也重视文化发展，加上他本人的文化素质很高，使得南朝梁的经济文化成为南朝最盛时期。他本人才思敏捷，文笔华丽，所作千赋百诗，不乏名作，对音乐、绘画、书法颇有研究，现存诗歌有八十多首。

引狼入室

梁武帝对宗室过分宽待，故而形成了一个以皇室、世家大族为中心的腐朽没落的统治集团。人民在这个统治集团的盘剥下流离失所，民不聊生。梁武帝晚期，怠于政事，沉溺佛教，可谓无心政治，有心入佛。534 年，北魏分裂为东魏、西魏。鲜卑族同化的羯族人侯景，在东魏权臣高欢帐下征战，屡立战功。侯景与高欢之子高澄不和，高欢死后，侯景被高欢之子高澄所逼，投靠南朝梁。梁武帝萧衍欣然接纳侯景，却不想引狼入室，导致自己台城身亡。

侯景之乱

547 年，梁武帝萧衍派其侄萧渊明进攻东魏失败，萧渊明被俘。548 年，他派侯景讨伐东魏再遭失败，侯景逃到南朝梁的寿阳（今安徽省淮南市寿县寿春镇）[1]。双方议和时，梁武帝萧衍答应东魏提出以侯景换萧渊明的要求。于是，侯景在寿阳起兵进攻建

[1]《寿县志》（1996 版）记载“东晋孝武帝时，因避帝后郑阿春讳改寿春为寿阳”，“北魏略淮南，再称寿春”。

康，侯景军围攻台城（建康宫城）时，侯景引诱萧正德（临川靖惠王萧宏第三子，梁武帝萧衍之侄）自立为帝，以侯景为丞相。萧正德打开宣阳门，迎接侯景军入城，萧正德自立为帝。549 年，侯景攻入台城，宫城陷落，当时建康城被大肆杀戮，抢劫一空。侯景控制梁朝军政大权，旋即废黜萧正德，降为大司马，不久被侯景所杀。侯景将梁武帝萧衍禁闭在台城内的文德殿饿死，史称“侯景之乱”，又称“太清之难”。萧衍终年八十六岁，谥号梁武帝，庙号高祖。侯景立萧衍第三子萧纲即位，是为简文帝。

政局紊乱

简文帝萧纲（503—551）即位便注定做傀儡皇帝，侯景自封为大都督，掌控朝政大权。侯景强娶年仅十四岁美貌的溧（lì）阳公主（萧纲之女）为妻，并自命为宇宙大将军、都督六合诸军事。侯景占据了建康，并未征服整个江南，各地梁军和地主武装强烈反抗。侯景向三吴地区发兵进军吴郡、吴兴、会稽，侯景军占据三吴，烧杀掳掠，无恶不作，最富庶的三吴经济遭到严重破坏。550 年，侯景攻破广陵（今江苏省扬州市）。551 年，攻破江州（今江西省九江市）、郢州（今湖北省武汉市汉阳区）[1]，逼近江陵（今湖省北荆州市荆州区）。南朝梁政局紊乱，烽火四起。同年，萧纲被废为晋安王，迁永福省（梁官署名，又称西省，设于梁宫禁内，为皇子受学之所）[2]。侯景再立豫章王萧栋（豫章安王萧欢之子、梁武帝萧衍曾孙）为帝。侯景便开始为

[1]《武汉地名志》《武汉市志》《武汉通史》记载：“东吴黄武二年（223），孙权筑城于黄鹄山（蛇山），取名夏口城。”南北朝时期，南朝宋设置郢州，并在东吴始建夏口城的基础上，进行城垣的修葺和扩建，此亦今武汉最古老的郢州城垣遗址。郢州隶属江夏郡，郡、州、县治所同设在夏口，从此夏口又有“郢城”之称。

[2]《资治通鉴》记载：“南朝梁太清三年（549），太子迁居永福省”。胡三省注曰：“永福省在禁中，自宋以来，太子居之，取其福国于永也。”《梁书・侯景传》记载：“侯景攻陷台城后，收王侯朝士送永福省。”不久，“景杀萧正德于永福省”，皆此。

自己篡位登基做准备，首先诛杀了太子萧大器（萧纲长子）和在京王侯二十余人，再次诛杀萧纲及其外地诸子，萧纲时年四十九岁，谥号简文帝，庙号太宗。

国土尽失

淮阴王萧栋（？—552）即位不到三个月，又被废黜，降封为淮阴王，与其弟萧桥、萧缪一同被锁在密室。侯景屠杀江南世族，为南朝政治带来毁灭性打击。侯景索性自立为帝，定都建康，改国号汉，史称侯汉。552 年，交州司马陈霸先和大都督王僧辩摧毁侯景势力，收复建康，侯景被部将羊鲲所杀，斩其双手，暴尸于市。作恶多端的侯景，下场可悲。王僧辩在萧绎事前暗示下，派朱买臣将萧栋、萧桥、萧缪溺水而亡，历时四年之久的侯景之乱方被平息。经陈霸先、王僧辩等各路将士劝进，萧绎（梁武帝萧衍第七子）在江陵（今湖北省荆州市荆州区）称帝，是为梁元帝。侯景之乱时，北齐趁乱夺取了南朝梁江北的大片土地，使南梁朝江北、淮河两岸之地尽失。北周（当时还是西魏）也趁乱夺取了南朝梁的巴蜀及荆襄等地，使得梁朝的国土在短短的几年之内就丢掉了近三分之二。

江陵失陷

梁元帝萧绎（508—554）崇尚玄虚，刚愎自用，喜欢文学，虽是学界巨人，却是政界侏儒。他即位时，治理蜀地的梁武帝萧衍第八子益州刺史、征西大将军萧纪（508—553）为了和梁元帝萧绎争夺帝位，几乎同时在成都称帝，复国号梁，是为武陵贞献王。553 年，萧纪亲自率兵东下进攻萧绎，拉开了兄弟相残的战幕。西魏太师宇文泰发兵驰援，围攻成都。萧绎组织各方力量与萧纪军作战，萧纪兵败被杀，时年四十六岁。554 年，西魏进兵江陵，江陵陷落，萧绎被杀，时年四十八岁，谥号孝元皇帝，庙号世祖。朝臣与百姓中强壮者都被掠走，司空陈霸先之子陈昌、侄子陈顼本在梁元帝宫中值事，一同被掳至长安，江陵几乎成了一座废墟。梁元帝之侄、昭明太子萧统第三子萧詧（chá）之前在襄阳已经称藩西魏。555 年，在西魏驻军监视下，萧詧被扶为傀儡皇帝，是为梁宣帝。皇室设在江陵东城，管辖江陵一州之地，建立了一个地方不过三百里的小王国，史称西梁或后梁。萧詧原在襄阳统辖的地盘，全部归于西魏。

代梁建陈

与此同时，在北齐高洋的军事干预下，太尉王僧辩屈事北齐，在建康迎立北齐扶植的贞阳侯萧渊明（长沙宣武王萧懿之子、梁武帝萧衍之侄）为梁帝，是为梁闵帝。以萧方智（梁元帝萧绎第九子）为太子，王僧辩为大司马，陈霸先为侍中，梁称藩于北齐。陈霸先原想立萧方智为帝，与王僧辩反目。同年，陈霸先举兵袭杀王僧辩，废黜萧渊明，拥立年仅十三岁的萧方智为帝，是为梁敬帝，陈霸先任相国，掌控军政大事。556 年，萧渊明病逝，谥号闵皇帝。557 年，梁敬帝被贬为江阴王，被迫禅位于陈霸先，陈霸先称帝，建立南朝陈，南朝梁灭亡。同时，湘州、郢州二州刺史王琳不服，拥立九岁的萧庄（萧方智异母兄萧方等之子）为南梁帝，定都武昌，并举十万雄兵讨伐陈霸先。558 年，萧方智被陈霸先杀害，年仅十六岁，谥号敬皇帝。560 年，陈霸先打败王琳，王琳遂携萧庄逃至北齐，残梁遂亡。直到 577 年，北齐为北周所灭，萧庄愤懑而亡，时年二十九岁。

西梁灭亡

当年，萧詧（519—562）在江陵建立后梁小国，一直附属于北周。不久，江陵全城老幼，皆被北周俘虏，驱入函谷关。萧詧生活俭朴，不好酒色，虽好猜忌，但能知人善任。萧詧身为附庸皇帝，领土狭小，江陵残破，干戈不息，苟且偷生，常年心中郁闷不乐。562年，萧詧背部发疽而死，时年四十四岁，谥号宣皇帝，庙号中宗。其三子萧岿（隋炀帝萧皇后之父）即位，是为梁明帝。

梁明帝萧岿（542—585）为人仁慈，机敏善辩，富有文采，体恤下属，崇尚节俭，不事奢侈，深得众心。他即位后，既要听从于北周和后来的隋朝，又要应对南朝陈的蚕食，仅剩江陵一席之地。580年，北周宣帝病逝，北周静帝即位，丞相杨坚以外戚辅政。581年，杨坚代周称帝，建立隋朝。582年，隋文帝策命萧岿之女为其次子晋王杨广的晋王妃。585年，萧岿病逝，时年四十四岁，谥号孝明皇帝，庙号世宗。其子萧琮（隋炀帝萧皇后兄弟）即位，是为梁靖帝。

梁靖帝萧琮（558—607），宽仁大度，博学好文，风流倜傥，放荡不羁，擅长骑射。他即位后，欲展示自己的本领，于585年出兵南朝陈荆州治所公安，无功而返。587年，隋文帝废除西梁，西梁灭亡，历时三十二年。萧琮被任命为上柱国，封爵莒国公。604年，隋炀帝杨广即位后，重用萧琮为内史令，改封梁公。607年，民间有童谣传说“萧梁家亦复起”，引起隋炀帝猜忌，遂将萧琮废黜为庶民，不久萧琮忧郁而死，时年五十岁，谥号孝靖皇帝。

617年，岳州校尉董景珍、沔（miǎn）州人张绣等人起兵反隋，推举西梁宣帝萧詧（chá）之曾孙、安平文宪王萧璇之子萧铣（xiǎn）（583—621）为主，进据巴陵（今湖南省岳阳市）称梁王。618年，萧铣称帝，迁都江陵（今湖北省荆州市荆州区）。同年，李渊逼迫隋恭帝禅位，正式称帝，是为唐高祖，建立唐朝。621年，唐高祖发兵攻打萧铣。萧铣兵败请降后被斩，时年三十九岁。

4. 南朝陈　寒门入仕

南朝陈（557—589）是南北朝时期南朝的最后一个朝代，也称南陈。557年，南朝梁相国陈霸先逼迫梁敬帝禅位称帝，建立南朝陈。589年，隋朝灭亡南朝陈，历经五帝，历时三十二年。由于南朝梁后期“侯景之乱”对南朝的破坏，国土尽失，使得南朝陈建立时已经出现南朝转弱、北朝转强的局面。南朝陈人口减少，疆域最小，大体同三国时的吴国差不多。北齐占领江北淮南之地，西魏占领汉中巴蜀，西魏在江陵以北建立附庸国西梁，南朝陈后来陆续收复淮南及部分淮北地区，一度夺下北齐长江以北之地。到南朝陈末期受北周入侵，使得国土更为减少，仅剩长江以南至交广地区。南朝梁时期，兴起私人讲学传经之风，寒人凭经学、史学、文章入仕转向士族，有些甚至升为高官显贵。

陈霸先平定“侯景之乱”，连废二帝，以寒人夺取帝位，建立南朝陈。陈武帝陈霸先两次平乱，因病去世。其侄陈文帝陈蒨（qiàn）（陈霸先之兄始兴昭烈王陈道谭长子）即位，平定内乱，战胜北周，整顿吏治，政治清明，实现“天嘉之治”。其太子陈伯宗年幼即位，其叔父陈宣帝陈顼（xū），篡位自立。陈宣帝在位时，政治清明，经济恢复，国家安定。然而，陈宣帝北伐北周失败，国力削弱。其太子陈后主陈叔宝即位，荒废朝政，醉心诗文，面对顷刻间即将倒塌的国家社稷，都觉高枕无忧。隋朝大军攻破建康，陈叔宝被俘，南朝陈灭亡。

南陈建立

陈武帝陈霸先（503—559）出身汉魏名族颍川（今河南省许昌市禹州市）陈氏，为东汉太丘长陈寔（shí）之后。他幼年家境贫寒，通晓兵法，明达果断，文武双全，胸怀大志。540年，南朝梁时陈霸先任广州刺史萧暎（yìng）的直兵参军。陈霸先平定叛乱有功，南朝梁武帝任命他为西江督护、高要郡守。545年，陈霸先平定广州兵乱，受任为交州司马，领武平（今越南永安市）太守。548年，东魏降将侯景举兵反梁，爆发“侯景之乱”。陈霸先与大都督王僧辩摧毁侯景势力，收复建康，拥梁元帝萧绎在江陵（今湖北省荆州市荆州区）即位。554年，梁元帝升任陈霸先为司空。同年，萧绎兵败西魏被杀，在北齐的军事压力下，王僧辩拥梁闵帝萧渊明即位。同年，陈霸先起兵杀死王僧辩，废黜梁闵帝，拥十三岁的梁方智即位，是为梁敬帝，陈霸先任尚书令、都督中外诸军事、车骑将军，领扬州、南徐二州刺史，掌控军政大权。555年、556年，陈霸先先后击溃北齐两支武装力量的大规模进犯，陈霸先晋爵为公，拜丞相、录尚书事、镇卫大将军，进封义兴郡公，拜大傅。不久，再进位相国，加九锡，封陈公。557年，陈霸先贬梁敬帝为江阴王，取代南朝梁建立南朝陈，自称为帝，是为陈武帝。

平叛去世

南朝陈建立时，正面临着南朝变弱、北朝变强的局势。“侯景之乱”给南朝带来极大的破坏，可以说是内忧外患，百废待兴。558年，南梁湘州刺史王琳拥立九岁的萧庄（萧方智异母兄萧方等之子）为南梁帝，定都武昌，并举兵伐陈，被陈霸先击败。曲江侯萧勃在广州起兵谋反，陈霸先平定暴动，斩杀萧勃。陈霸先同时击败北方政权的入侵，形势有所好转。长期忧患和不断战争，使得陈霸先筋疲力尽，重病缠身。559年，陈霸先病逝，时年五十七岁，谥号武皇帝，庙号高祖。其侄陈蒨（qiàn）（陈霸先之兄始兴昭烈王陈道谭长子）即位，是为陈文帝。

天嘉之治

陈文帝陈蒨（522—566）仪容秀美，有胆有识，知书达理，举止文雅，是南朝历代皇帝中难得一见的有为之君。陈文帝励精图治，整顿吏治，注重农桑，兴修水利。他镇压盘踞在长沙的王琳，平定多次内乱，“湘州（湘州是南朝的大粮仓，战争物资的重要产地）[1]之战”战胜北周，后与北周、北齐和平相处，使江南经济得到一定的恢复。当时政治清明，百姓富裕，国势强盛，史称“天嘉之治”。566 年，陈文帝病逝，时年四十五岁，谥号文皇帝，庙号世祖，其十二岁的太子陈伯宗即位。

篡位自立

陈伯宗（554—570）年幼即位，以陈顼（xū）（陈文帝陈蒨之弟）为司徒、录尚书事、都督中外诸军事，尚书仆射（yè）到仲举、舍人刘师知三人为辅佐大臣。后三人争权夺利，刘师知被捕入狱，狱中被赐令自尽。568 年，陈顼晋位太傅，兼司徒，掌控朝中一切大权。同年，陈顼以陈伯宗个性太软弱，难以当大任为由发动政变，废黜陈伯宗降封为临海王，将其迁到藩地居住。废黜其弟始兴王陈伯茂为温麻侯，不久被杀。569 年，陈顼自立为帝，是为陈宣帝。次年，陈伯宗不明不白地死去，年仅十九岁，史称陈废帝。

北伐失败

陈宣帝陈顼（530—582）即位后，兴修水利，鼓励垦荒，减轻租税，发展生产，社会经济得到了一定的恢复

[1]《晋书·地理志》记载，湘州共有九郡，包括长沙郡、衡阳郡（今湖南省益阳市、湘潭市附近）、零陵郡、湘东郡（今湖南省衡阳市区以东）、邵陵郡、桂阳郡（今湖南省郴州市附近），以及广州（省级，包括今广东省、广西壮族自治区）的始兴郡（今广东省韶关市附近）、始安郡（今广西省桂林市附近）、临贺郡（今广西壮族自治区贺州附近）。而《宋书·州郡志》则记载为八郡。

与发展。他在位期间，政治清明，国家比较安定。573 年，陈宣帝出兵讨伐北齐，攻克历阳（今安徽省马鞍山市和县）、合肥、寿阳（今安徽省淮南市寿县寿春镇）等，尽占淮、泗一带。577 年，北方的形势发生了变化，北周灭掉北齐。陈顼趁机发兵北伐北周，却兵败吕梁（今江苏省徐州市铜山区东南废黄河北岸吕梁集），极大地削弱了国力，史称“吕梁覆车”。579 年，北周攻打南朝陈，长江以北尽被北周占领。582 年，陈宣帝病逝，时年五十五岁，谥号孝宣皇帝，庙号高宗。其太子陈叔宝即位，即南朝陈末代皇帝陈后主。

国亡被俘

陈后主陈叔宝（553—604）即位时，其二弟陈叔陵发动叛乱，叛乱被平定后，陈叔宝颈部受伤，陈叔陵被杀，其诸子被赐死。陈叔宝在位期间，荒废朝政，大兴土木，耽于酒色，醉心诗文和音乐。581 年，隋文帝杨坚已经建立隋朝，隋文帝有削平四海之志，欲先灭南朝陈。陈叔宝却深居高阁，整日花天酒地，不闻外事。589 年，隋军过长江大举南下，南朝陈连战连败，隋军破朱雀门（建康城南城门），攻入建康台城，仅收缴南朝陈地图和户籍，封存国家府库，金银财物一无所取，南朝陈灭亡，隋文帝终于统一了全国。陈叔宝及其同父异母妹宁远公主等皇室成员被掳至长安，隋文帝杨坚赐予宅邸，礼遇甚厚，他仍旧沉湎酒色，醉生梦死。隋文帝封宁远公主为贵人，拜为宣华夫人。隋文帝去世后，宣华夫人随了隋炀帝杨广，得到杨广的宠爱。604 年，陈叔宝病死于洛阳，时年五十二岁，杨广追赠他为长城县公，谥号炀公。

（二）北朝　胡汉融合

北朝（439—581）是中国南北朝时期存在于北方五个朝代的总

称，承自十六国，包含北魏、东魏、西魏、北齐和北周五朝。自439年，北魏灭亡北凉，统一黄河流域，到589年隋灭南朝陈为止，历时一百四十二年。如果从386年北魏建国算起，历时一百九十五年。北魏、东魏、西魏及北周均由鲜卑族建立，北齐则由鲜卑化汉人所建。北魏分裂为东魏、西魏，北齐取代东魏，北周取代西魏，北周灭北齐。北朝承继五胡十六国，为胡汉融合的新兴朝代，政治中心南移洛阳，改革官制制度，重用汉人世族，汉化运动兴起，胡汉隔阂消除，民族文化融合，国势日益强盛。北朝的军事、政治制度等在以后发展和创新的基础上，奠定了隋唐盛世和民族大融合的基础。因柔然牵制，再加上六镇起义，分裂和内战使得北朝后期政治败坏，走向灭亡。

1. 北魏　东西分魏

北魏（386—534）是南北朝时期北朝第一个王朝，是鲜卑族拓跋珪（guī）建立的政权。386年，拓跋珪趁前秦四分五裂之际在牛川（今内蒙古自治区呼和浩特市西南）自称代王，重建代国，定都盛乐（今内蒙古自治区和林格尔县），同年改称魏王，建立北魏。534年，北魏分裂为东魏与西魏，经历十六帝（列入正史本纪者十四位），历时一百四十八年。其疆域主要控制着中国北方地区，北至阴山南北沙漠、河套，东北至辽东半岛，东至海边，西至凉州、流沙，南至江淮，以淮河与南朝为界。

道武帝拓跋珪对内改革，对外争霸，却被儿子弑杀。其子明元帝拓跋嗣即位，北伐柔然，南征刘宋。其长子太武帝拓跋焘即位，北逐柔然，大获全胜。攻破大夏，统一北方。平定关中，大破柔然，击败刘宋，饮马长江。但他逼死太子，却被杀身亡。其子拓跋余即位，乱政被杀。拓跋焘原太子拓跋晃长子文成帝拓跋濬（jùn）即位，平定内乱，息兵养民。其长子献文帝拓跋弘年幼即位，冯太后临朝称制。年轻的献文帝厌于世务，传位于四岁的皇太子孝文帝拓跋宏。献文帝作为太上皇，亲自领兵击退柔然。孝文帝期间，冯太后以太皇太后的名义二次临朝称制。她大胆改革，推行汉化，社会稳定。孝文帝亲政后，迁都洛阳，实现“孝文帝中兴”。其子宣武帝元恪即位，巩固汉化，南征北战，南征南齐，北攻柔然，开疆拓土，国势盛极。其年仅六岁的太子孝明帝元诩即位，胡太后听政当家，擅权乱政，爆发“六镇之乱”。胡太后毒死亲子元诩，立三岁的元钊即位，太原王尔朱荣发动“河阴之变”，处死胡太后，立孝庄帝元子攸即位。孝庄帝斩杀权臣尔朱荣，却被尔朱荣的堂弟尔朱世隆打败弑杀。北魏一时连立元晔、元恭和元朗三位废帝，与尔朱氏对立的军阀大将军高欢，清除尔朱氏，立孝武帝元修即位。高欢自晋阳发兵占领洛阳，立孝静帝元善见即位，迁都邺城（今河南省安阳市北、河北省邯郸市临漳县西南一带），建立东魏。孝武帝元修逃奔关西大都督宇文泰，被宇文泰毒杀，宇文泰拥立西魏文帝元宝炬为帝，建立西魏。至此，北魏正式分裂为东、西两魏。

北魏建立

北魏道武帝拓跋珪（371—409）是北魏开国皇帝，鲜卑族人，昭成帝拓跋什翼犍（jiān）之孙、献明帝拓跋寔（shí）之子。鲜卑族拓跋部原来居住于今黑龙江、嫩江流域大兴安岭附近，过着游牧生活。后来与北匈奴战败后，逐步向西迁移，再南下到盛乐（今内蒙古自治区呼和浩特市和林格尔县）。338 年，拓跋什翼犍建立代国，定都盛乐。376 年，代国被前秦所灭。386 年，拓跋珪趁前秦四分五裂之际，在牛川（今内蒙古自治区呼和浩特市西南）自称代王，重建代国，定都盛乐（今内蒙古自治区和林格尔县），改称魏王。398

年，拓跋珪称帝，即魏道武帝，正式定国号为魏，迁都平城（今山西省大同市），史称北魏。拓跋珪在位时，励精图治，对内实行一系列改革；对外击败贺兰、铁弗、高车、柔然等草原诸部，并与后燕、后秦争霸于中原。拓跋珪晚期沉湎酒色，刚愎自用，猜忌多疑，不睦兄弟，诛杀大臣，滥杀无辜。409 年，皇次子拓跋绍之母贺夫人有过失被幽禁宫中，拓跋珪准备将其处死。拓跋绍为了营救母亲贺夫人，趁夜潜入宫中，将道武帝拓跋珪弑杀，时年三十九岁，谥号宣武皇帝，庙号烈祖，后改谥道武皇帝，改庙号太祖。其长子拓跋嗣带兵入宫，诛杀拓跋绍及其同党，并于同年即位，是为北魏明元帝。

北伐柔然

北魏明元帝拓跋嗣（392—423）文武双全，治国有方。他即位后，内修庶政，举贤任能，内迁民众，整顿流民，抚恤百姓，改革官制，设置六镇，南征刘宋，外拓疆土，使北魏国政再度步入正轨。410 年，拓跋嗣北伐柔然，使柔然斛律党羽吐柢（dǐ）于等归顺北魏，北魏势力范围拓展到河南，与东晋接壤。

南征刘宋

422 年，拓跋嗣发兵攻打南朝刘宋，攻克滑台（今河南省安阳市滑县东）、青州（今山东省淄博市临淄区、潍坊市青州市一带）、兖州（今山东省西部、河南省东北部、河北省东南部）各郡县。423 年，北魏夺取黄河南岸要地，辟地三百里。拓跋嗣四处亲征，积劳成疾，旧病复发。423 年，拓跋嗣病逝，时年三十二岁，谥号明元皇帝，庙号太宗。其长子拓跋焘即位，是为北魏太武帝。

北逐柔然

北魏太武帝拓跋焘（408—452）自幼聪明大度，相貌奇特，胸怀大略，具有军事才干。他即位后，体恤孤儿、老人，体察民间疾苦，劝课农桑，减轻赋税，改革官制，整肃吏治，宣传礼义，崇尚儒学，推动了鲜卑民族汉化发展。拓跋焘恪守节俭，赏罚分明，重视法治建设，他常说：“法者，朕与天下共之，何敢轻也。”对外亲自率军征战，不畏艰险，攻灭大夏、北燕、北凉，征伐山胡，降伏鄯善、龟兹、粟特等西域诸国，北方远逐柔然，驱逐吐谷浑，南方攻取刘宋河南重镇。拓跋焘面临复杂多变的形势及诸多对手，却能审时度势，采取灵活机动的战略战术，达到各个击破的目的。424年、425年，拓跋焘两次亲征柔然，大获全胜。

统一北方

426年，拓跋焘趁机袭击大夏的统万城，得胜而归。427年，拓跋焘再攻大夏，统万城被破，王宫百官、后宫佳丽一万多人被北魏俘获，赫连昌逃往上邽（今甘肃省天水市）。428年，拓跋焘进攻大夏上邽，双方交战，赫连昌坠马被擒，被押解到平城（今山西省大同市）。430年，拓跋焘讨伐胡夏，夺取安定、平凉、长安、临晋、武功等地，尽得关中之地，大夏名存实亡。433年，拓跋焘攻占仇池国，北凉向魏国称藩。436年，拓跋焘灭亡北燕。439年，拓跋焘灭亡北凉，结束了十六国纷争的混乱局面，统一了中国北方，从而与南方刘宋政权并立，形成南北朝对峙的格局。

大破柔然

在拓跋焘统治时，由于对各族人民的压迫和剥削，使得民族矛盾和阶级矛盾仍然十分尖锐。445年，关中地区爆发了声势浩大的西羌卢水胡人盖吴领导的武装起义。446 年，盖吴被叛徒所杀，盖吴起义被镇压。自 424 年至 449 年的二十五年间，拓跋焘共十三次率军进攻柔然，击溃高句丽等柔然附属部落，扩地千余里，设六镇抵御柔然入侵，柔然一蹶不振。

饮马长江

三朝元老司徒东郡公崔浩笃信道教，建议魏太武帝灭佛。拓跋焘诏令五十岁以下沙门尽皆还俗，全国大杀和尚，毁灭佛寺，导致北方地区佛教势力一时陷于衰落。450 年，崔浩因主持编纂的国史直书揭露了北魏统治者拓跋氏祖先的羞耻屈辱历史，并铭刻于石碑，被拓跋焘下令夷灭九族。同年，刘宋文帝刘义隆发兵北伐北魏，拓跋焘组织反击，北魏长驱直入，刘宋六州残破，拓跋焘饮马长江。

失子身亡

拓跋焘晚年脾气暴躁，杀戮过多，常常在杀人之后感到后悔莫及，政治曾经几度陷入混乱。451 年，中常侍宗爱诬陷太子拓跋晃谋反，拓跋焘逼死太子拓跋晃。拓跋焘查明真相后，非常后悔。452年，中常侍宗爱担心被拓跋焘诛杀，先下手为强弑杀拓跋焘，拓跋焘听信谗言，失子身亡，时年四十五岁，谥号太武皇帝，庙号世祖。宗爱一不做、二不休，把尚书左仆射（yè）兰延、侍中和疋（shū）、侍中薛提等人一并诛杀，诛杀皇子东平王拓跋翰，拥立拓跋余（拓跋焘之子、拓跋晃异母弟）即位。

乱政被杀

拓跋余（？—452）即位后，任命宗爱为大司马、大将军、太师、宰相。拓跋余醉酒纵欲，不问政事，厚赐大臣，收买人心，国库挥霍殆尽。宰相宗爱总揽大权，为所欲为，人人忌惮。拓跋余担心宗爱作乱，打算削夺他的权力。452 年，宰相宗爱派贾周等人将拓跋余弑杀，谥号隐王。众臣拥立拓跋晃长子拓跋濬（jùn）即位，是为北魏文成帝。

息兵养民

北魏文成帝拓跋濬（440—465）即位后，诛杀了宗爱、贾周等人，动用五刑，灭其三族。面对国力空虚、人心惶惶的局面，拓跋濬实行宽刑减政，怀柔统治，稳定民心。他发展生产，社会经济由游牧经济转变为农业经济，使老百姓得以休养生息。他平定内乱，改革官制，恢复佛教，于 453 年始建云冈石窟。因皇室内部谋权夺位斗争激烈，拓跋濬处死的大臣不计其数。458 年，北魏大举进攻柔然，得胜班师。拓跋濬推行和平外交政策，与南朝刘宋、北方各国均建立和平共处的外交关系，互通商贾，息兵养民。465 年，拓跋濬病逝，时年二十六岁，谥号文成皇帝，庙号高宗。其十二岁的长子拓跋弘即位，是为北魏献文帝。

传位皇子

北魏献文帝拓跋弘（454—476）年幼即位，由二十四岁的冯太后临朝听政，辅佐朝政。车骑大将军乙浑看到献文帝年幼，于是大肆排斥异己，滥杀无辜，独揽大权，建立独裁统治。乙浑被拜为宰相，自封为太原王。466 年，乙浑准备伺机发动宫廷政变，被冯太后平定，乙浑被杀。471 年，献文帝厌于世务，有出世之心，于是传位于四岁的皇太子拓跋宏，是为北魏孝文帝。因拓跋宏年幼，献文帝作为太上皇，研究佛学义理，参悟禅机，仍然处理国家大事。

依法办事

472年，献文帝戎装出京，亲自带兵击退柔然的进攻，杀到漠南，逼柔然后撤几千里。献文帝当政时期，采取奖励廉吏、严惩贪污、减轻租赋、劝课农桑等相应措施，社会生产力逐步得到恢复和发展。他还下令要求处理一切案件都要按法律办事，以事实为依据，用刑要慎重。当时，南部尚书李敷之弟李弈在宫中充任宿卫，他长得仪表堂堂，风流倜傥，多才多艺，善解人意，深得冯太后宠爱，二人暗中往来。相州刺史李欣因获罪告发李敷、李弈兄弟，献文帝借机下令，将李敷兄弟打入死牢，冯太后因此与献文帝母子生隙。476年，拓跋弘离奇驾崩（有说被冯太后毒死），年仅二十三岁，谥号献文皇帝，庙号显祖。

推行汉化

北魏孝文帝拓跋宏（467—499）在位期间，冯太后以太皇太后的名义二次临朝称制。当时，北魏实行子贵母死制度，拓跋宏三岁被立为太子时，生母即被赐死，由祖母冯太后一手抚养长大。冯太后具有丰富的政治经验和才能，足智多谋，能行大事，生杀赏罚，决之俄顷。自477年开始，她在社会风俗、政治、经济等方面进行一系列重大改革，推行汉化。下令禁绝“一族之婚，同姓之娶”，颁行了重要的均田制和三长制（五家立一邻长，五邻立一里长，五里立一党长，其职责检查户口，监督耕作，征收租调，征发徭役和兵役），给北魏社会带来重大的变化。490年，冯太后病逝，二十三岁的孝文帝开始亲政，独自挑起了改革的重担。孝文帝一生勤学，喜好读书，手不释卷，精通五经，博涉史传。在冯太后的长期严格教育和直接影响下，他不但精通儒家经义、史传百家而才藻富赡，而且积累了丰富的治国经验。他不辞辛劳，勤于为政，操劳于朝堂之中，奔波于疆场之上。孝文帝继承太后遗志，重用汉族士人，全盘推行汉化。他实行汉族王朝的礼仪和汉人官制，制定声律，废除酷刑，整顿吏治。

迁都洛阳

494年，孝文帝迁都汉族文化中心洛阳，对社会习俗等大举改革。禁止士民穿胡服，免除迁户三年的租赋，皇族拓跋氏改姓元氏，其他鲜卑复姓全改为单音汉姓，大力提倡鲜卑人与汉人通婚，朝廷禁绝胡语，改说汉话，贵族在洛阳死后，不得归葬平城。孝文帝的汉化改革使鲜卑社会、经济、文化、政治、军事等方面有了长足发展，缓解了民族隔阂，史称"孝文帝中兴"。496年，孝文帝平定皇太子元恂反叛，逼令元恂自尽，时年十五岁。同年，旧贵族在平城发动兵变，孝文帝发兵平定了叛乱，保证了改制的顺利进行。499年，孝文帝御驾亲征南齐，返回途中病逝，时年三十三岁，谥号孝文皇帝，庙号高祖。其次子元恪即位，是为北魏宣武帝。

南征北战

北魏宣武帝元恪（483—515）在位期间，扩建洛阳城，拒绝鲜卑族遗老们重返故里的建议，巩固汉化基础。北魏连续向南齐发动系列战争，攻取益州之地。向北攻打柔然，开疆拓土，国势盛极。他一生笃信佛教，取消"子贵母死"制度。元恪在位后期，宠信外戚，其舅父高肇专权，把持朝政，权倾朝野，残杀和迫害宗室大臣，朝政日趋黑暗，国力逐渐衰弱。全国不断爆发叛乱，终被镇压。515年，元恪病逝，时年三十三岁，谥号宣武皇帝，庙号世宗。其年仅六岁的太子元诩即位，是为孝明帝。

六镇之乱

北魏孝明帝元诩（510—528）年幼即位，其生母年轻的太后胡充华（宣武帝元恪妃子）听政当家，擅权乱政，大失人心。孝明帝在位期间政治腐化，权贵奢侈，守宰暴敛，赋役、兵役繁重，百姓纷纷逃亡或依附豪强。北魏前期为了攻击和防御柔然，沿平城北由西向东依次设置了六个军事据点：沃野镇、怀朔镇、武川镇、抚冥镇、柔玄镇和怀荒镇。随着北魏一统北方，柔然政权在北魏的打击下也日益衰落，加上高车族从柔然独立，对北魏已经不能构成威胁，六镇的军事政治地位已经无足轻重。六镇鲜卑和鲜卑化贵族与将士受到排挤，待遇及升迁远不如洛阳鲜卑贵族。523 年，柔然政权出现饥荒，柔然政权大汗阿那瓌（guī）率兵三十万南侵，在六镇进行了一场烧杀抢掠，将六镇军民的家财粮食一掠而空。北魏胡太后仅仅简单发放了一些赈恤粮款，可以说是杯水车薪。524 年，北方六镇军民纷纷起义，六镇尽为镇民所占，史称“六镇之乱”（也称六镇起义）。525 年，北魏请柔然人当雇佣军，镇压六镇人民起义，义军被迫投降。之后，二十万义军再度起义，至 529 年方被镇压。

河阴之变

528 年，因胡太后及其男宠郑俨、徐纥投毒，元诩暴死，时年十九岁，谥号孝明皇帝，庙号肃宗。胡太后把孝明帝幼女（史称元姑娘）谎称“皇子”拥立为帝。因发觉真相不可藏匿，即位当天改立三岁的元钊（孝文帝元宏曾孙、临洮王元宝晖之子）即位，天下震惊。肆州（辖区永安郡、秀容郡、雁门郡）刺史、太原王尔朱荣发兵占领京师洛阳，元钊及胡太后被俘。尔朱荣将幼主元钊和胡太后沉入黄河，史称“河阴之变”。胡太后毒死亲子，愚不可及，自食其果。尔朱荣立元子攸（孝文帝元宏之侄、彭城武宣王元勰第三子）

即位，是为北魏孝庄帝。

斩杀权臣

北魏孝庄帝元子攸（507—530）即位后，尔朱荣将自己的女儿尔朱英娥嫁给元子攸为皇后，尔朱荣身居外藩重镇太原，遥控朝政大局，一手遮天，对帝位虎视眈眈。530年，孝庄帝下诏让尔朱荣进京，趁机将三十八岁的尔朱荣手刃在明光殿，尔朱荣十四岁儿子尔朱菩提及随从三十多人全部被杀。

三位废帝

同年，尔朱荣的堂弟尔朱世隆和侄子尔朱兆先立太原太守北魏宗室拓跋晃曾孙元晔为帝，然后合力调兵攻打洛阳，尔朱兆攻入城中，孝庄帝元子攸被俘后押到晋阳被杀害，时年二十五岁，谥号武怀皇帝，后改谥号孝庄皇帝，庙号敬宗。531年，尔朱世隆逼迫元晔禅让，降为东海王。尔朱世隆拥广陵王元恭（献文帝拓跋弘之孙、广陵惠王元羽之子）即位。同年，与尔朱氏对立的军阀大将军高欢，拥立安定王元朗（太武帝拓跋焘五世孙、章武庄武王元融之子）即位。532年，高欢击败尔朱氏攻入洛阳后，清除尔朱氏，独揽大权，废黜元恭，后追谥号节闵皇帝。同年，元朗被废黜，封安定王，史称后废帝。不久，元晔、元朗与元恭一同被杀。高欢拥立平阳王元修（孝文帝元宏之孙、广平武穆王元怀第三子）为帝，是为孝武帝。

北魏分裂

北魏孝武帝元修（510—535）即位后，任高欢为大丞相、天柱大将军、太师、世袭定州刺史。元修娶高欢之女为妻，但夫妻没有感情，元修与三个堂姊妹姘居，三人都被封为公主。高欢坐镇晋阳，遥控洛阳。534 年，孝武帝不满高欢专政，不甘心做个傀儡皇帝，准备组织力量北伐晋阳。高欢先发制人，带兵二十万从晋阳南下。元修随迁都长安，投奔关西大都督宇文泰以对抗高欢。高欢占领洛阳，拥立年仅十一岁的元善见［孝文帝元宏曾孙、清河文宣王元亶（dǎn）之子］为帝，是为孝静帝，十日后迁都邺城（今河南省安阳市北、河北省邯郸市临漳县西南一带），史称东魏。高欢迁都时大拆洛阳宫殿，致使这座三百年的锦绣帝都化作一片废墟。元修在长安也只是个傀儡皇帝，一切由宇文泰掌控。535 年，宇文泰毒杀元修，时年二十六岁，谥号孝武皇帝。宇文泰拥立元宝炬（魏孝文帝元宏之孙、京兆王元愉之子）为帝，是为西魏文帝，史称西魏。至此，北魏正式分裂为东魏与西魏。

2. 东魏　宰制朝廷

东魏（534—550）是从北魏分裂出来北朝的割据政权。534 年，北魏权臣高欢立年仅十一岁的魏孝静帝元善见为帝，建都邺城（今河南省安阳市北、河北省邯郸市临漳县西南一带），建立东魏。550 年，孝静帝禅位于高欢之子高洋，建立“北齐”，东魏覆灭，经历一帝，历时十七年。其疆域主要在当时黄河中下游地区，包括今河南省驻马店市汝南县、江苏省徐州市以北，河南省洛阳市以东的原北魏统治的东部地区。东魏的领地虽然小于西魏，但据有肥沃的华北平原、传统的山东富饶地区，当时的经济实力、人口数量都远超西魏、南梁。

昙花一现的东魏，孝静帝自始至终在位十七年，朝政为高欢、高澄、高洋父子三人分别把持，龙游浅滩，宰制朝廷。当年，高欢坐镇晋阳，遥控邺城。高欢始终都处于对西魏的征伐，试图一统，战争不断。历时两年的潼关之战，东魏战败。“沙苑鏖战”，高欢以二十倍兵力的绝对优势，却骄傲轻敌，丢盔卸甲，伤亡巨大。“河桥之战”虽在艰难中获胜，夺取洛阳，但也付出了巨大代价，元气大伤，数年无力再战。五年后，“邙山之战”，东魏大胜西魏，给西魏以沉重打击。“玉壁之战”，东魏攻城不克，瘟疫暴发，死伤惨重，高欢忧愤病逝。其长子高澄继任大丞相，都督中外诸军，坐镇晋阳。高澄执政时，出兵大胜南梁，不料却遇刺身亡。其弟高洋继续执掌朝政，废黜傀儡皇帝孝静帝自立，建立北齐，东魏灭亡。

东魏分立

东魏孝静帝元善见（524—551）于534年在北魏权臣高欢的挟持下，在洛阳即位，迁都邺城，分立政权，建立东魏。孝静帝册立高欢的女儿为皇后。高欢坐镇晋阳（今山西省太原市），以晋阳为别都，遥控邺城，宰制朝廷，晋阳成为东魏第二政治中心。高欢为了获得鲜卑贵族的支持，竭力推行鲜卑化，为了得到汉族豪强地主的拥护，听任豪强贪污聚敛，为非作歹，吏治日趋腐败。

潼关之战

高欢屡次发兵进攻西魏，试图一统，但屡次失败。535年，高欢发兵进攻西魏关西。大行台尚书司马子如率大都督窦泰、秦州刺史韩轨等攻潼关（今陕西省渭南市潼关县北），自蒲津渡（今山西省运城永济市蒲州镇黄河渡口）夜渡黄河，攻华州（今陕西省渭南市大荔县），被西魏刺史王罴（pí）击退。535年年底，高欢兵分三路讨伐西魏，以司徒高敖曹领兵攻上洛（今陕西省商洛市商州区），大都督窦泰攻潼关（今陕西省渭南市潼关县），高欢亲领兵自晋阳攻蒲坂（今山西省运城永济市西南）。536年年初，西魏宇文泰经过周密部署，出其不意，集中兵力，自小关（今陕西省渭南市潼关县东）

出兵，攻其一路，一举获胜，东魏窦泰“小关之战”兵败自杀，被西魏俘获万余人，高欢、高敖曹两路军不战而退。潼关之战，以东魏失败而告终。

沙苑鏖战

537年，东魏高欢亲自领兵二十万自壶口（今山西省临汾市吉县壶口镇）出发奔赴蒲津，欲渡黄河征伐西魏。高欢渡过黄河，西魏宇文泰领兵一万渡过渭河，双方在沙苑（今陕西省渭南市大荔县南洛水与渭水间）激战，高欢在兵力绝对优势下却再次将好牌打烂，“沙苑鏖战”惨败，丢盔卸甲，伤亡巨大，狼狈而逃。

河桥之战

538年，高欢大将侯景从宇文泰手中重新夺回洛阳金墉城（今河南省洛阳市孟津区平乐镇翟泉、金村的金墉城），烧毁洛阳大量民居官寺。西魏宇文泰与西魏文帝元宝炬回洛阳祭扫先帝陵，率军驰援，东魏侯景北据河桥（古桥名，今河南省洛阳市孟津区东北黄河上）与宇文泰的轻骑兵交战，起初东魏军战事不利，高敖曹中箭身亡。侯景及时整顿受重创军队，组织反击，最终取得胜利，夺取洛阳。“河桥之战”东魏也元气大伤，已无力对西魏发动全面进攻，西魏也遭到沉重打击。之后几年，双方基本处于休战状态。

邙山取胜

543年，东魏高欢之子高澄调戏高敖曹之兄北豫州刺史高慎（字仲密）美丽的妻子李昌仪，导致高慎以北豫州投降西魏，东魏战略要地虎牢关（今河南省郑州市荥阳市西北部十六公里的汜水镇）落入西魏之手。由此引发东魏、西魏双方于邙山（今河南省洛阳市北，黄河南岸）交战，“邙山之战”，西魏军溃败，撤回关中，军士被俘斩六万余人。

玉壁之战

546年，高欢亲率大军十万围攻西魏汾河下游的重镇玉壁（今山西省运城市稷山县西南），遇到西魏名将韦孝宽的顽强抵抗，他巧妙地运用地形和战术守城。高欢运用各种战术攻城均不克，东魏军围城五十余天，瘟疫暴发，战死病死七万多人，兵力损失惨重，最后退兵。“玉壁之战”粉碎了东魏想要灭亡西魏的企图。547年，高欢在无限忧愤中病逝，其长子高澄继任大丞相，都督中外诸军，坐镇晋阳。

东魏灭亡

高澄执政时，进行新的货币改革，整治贪腐，平定叛乱。东魏借着南梁“侯景之乱”从中渔利，大胜南梁，尽占二十三个州。高澄更是不可一世，怒骂孝静帝为“狗脚朕”，甚至让手下殴打孝静帝，积极准备代魏自立。549年，高澄被兰京（南梁勇将兰钦之子，作战被俘，分配到高澄府中当厨子）行刺身亡，时年二十九岁，后追谥为文襄皇帝。其弟高洋继续执掌朝政，被魏帝封为丞相、齐王。550年，始终未能亲政的孝静帝被高洋废黜，降封为中山王。高洋自立，是为齐文宣帝，改国号齐，史称北齐，东魏灭亡。次年，元善见及三个儿子一起被高洋毒死，元善见年仅二十八岁，谥号孝静皇帝。

3. 西魏　奠基北周

西魏（535—557）是从北魏分裂出来的北朝割据政权。537年，北魏关西大都督宇文泰拥立元宝炬，建立西魏。556年，宇文护逼迫元廓禅让于宇文觉，西魏被北周取代，经历两代三帝，历时二十三年。其疆域占据今河南洛阳以西的原北魏领土及益州、襄阳领地。

西魏文帝元宝炬建立西魏后，拱手而治，宇文泰掌控朝政。东魏高欢试图一统，年年进攻西魏，均被西魏打败。尤其是“玉壁之战”的胜利，西魏开始扭转局势，国力渐强。南朝梁“侯景之乱”，西魏乱世取胜，开疆拓土，国势强盛，为以后北周统一北方奠定了基础。宇文泰改革官制，集权中央，巩固政权。其子宇文觉继承父位，逼迫西魏恭帝元廓禅让，代魏称天王，建立北周，西魏灭亡。

西魏建立

西魏文帝元宝炬（507—551）是魏孝文帝元宏之孙，535年，关西大都督宇文泰毒死前来投奔他的魏孝武帝元修，拥立元宝炬为帝，国号魏，定都长安（今陕西省西安市未央区汉长安城遗址），史称西魏。元宝炬拜宇文泰为丞相、都督中外诸军、录尚书事、大行台，改封安定郡公。北魏权臣高欢另拥魏孝静帝元善见即位，徙都邺城（今河南省安阳市北、河北省邯郸市临漳县西南一带），建立东魏。北魏一分为二，东魏、西魏、南朝梁三朝鼎立。

交战东魏

东魏高欢自恃兵强马壮，年年进攻西魏，均被西魏打败。宇文泰发展生产，改革财政制度，开拓兵源，扩充军队，开始吸收汉人入伍，广募豪强，扩充军旅。历时两年的“潼关之战”“沙苑鏖战”，东魏惨败；“河桥之战”东魏虽胜，然代价巨大，元气大伤。“邙山之战”，西魏战败。546年，高欢亲率大军十余万人，围攻西魏据守的玉壁（今山西省运城市稷山县西南），“玉壁之战”，兵败而归，西魏自此扭转了过去的劣势，和东魏势均力敌。

开疆拓土

南朝梁在平定“侯景之乱”的过程中，萧氏兄弟为争夺帝位，相互残杀，西魏宇文泰乘机掠取土地，夺得汉东、益州、襄阳（今湖北省襄阳市）等地，控制了长江上游和汉水流域。551 年，元宝炬病逝，时年四十五岁，谥号文皇帝。其长子元钦即位，是为西魏废帝。

元钦（生卒年不详）为太子时，便娶了宇文泰之女为妻。553 年，宇文泰辞去丞相、大行台之职，想让元钦多管些政事，自己专心军事，对付东魏。尚书元烈阴谋发动政变欲诛杀宇文泰，事情泄露，为宇文泰所杀。元钦对元氏皇权的名存实亡极为不满，对元烈之死深感同情，准备密谋诛杀宇文泰。554 年，元钦被宇文泰所废，不久被毒死，谥号废帝。宇文泰拥立元宝炬四子、元钦之弟元廓即位，是为西魏恭帝。

西魏恭帝元廓（？—557）即位后，是个名副其实的傀儡皇帝，一切由宇文泰做主。554 年，宇文泰命于谨、宇文护等率步骑五万，攻陷南朝梁江陵，梁元帝被处死。梁元帝之侄萧詧（chá）之前在襄阳已经称藩西魏，西魏把萧詧扶为傀儡皇帝，是为梁宣帝，管辖江陵一州之地，建立“西梁”，又称“后梁”，附属西魏。西魏将原来梁朝控制的雍州诸郡尽收囊中，疆域扩展到今四川省、湖北省一带，成为当时三国中最具统一实力的政权，为以后北周统一北方奠定了基础。

奠定帝业

西魏恭帝元廓为了迎合宇文泰胡化运动而被迫改复姓拓跋，改名为拓跋廓，复姓改为单姓的将领则重新改为复姓，已采用汉姓或本来就是汉姓的，则赐以鲜卑姓。宇文泰为宇文氏登基夺位做了大量准备，立宇文觉（宇文泰第三子）为世子。556年，宇文泰又推出了一套由汉族士人苏绰、卢辩依据《周礼》制定的新官制，同时将地方官吏任免之权收归中央，加强中央集权，巩固统治基础。这一年，宇文泰北巡病重，于云阳（今陕西省咸阳市泾阳县）病逝，时年五十岁。宇文觉承袭父位，任太师、大冢宰（相当于宰相，后世称吏部尚书），袭封安定郡公，加封周国公，由宇文护（宇文泰之侄、邵惠公宇文颢第三子）扶持。

西魏灭亡

556年，宇文护逼迫元廓禅让于宇文觉，降封为宋国公，不久将其杀害，时年二十一岁，谥号西魏恭帝。557年，宇文觉正式即位代魏称天王，国号大周，史称北周，追尊宇文泰为文王，西魏灭亡。

4. 北齐　荒淫王朝

北齐（550—577）是南北朝时期的北朝割据政权，由东魏权臣高欢次子高洋所建，是北朝后期的鲜卑化政权。550年，高洋废孝静帝而自立，建都邺城（今河南省安阳市北、河北省邯郸市临漳县西南一带），建立北齐。577年，北周灭亡北齐，历经六帝，历时二十七年。其疆域继承了东魏所控制的地盘，占有今黄河下游流域的河北省、河南省、山东省、山西省以及江苏省北部、安徽北部的广阔地区。北齐的农业、盐铁业、瓷器制造业都相当发达，在与南朝陈、北周鼎立的三个国家中最富庶。北齐实行崇佛政策，佛教在北齐处于独尊态势，取得近乎国教的地位。但北齐诸帝大多昏庸荒淫，残暴变态，上行下效，国政混乱，上演了一出出闹剧，自取灭亡。

东魏权臣北齐文宣帝高洋废黜孝静帝元善见自立，建立北齐。高洋在位前期，励精图治，肃清吏治，开疆拓土，被称为英雄天子。高洋执政后期，居功自傲，荒淫变态，滥杀无辜，好酒暴亡。其太子齐废帝高殷即位，高殷整顿吏治，激化皇族矛盾，其叔高欢第六子孝昭皇帝高演发动政变，弑杀高殷夺位。高演在位，文治武功兼盛，为保太子性命，废子立弟，其弟武成皇帝高湛即位。高湛荒淫失德，宠幸奸佞，淫乱皇嫂，国势日衰。高湛禅位于年仅十岁的皇太子高纬，自封为太上皇。北齐后主高纬主政后，自称“无愁天子”，变得更加荒淫无道。在北周的猛烈攻击下，败逃邺城，禅位于年仅八岁的皇太子高恒，再禅位高欢第十子北齐大丞相高湝（jiē）。北齐兵败，高纬、高恒、高湝一同被俘，北齐灭亡。

称帝建齐

549 年，东魏权臣高澄遇刺身亡，其弟高洋继续执掌朝政。550 年，高洋废黜傀儡皇帝孝静帝元善见，将其毒杀并自立，是为齐文宣帝，改国号为齐，史称北齐，又称高齐。高洋称帝后，大赦天下，晋封元韶（北魏献文帝拓跋弘曾孙、无上王元劭之子）为尚书左仆射（yè），并州刺史段韶（姑臧侯段荣长子、高欢皇后娄昭君外甥，称高欢姨夫）为尚书右仆射，罢相国府，设立骑兵、外兵曹各立一省，以分化事权。

英雄天子

北齐文宣帝高洋（529—559）在位初期，对内励精图治，厉行改革，劝农兴学，编制齐律。他重用杨愔（yīn）等重臣，删削律令，并省州郡县，减少冗官，严禁贪污，肃清吏治，修筑长城。西魏宇文泰看到北齐国势强大，一直偃旗息鼓，不敢贸然东向。高洋时期，东西两国之间基本趋于平安无事，南北之间却时常烽火遍野。高洋对外屡次击败柔然、突厥、契丹，出击萧梁、拓地至淮南。齐文宣帝被称为“英雄天子”，为北齐一代英主。

暴虐自毙

齐文宣帝高洋执政后期，以功业自矜，意志松弛，由勤勉走向荒淫暴虐，残暴滥杀，大兴土木，赏罚无度，纵欲酗酒，酒后失德乱性。曾酒后杀死爱妃薛嫔，怀抱着尸体饮酒，将其髀（bì）骨做成琵琶，自弹自唱，令人毛骨悚然。559 年，高洋一次诛杀前朝宗室元氏七百二十一人，甚至连婴儿也不放过。同年，高洋因饮酒过度而暴毙，时年三十一岁，谥号文宣皇帝，庙号显祖。其太子高殷即位，是为北齐废帝。

政变篡位

北齐废帝高殷（545—561）少年即位，尚书令杨愔（yīn）、尚书左仆射（yè）、平秦王高归彦、侍中燕子献、黄门侍郎郑子默等人辅佐朝政。高殷励精图治，关心民生。他为了加强皇权，委托杨愔全面改革，整顿政治秩序，引起皇族矛盾激化。560 年，神武帝高欢第六子高演发动政变，太皇太后娄昭君下令废黜高殷，降封为济南王，高演自立为帝，是为孝昭帝。561 年，高演密令将高殷杀害，高殷时年十七岁，谥号济南王。

废子立弟

北齐孝昭帝高演（535—561）自幼才智超群，长于政术。他在位期间，文治武功兼盛，广纳贤能，政治清明，关注民生，大力屯田，广设粮仓，依法量刑。他亲征北讨库莫奚，北出长城，却敌千里。高演因杀高殷愧疚不安，深感对不起兄长高洋，内疚之情整日整夜折磨着他，以致出现神志错乱。561年，高演骑马打猎时摔伤，因病情加重而亡，时年二十七岁，谥号孝昭皇帝，庙号肃宗。高演临终时，因担心其弟长广王高湛（高欢第九子，母娄昭君）重蹈覆辙，日后杀君篡位，为保太子性命，宣布废掉年幼的太子高百年，传位于弟弟长广王高湛。高湛即位，是为北齐武成帝。

荒淫失德

北齐武成帝高湛（537—568）即位之初，关心百姓，重用贤良。但他宠幸奸佞侍中和士开，使得和士开权倾朝野，任人唯亲，荒淫无耻，甚至与武成胡皇后私通，引起王公大臣的极大愤慨。高湛后来昏庸优柔，荒淫好色，肆意诛杀宗室兄弟、侄子以及大臣，逼奸文宣帝的皇后李祖娥，并杀死李祖娥之子高绍德，最后逼迫皇嫂李祖娥到妙胜寺剃发为尼。高湛嗜酒如命，嗜杀成性，一言不合就大开杀戒，导致朝政日益混乱，社会动荡不安，国势日益衰败，岌岌可危。562年，高湛族叔冀州刺史高归彦叛乱，高湛命大司马段韶、司空娄睿讨伐，高归彦兵败与其三子和二十多个党徒被押解至邺城斩杀。564年，北周侵犯，北齐大败北周。同年，高湛将侄子原太子高百年虐杀，年仅九岁。565年，因有彗星出现，高湛禅位于年仅十岁的皇太子高纬，自封为太上皇，从此更加肆无忌惮、荒淫残暴。568年，高湛因酒色过度而死，时年三十二岁，谥号武成皇帝，庙号世祖。

无愁天子

北齐后主高纬（556—577）主政后，腐朽的北齐政权已经风雨飘摇，他自己仍然荒淫无道，将父辈的昏庸残暴发扬得淋漓尽致，自称“无愁天子”。他大赦天下，朝廷内外百官各升两级。他在位期间，任用奸佞，诛杀栋梁，杀害兰陵王高长恭、丞相斛律光等，自毁长城。他残忍荒诞，“人蝎相斗”“狼犬吃人”，花样百出。由于政治腐败，军力衰落，北齐政权摇摇欲坠。

齐被周灭

576 年，北周武帝东征攻打北齐，东魏文襄帝高澄第五子高延宗时任北齐相国、并州刺史，高延宗率兵抵抗周军。高纬不听高延宗劝阻，逃到邺城（今河南省安阳市北、河北省邯郸市临漳县西南一带）。高延宗在并州将士的请求下，被迫称帝以安军心。北周打败北齐军队，攻破平阳、晋阳，高延宗兵败被俘。577 年，年初，高纬在邺城禅位于年仅八岁的皇太子高恒（570—577），自封太上皇。高恒即位仅二十四天，北周攻破邺城，北齐王公以下官员全部投降，高纬、高恒逃往青州准备投靠南陈，下诏禅位于高欢第十子、时任北齐大丞相的任城王高湝（jiē），尊称高纬为无上皇，高恒为守国天王。高纬一行走到青州，被周军俘获。一个月后，周军攻下信都（今河北省衡水市冀州区），高湝即位的诏书还未抵达便被俘获。北周武帝把高纬、太后、高恒、各亲王全部送往长安，高纬被封为温国公。不久，高纬被诬告谋反，与高恒一行全部被赐死。北齐灭亡，北周统一北方。

5. 北周　隋朝奠基

北周（557—581）由西魏权臣宇文泰奠定国基，由宇文泰第三子宇文觉正式建立，是南北朝时期北朝的割据政权。556 年，宇文泰之侄、邵惠公宇文颢第三子宇文护迫使元廓禅让给宇文觉。557 年，宇文觉正式即位，建都于长安，建立北周。577 年，北周灭亡北齐，统一北方。581年，随国公杨坚废黜北周静帝宇文阐，代周称帝，改国号为隋，北周灭亡，历经五帝，历时二十五年。其疆域继承了西魏占据的原北魏领土（今河南省洛阳市以西），大体控制黄河以西，秦岭以北地区（即关陇地区）以及益州、襄阳等地。

北周孝闵帝宇文觉称帝后，因不满堂兄大司马、丞相宇文护的专横跋扈，被宇文护杀害。其兄北周明帝宇文毓即位，励精图治，清明吏治，深受百姓爱戴。宇文护感到危机，再将北周明帝鸩杀。北周明帝异母弟北周武帝宇文邕即位，他面对连杀元廓、宇文觉、宇文毓三帝，权倾朝野的宇文护，百倍尊崇，韬光养晦，积蓄力量。最终，宇文邕伺机诛杀权相宇文护，独掌朝政。宇文邕推行均田制，整顿吏治，关心民生，灭亡北齐，统一北方。北周武帝此举，结束了自东、西魏分裂以来近半个世纪的分裂割据局面，促进了北方政治、经济、文化的发展，为隋朝统一奠定了坚实基础。其长子北周宣帝宇文赟（yūn）即位，完全是一个奇葩皇帝、酒色天子，沉湎酒色，暴虐荒淫，英年病逝。宇文赟长子北周静帝宇文阐年幼即位，随国公杨坚（宇文赟的岳父）为左大丞相辅佐朝政。杨坚平定内乱，废黜宇文阐，自立称帝，改国号为隋，北周灭亡。

北周建立

556年，西魏权臣宇文泰病逝。其嫡长子宇文觉承袭为安定郡公、太师、大冢宰（相当于宰相，后世称吏部尚书），加封周国公，由其堂兄宇文护（宇文泰之侄、邵惠公宇文颢第三子）辅佐，掌管朝政。同年，宇文护逼迫西魏恭帝元廓禅位给宇文觉，并将元廓杀害。557年，宇文觉正式即位，代魏称天王，史称北周，又称后周、宇文周。

孝闵遇害

北周孝闵帝宇文觉（542—557）即位称天王后，追尊宇文泰为文王，拜堂兄宇文护为大司马、丞相，封晋国公。宇文护大权独揽，专横跋扈。生性刚毅果敢的宇文觉，对宇文护专政感到非常不满，二人发生冲突，宇文觉与近臣密谋除掉宇文护计划失败。宇文觉即位当年，便被宇文护杀害，年仅十六岁，谥号孝闵皇帝。宇文护拥立宇文泰庶长子宇文毓即天王位，是为北周明皇帝。

明帝被废

北周明帝宇文毓（534—560）从小聪明伶俐，勤奋好学，博览群书。他表面文弱，实有主见。宇文毓在位期间，励精图治，政绩显著，提倡节俭，惩治贪腐，清明吏治，深受百姓爱戴。他为人宽容，君臣关系相对融洽，威望与日俱增。宇文护见宇文毓很难驾驭，产生了疑惧和不安。560 年，宇文护下毒将宇文毓毒死，时年二十七岁，谥号明皇帝，庙号世宗。宇文毓临终前口传遗诏，立异母弟宇文邕即位，是为北周武皇帝。

韬光养晦

北周武帝宇文邕（543—578）天资聪明，富有远见，处事果断，能断大事。他即位后，决定集中精力搞好内政，增强国力，以便能消灭北齐，一统北方。但朝政仍然由宇文护把持，政权不稳。宇文护专政，短短不到五年时间连杀元廓、宇文觉、宇文毓三帝，权倾朝野。宇文邕只好对宇文护百倍尊崇，任其专权，韬光养晦。

权臣末路

563 年，宇文护率领二十万大军东征讨伐北齐，集中兵力进攻洛阳，却兵败而归。572 年，宇文邕终于伺机诛杀权相宇文护，逮捕其诸子及其党羽，全部处死。宇文邕得以重夺政权，独掌朝政。

统一北方

宇文邕推行均田制，整顿吏治，打击世族，政治清明，关心民生，释放奴婢，扩大兵源，充实军力。同时，他推行灭佛，禁止佛教。577 年，宇文邕一举攻陷邺城（今河南省安阳市北、河北省邯郸市临漳县西南一带），灭北齐，统一北方。578 年，宇文邕病逝，时年三十六岁，谥号武皇帝，庙号高祖。其长子宇文赟（yūn）即位，是为北周宣皇帝。

奇葩皇帝

北周宣帝宇文赟（559—580）于 572 年被立为太子，完全属于一个浪荡公子，胡作非为，声名狼藉。573 年，宇文赟迎娶随国公杨坚长女杨丽华为太子妃。宇文赟即位后，沉湎酒色，暴虐荒淫，大修宫殿，滥施刑罚，经常派亲信监视大臣言行。他下诏仪同三司以上官员家中女子不许嫁人，以便自己先挑选入后宫，最终有五位皇后并立，打破前赵皇帝刘聪三后并立的纪录。宇文赟为所欲为，倒行逆施，其父北周武帝的宫人无论老少美丑，全部供他发泄兽欲。578 年，宇文赟杀害皇叔齐王宇文宪，导致宗室势力日渐衰落。579 年，他传位于年仅七岁的长子宇文阐（原名宇文衍），是为北周静帝。宇文赟年仅二十一岁便成了太上皇，自称天元皇帝。自此，宇文赟变本加厉，荒唐透顶，肆无忌惮，愚弄百姓，滥杀无辜，弄得全国人人自危。580 年，宇文赟强行将本家叔父宇文温的夫人纳入后宫，并将宇文温杀死。宇文赟与宫中五位皇后，纵欲酒色，嬉游无度，健康日益恶化。同年，宇文赟因酒色过度，多行不义必自毙，英年病逝。一个奇葩皇帝、酒色天子，终因淫欲而亡命，时年二十二岁，谥号宣皇帝。

周被隋亡

北周静帝宇文阐（573—581）年幼即位，众臣联名推举随国公杨坚（宇文赟的岳父）为左大丞相、都督中处诸军事、辅佐朝政。杨坚挟幼帝以号令天下，掌管朝政后，改组政府，起用贤臣，躬行节俭，恢复法制。580年，北周文帝宇文泰外甥相州总管尉迟迥叛乱反杨，杨坚发兵镇压，尉迟迥兵败被杀。581年，左大丞相杨坚废黜宇文阐，降封为介国公，不久杨坚暗中派人害死宇文阐，时年九岁，谥号静皇帝。杨坚登基，改国号为隋，建立隋朝，北周灭亡。

知识典故

1. 司马八达

东汉末年，河内（今河南省北部一带）名门司马家族颍川太守司马儁生子司马防。司马防年轻时担任地方官员，历任洛阳令、京兆尹，年老之后转任为骑都尉。司马防生有著名的八子：东汉兖州刺史司马朗，字伯达；曹魏太尉、追封为晋宣帝的司马懿，字仲达；魏太宰、晋安平王司马孚，字叔达；魏东武城侯司马馗，字季达；魏鸿胪丞司马恂，字显达；魏中郎司马进，字惠达；魏安城亭侯司马通，字雅达；魏安平亭侯司马敏，字幼达。因其兄弟八人均被封侯，地位和权势显赫，每人的表字皆有“达”，于是并称为“司马八达”。

2. 身在曹营心在汉

“身在曹营心在汉”出自《三国演义》，比喻即使身处在对立的一方，但心里仍想着自己原来所在的一方，同“人在心不在”近义。200 年，曹操和刘备徐州之战，刘备战败，刘备夫人、关羽被俘，刘备投奔袁绍。曹操非常爱才，特别喜欢关羽的才干，对关羽可谓是“封侯赐爵，三日一小宴，五日一大宴，上马一提金，下马一提银”。但关羽依旧不为之所动，一心想着他的主公刘备。后来，关羽得知刘备在袁绍处，遂挂印封金，“过五关斩六将”，回到刘备身边。

3. 三顾茅庐

“三顾茅庐”出自《三国志 · 蜀志》，常用来比喻真心诚意，一再邀请、拜访有专长的贤人。东汉末年，汉宗室豫州牧刘备想匡扶汉室，成就大业，求贤若渴。谋士徐庶向他推荐说：“诸葛亮很有学识，是个了不起的人才，将军如能得此人，大业可成。”刘备让徐庶把诸葛亮请来。徐庶摇头说：“诸葛亮是旷世奇才，将军应该恭恭敬敬地亲自去请他才是，以示诚意。”207 年，当时屯兵新野（今河南省南阳市新野县）的刘备，带着大将关羽、张飞到隆中卧龙岗（今湖北省襄阳市古隆中）拜会诸葛亮。诸葛亮知道后故意躲开，下山会朋友去了。第二次刘备等冒着风雪再次拜访，又扑了空。关羽、张飞已经非常不耐烦了，但经刘备劝说后，三次再访。第三次诸葛亮正好在午睡，等了几个时辰以后，诸葛亮睡足醒来便随口吟诗：“大梦谁先觉？平生我自知。草堂春睡足，窗外日迟迟。”一位淡泊明志、宁静致远的大智大贤者，胸怀天下大势，预知未来时局的诸葛亮终于被刘备的诚意打动，他为刘备精辟地分析了天下大势，陈述了三分天下之计：应先避开曹操的锋芒，对荆州的刘表取而代之，站稳脚跟，再取益州，励精图治，充实国力，联合孙权，等待时机，讨伐中原，天下一统。刘备大为赞叹，诚恳邀请诸葛亮出山辅佐。从此，诸葛亮全力辅佐刘备赢得三分天下，鞠躬尽瘁，死而后已。

4. 初出茅庐

“初出茅庐”出自《三国演义》：“博望相持用火攻，指挥如意笑谈中；直须惊破曹公胆，初出茅庐第一功。”意思是初次出来做事。现比喻刚参加工作，还不成熟老练，缺乏实操经验。诸葛亮在刘备三顾茅庐之后，走出隆中，被刘备拜为军师。曹操派大将夏侯惇领十万大军攻打新野，诸葛亮第一次指挥作战便设奇计火烧博望坡，曹军死伤惨重，夏侯惇等将领败逃回许都。诸葛亮出山后的第一场战役便神机妙算，大获全胜，关羽、张飞等人对诸葛亮佩服得五体投地，愈加敬重。

5. 如鱼得水

“如鱼得水”出自《三国志·蜀书·诸葛亮传》，意思是好像鱼得到水一样，比喻得到跟自己十分投合的人或对自己很合适的环境。刘备为了请诸葛亮协助自己平定天下，他亲自三顾茅庐（今湖北省襄阳市古隆中）拜访，诸葛亮被刘备的诚意打动，同意与刘备见面。刘备向他请教了许多平定天下、治理国家的方法，刘备很欣赏诸葛亮的见解，而且和诸葛亮的感情逐渐加深，刘备对结拜兄弟关羽及张飞两人说：“我得到诸葛亮的辅助，就好像鱼得了水一样。”

6. 割发代首

“割发代首”出自《三国演义》，指规则面前人人平等。曹操军纪严明，命令行军时官兵们不准践踏老百姓的麦田，违者杀无赦。每次经过麦田时，官兵都下马用手扶着麦秆，小心地走过，没一人敢践踏麦田，老百姓无不称颂。一次，曹操骑马行军，忽然，他的坐骑被飞鸟惊吓踏坏了一片麦田。曹操让执法官为自己定罪，被执法官拒绝。曹操说："我制定的命令自己都不能遵守，众军还有谁会信服？一个不守信用的人，怎么能统领成千上万的军队？"随即抽出腰间的佩剑要自刎，众人连忙拦住。于是，他用剑割断自己的头发治罪。并传令三军："丞相践踏麦田，本该斩首示众，因为肩负重任，所以割发代首，以明军纪。"古人讲究"身体发肤，受之父母，不可毁伤"，割发可以算是不孝之大罪。曹操作为封建社会的政治家，能够割发代首，严于律己，实属难能可贵。

7. 草船借箭

"草船借箭"出自《三国演义》中的赤壁之战，比喻运用智谋，凭借他人的人力或财力来达到自己的目的。208年，曹操率大军讨伐东吴，孙权、刘备联合抗曹。东吴大将周瑜虽智勇双全，却很妒忌诸葛亮的才干。于是，周瑜故意为难诸葛亮，令其在十天内负责赶造十万支箭，想正好利用这个机会来除掉诸葛亮。哪知诸葛亮说只要三天，并自愿立下军令状，承诺完不成任务甘受处罚。诸葛亮请鲁肃帮忙说："希望能借给我二十只船，每只船上配三十名士兵，船用青布遮挡起来，把一千多个草把子，排立在船的两边。"鲁肃按诸葛亮的要求准备齐全。到第三天四更时，诸葛亮邀请鲁肃一起上船，说是要去取箭。诸葛亮吩咐把船用绳索连起来划向对岸。当时，江上大雾弥漫，正值夜晚，能见度很低。当二十只船靠近曹军水寨时，诸葛亮命船一字摆开，安排士兵擂鼓呐喊。曹操因看不清情况，急忙派六千名弓箭手向江中放箭，雨点般的箭纷纷射在草靶子上。诸葛亮再命调转船头，让另一面也收满弓箭。天亮前，诸葛亮命令所有船只返航。船两边的草靶子上密密麻麻地插满了箭，数量超过十万支。鲁肃把借箭的经过告诉周瑜时，周瑜感叹地说：“诸葛亮神机妙算，我不如他。”

8. 周瑜打黄盖

“周瑜打黄盖”出自《三国演义》：“周瑜打黄盖，一个愿打，一个愿挨。”用以比喻双方都愿意的事情。在三国赤壁之战中，周瑜派黄盖假装投降曹军。周瑜为了让曹操深信黄盖不是诈降而是真降，用了“苦肉计”。先安排黄盖在议事时公然冒犯他，周瑜大怒，让左右把黄盖拖下去斩首。众将领纷纷求情，黄盖才幸免一死，改罚五十“脊杖”，直打得皮开肉绽，鲜血迸流，卧床不起。黄盖假装气愤而诈降曹军，最终使曹操深信不疑。黄盖投降的船只瞬间成了烧毁曹营的烈火，周瑜等率领轻装精兵在后，擂鼓震天，曹军彻底溃散，曹操带领军队从华容道败逃。

9. 万事俱备，只欠东风

“万事俱备，只欠东风”出自《三国演义》，原意是做好了一切准备，如果不起东风则无法胜敌。后比喻一切准备工作都做好了，只差最后一个重要条件。三国赤壁之战，孙刘联合抗曹。诸葛亮、周瑜定计火攻曹操。但当时正值冬季，只有西北风，必须刮东南风才能对曹军发起火攻。周瑜忧急成病，诸葛亮妙开药方：“欲破曹公，须用火攻，万事俱备，只欠东风。”诸葛亮有丰富的天文气象知识，他预测到近期肯定会刮几天东南风，胸有成竹。赤壁一战，使曹操损失惨重。

10. 周瑜谋荆州——赔了夫人又折兵

“周瑜谋荆州——赔了夫人又折兵”出自《三国演义》，比喻便宜没占到反而遭受了双重损失。赤壁之战后，孙权与刘备争夺荆州。刘备占领了荆南四郡：武陵、长沙、桂阳和零陵；而孙权部将周瑜也向荆州南郡发兵，成功将长江以南的江夏郡和大部分南郡一带收为领地。210 年，刘备以土地稀少不利于发展为由，向孙权请求都督荆州。周瑜曾极力反对，但在东吴鲁肃的劝说下，孙权答应了刘备。于是，刘备有了完整的荆州南郡。周瑜献计"假招亲扣人质"，骗刘备迎娶孙权的妹妹孙尚香，进而准备扣留刘备，威逼诸葛亮以荆州交换。不料周瑜的计谋都被诸葛亮识破，诸葛亮安排赵云陪伴刘备前往，先拜会周瑜的岳父乔公，乔公说动吴国太在甘露寺见面，同时又大张旗鼓，令孙权招亲之事尽人皆知。最后吴国太当真将孙尚香嫁给刘备，刘备脱身时孙尚香随他一起离开，并以孙权妹妹的身份喝退追兵，最终导致周瑜计策失败。孙权与周瑜被人嘲笑"周郎妙计安天下，赔了夫人又折兵"。

11. 诸葛亮哭周瑜——假戏真做

"诸葛亮哭周瑜——假戏真做"出自《三国演义》，指戏演得非常逼真或把假的事情当作真的来做。210 年，东吴周瑜屡屡败于诸葛亮，仰天长叹："既生瑜，何生亮！"连叫数声而亡，时年三十六岁。后人有诗叹曰："赤壁遗雄烈，青年有俊声。弦歌知雅意，杯酒谢良朋。曾谒三千斛，常驱十万兵。巴丘终命处，凭吊欲伤情。"周瑜去世后，诸葛亮与赵云领五百军，过江吊丧。本来周瑜是被诸葛亮气死的，但诸葛亮假戏真做，通过声泪俱下的哭诉和对亡人不凡事迹的列举评价，实现了化解仇恨、消除隔阂、继续联吴抗曹的目的。

12. 望梅止渴

"望梅止渴"出自南朝宋 · 刘义庆《世说新语 · 假谲》，意思是梅子是酸的，人在想吃梅子时就会流涎，因而能止渴。比喻愿望无法实现，就用空想来安慰自己。有一次，曹操带兵打仗，行军路上经过荒原百里，没有水源，将士们口渴难忍，体弱的士兵，都因口渴晕倒，曹操心急如焚。他急步登上山头，查看前方状况，放眼望去，没有人烟，更无水源。曹操灵机一动，回过头，对士兵们说："将士们，翻过前面的那座山，有一片梅林。"士兵们一听到梅林，便来了精神，全力前进。终于到达了有水的地方，最终也没看到什么梅林。

13. 单刀赴会

"单刀赴会"出自《三国志 · 吴书 · 鲁肃传》，原指关羽只带一口刀和少数随从赴鲁肃的宴会。后泛指一个人冒险赴约，赞扬赴会者的智略和胆识。三国时，刘备取得益州，孙权令诸葛瑾入蜀索要荆州。刘备不答应，孙权极为恼恨，便派吕蒙率军攻取长沙、零陵、桂阳三郡，长沙、桂阳的蜀将当即投降。刘备得知后，亲自从成都赶到公安（今湖北省荆州市公安县），派大将军关羽争夺三郡。孙权也随即进驻陆口（今湖北省咸宁市嘉鱼县陆溪镇陆水河流入长江之口，嘉鱼县、赤壁市、洪湖市三地交界处），派鲁肃屯兵益阳（今湖南省益阳市资阳区），抵挡关羽。双方剑拔弩张，一触即发，孙刘联盟面临危机。在这紧要关头，鲁肃为了大局，维护孙刘联盟，不能让曹操坐享渔翁之利，约关羽见面商谈大势。关羽只身过江，单刀赴会与鲁肃会面。席间鲁肃直奔主题，索还荆州。关羽借着酒气，右手提刀，左手挽住鲁肃手，亲热之中又带有几分杀气说道："今天饮酒，我已经醉了，莫要再提荆州之事。"双方经过会谈，缓和了紧张局势。随后，孙权与刘备商定平分荆州，孙刘联盟因此得以继续维持。

14. 步步为营

“步步为营”出自《三国演义》，“黄忠即日拔寨而进，步步为营”。形容进军谨慎，也比喻行动、办事谨慎。219 年，黄忠和严颜攻占太阳山（今甘肃省天水市武山县南一百二十里，接陇南市礼县界）后，黄忠带领人马再进军定军山（今陕西省汉中市勉县东南）。黄忠多次去挑战，定军山的守将夏侯渊无论如何也不应战。而定军山地形复杂，情况不明，黄忠也不敢轻举冒进，只好先安营扎寨。这时，曹操命令夏侯渊刚柔结合，主动出击。夏侯渊反复研究后，让夏侯尚去引诱黄忠，自己乘机打伏击。黄忠手下将军陈式果然上当，被夏侯渊活捉。于是，黄忠将所有钱财赐给全军将士，提高战士斗志，决心死战到底。黄忠行军谨慎，防备严密，每行走一段路程先设一道营垒，然后再继续向前推进。夏侯渊轻率出击，打了败仗，部将夏侯尚受伤，黄忠的军队顺利推进到定军山下，占领了定军山对面的高山。

15. 七步之才

“七步之才”出自《世说新语》，指曹植有七步成诗的才能，比喻一个人有才气，文思敏捷。220 年，曹丕称帝后，欲加害其弟曹植。次年，他借口在父丧期间曹植礼仪不当，把曹植缉拿问罪，欲将其处死。曹丕审问说：“父亲在世时，常夸你有文采，我一直怀疑有人为你代笔。今天限你七步成诗一首，如若不成，即刻判你死罪！”曹植点头说：“请皇上赐题。”曹丕说：“就以兄弟为题，但不许出现兄弟二字。”曹植略加思考，便迈开脚步，七步未走完便吟诗一首：“煮豆燃豆萁，豆在釜中泣。本是同根生，相煎何太急？”这首诗用同根生的萁和豆比喻同父共母的兄弟，用萁煎萁豆来比喻同胞骨肉的哥哥曹丕残害弟弟，表达了对曹丕的强烈不满。曹丕听了，深有愧意。在卞太后的庇护下，曹丕免去了曹植的死罪，将他贬为安乡侯。曹植七步成诗的事很快传开，人们也因此称赞他有“七步之才”。

16. 七擒七纵

“七擒七纵”出自《三国志 · 蜀志 · 诸葛亮传》，指蜀汉丞相诸葛亮七擒孟获的故事，比喻运用策略，使对方心服口服归顺自己。225 年，蜀汉内乱四起，诸葛亮率军征讨南方四郡，平定内乱。当时朱褒、雍闿（kǎi）、高定等人叛变，南中豪强孟获亦有参与。最后，诸葛亮亲率大军南下，平定南中。诸葛亮将当地酋长孟获捉拿七次，放归七次，第七次在孟获城将孟获擒拿，并使他真正服输，不再为敌。诸葛亮平定南中叛乱的过程中，采用马谡提出的“攻心为上，攻城为下，心战为上，兵战为下”的策略，达到了彻底消除南中少数民族反叛心理的目的。

17. 宝刀不老

“宝刀不老”出自《三国演义》：“竖子欺吾年老，吾手中宝刀不老。”比喻老将不减当年勇，后比喻虽然年龄已大或脱离本行已久，但功夫技术并没减退。三国时曹魏将张郃（hé）攻打蜀国的汉中地区，守将告急。年近七十岁的老将军黄忠主动请缨出战，并让老将严颜当副将。蜀军到了关上，两军对峙，张郃便大笑黄忠如此年迈，还没有自知之明，竟敢出来打仗。黄忠怒道：“竖子欺吾年老，吾手中宝刀不老。”果然，黄忠、严颜两边夹击，采用骄兵之计，在天荡山（今陕西省汉中市勉县城北四公里处，与勉县城南的定军山遥遥相对）大败张郃。

18. 空城计

“空城计”出自《三国演义》，是一种心理战，多用于敌强我弱的情况，故意向敌人暴露城内空虚，骗过对方的高明策略。比喻掩盖自己力量的不足，以使对方迷惑或后退。227年，曹魏司马懿挂帅进攻蜀汉街亭（今甘肃省天水市秦安县城东四十五公里陇城镇），诸葛亮错用马谡失掉战略要地街亭。司马懿乘势引大军十五万向诸葛亮所在的西城（指古秦州，今甘肃省天水市西南一百二十里）蜂拥而来。当时，诸葛亮身边没有大将，城内只有一班文官和两千五百名士兵。诸葛亮虽无兵迎敌，但他沉着镇定，传令藏起旌旗，大开城门，自己领着两个书童在城楼上弹琴唱曲。司马懿率先头部队到达城下，认为诸葛亮一生谨慎，不曾冒险，怀疑里面必有埋伏，遂引兵退去。

19. 司马昭之心，路人皆知

“司马昭之心，路人皆知”出自《三国志·魏书·三少帝纪·高贵乡公传》（裴松之注引《汉晋春秋》），意思为个人野心非常明显，为人所共知。239年，曹魏大将司马懿与曹爽共同辅佐曹芳治理天下。两人互相排挤，经过激烈的权力争斗，司马懿尽诛曹爽一党，魏国军政大权自此落入司马氏手中。251年，司马懿病逝，其长子司马师继续专权朝政，总揽大权。254年，司马师废除了迟迟未能亲政的曹芳，另立十三岁的曹髦为帝，权势比司马懿更大。255年，司马师病死，便把一切权力交给其弟司马昭。司马昭总揽大权后，野心更大。曹髦想除掉司马昭，找来心腹大臣商议说：“司马昭之心，路人皆知也。我们必须一道讨伐他。”后曹髦终被司马昭所杀。

20. 乐不思蜀

“乐不思蜀”出自《三国志 · 蜀书 · 后主传》，指蜀后主刘禅甘心为虏，不思复国，生活得很快乐，不思念故国。后比喻在新环境中得到乐趣，不再想回到原来的环境中去。263 年，蜀汉灭亡，刘禅投降移居曹魏都城洛阳，被封为安乐公。264 年，司马昭宴请刘禅，席间有意安排蜀国的节目取乐。在大家重温蜀地的音乐和舞蹈时，蜀汉旧臣们个个动容为蜀汉亡国感到悲伤，非常难过。而刘禅却满不在乎，欢乐嬉笑，无动于衷。司马昭问刘禅：“你来洛阳快一年了，感觉怎么样？思念蜀国吗？”刘禅对司马昭说：“洛阳比成都繁华多了，此间乐，不思蜀。”刘禅就这样在洛阳优哉游哉地安乐生活了七八年，比司马昭还长寿。265 年，司马昭去世，时年五十五岁。271 年，刘禅去世，终年六十五岁。

21. 竹林七贤

东汉灭亡后，西晋的统治腐朽黑暗，有些清高的文人不愿投靠司马氏集团，采取消极回避的态度，为避祸而不问时政，沉溺酒歌，放纵性情，表达内心的不满。“竹林七贤”指最具有代表性的玄学代表人物：阮籍、嵇康、山涛、刘伶、向秀、阮咸和王戎七位名士。他们生活上不拘礼法，清净无为，常在山阳县（今河南省新乡市辉县和焦作市修武县交界一带）竹林之下，聚众喝酒、纵歌、创作。其作品普遍出现危机感和幻灭感，主要揭露和讽刺司马朝廷的虚伪。竹林七贤的诗文非常好，在文学史上有一定的地位。由于当时的血腥统治，作家不能直抒胸臆，因此不得不采用比兴、象征、神话等手法，隐晦曲折地表达自己的思想感情，一直受到人们的敬重。

22. 洛阳纸贵

“洛阳纸贵”出自《晋书·文苑·左思传》，比喻某种著作有价值，流传很广。西晋著名文学家左思（约250—约305），字太冲，齐国临淄（今山东省淄博市临淄区）人，曾用一年时间写成《齐都赋》。左思自幼其貌不扬，却才华出众。他小时候是个非常顽皮、不爱读书的孩子。父亲经常对他发脾气、藐视和失望。左思于是暗下决心，刻苦学习，终于成为一位学识渊博的文人。晋武帝时，左思因其妹左棻（fēn）才华横溢被选入宫，举家迁居洛阳，左思任秘书郎。晋惠帝时左思依附权贵贾谧成为文人集团“鲁公二十四友”的重要成员。他潜心研究，精心撰写，用了整整十年时间，写成了文学巨著《三都赋》。《三都赋》把三国时魏都邺城、蜀都成都、吴都建业写入赋中，颇被当时称颂。由于当时还没有印刷术，喜爱《三都赋》的人争相抄阅，因为抄写的人太多，京城洛阳的纸张供不应求，一时间全城纸价上涨，出现“洛阳纸贵”的现象。另外，他的《咏史诗》《娇女诗》也很有名，诗文语言质朴凝练，他的作品后人辑有《左太冲集》。

23. 投鞭断流

“投鞭断流”出自《晋书·苻坚载记》，意思是把所有的马鞭投到江里，就能截断水流，形容兵士多，军力强大。后用来比喻人马众多，兵力强大。东晋十六国时北方氐族前秦势力最为强大，占领了长江北部大部分地区，当时拥有八十万大军。前秦苻坚想要进攻东晋，但许多大臣认为进攻东晋的时机还不成熟。苻坚骄傲地说，我们拥有如此多的军队，把每个战士的马鞭投到江里，都能截断江水。383年，苻坚执意进攻东晋，结果在“淝水之战”被东晋彻底打败。

24. 风声鹤唳，草木皆兵

“风声鹤唳，草木皆兵”出自《晋书·谢玄传》和《晋书·苻坚载记》。“闻风声鹤唳，皆以为王师已至。”“坚与苻融登城而望王师，见部阵齐整，将士精锐；又北望八公山上草木皆类人形。”意思是听到风声和鹤叫声，都疑心是追兵，把草和树木都当作了敌人的兵将。用来形容人在极度恐慌时，一有风吹草动便疑神疑鬼的样子，后比喻人极度恐慌以至于自相惊扰的样子。383 年，前秦苻坚不顾群臣反对，决意攻取东晋。东晋孝武帝则采纳了谢安、桓冲等人的主张，予以坚决抵抗。秦军前锋攻占寿阳（今安徽省淮南市寿县寿春镇），晋军将领谢石、谢玄断敌退路，兵分三路夹击，夜袭秦军大营，秦军大败。晋军乘胜追击，一举追至淝水（今安徽省淮南市寿县东南）东岸，与秦兵隔河对峙。苻坚登上寿阳城头，望见东晋军队布阵严整，心中暗暗吃惊，又见淝水东面八公山上草木摇动，以为都是埋伏的晋兵。“淝水之战”中，秦王苻坚自己受伤，弟弟苻融阵亡。

经典智慧

1. 乱世枭雄

说起曹操，人们自然会想起京剧里的白脸奸臣，习惯上认为他是大奸大恶的代表。东汉末年，豪杰并起，军阀混战，曹操打败袁绍，挟天子以令诸侯。曹操迎接汉献帝到许昌，是他的一项杰作。他不仅获得了董昭、钟繇（yáo）等原汉室臣僚，而且赢得了大批士人的归心。但曹操疑心病重，过于自负，他绞杀董贵人，逼死伏皇后，害死华佗，杀死孔融等。《三国演义》对曹操的评价：“君治世之能臣，乱世之奸雄。”曹操杀害故友吕伯奢一家，一句“宁教我负天下人，休叫天下人负我”，刻画了他凶狠阴险的一面。另外，曹操好人妻也是出了名的。宛城之战，曹操接受了张绣的请降，住进了宛城（今河南省南阳市宛城区），当晚找的女人竟然是张绣的叔叔张济的遗孀，以至于张绣反目，大将典韦也死在宛城。当年吕布被围的时候，关羽对曹操说：“我妻子无法生育，破城之后，请求把吕布部将秦宜禄的妻子杜氏嫁我为妻。”曹操同意后，见关羽多次请求，遂怀疑杜氏美貌，等到破城之后，曹操见杜氏果然美若天仙，便留给自己做妾。但另一方面，曹操兼能政治、军事和文学，又能用人，是曹魏的奠基者，也不愧是超世之杰。他有深通兵法、善于用兵、施谋用策、以弱胜强的优点，在群雄豪杰中脱颖而出，统一了中国北方。曹操实行了一系列政策来恢复经济，稳定局面，抑制豪强，发展生产，实行屯田制，兴修水利，实行盐铁官卖制度，对社会经济的恢复和发展起了积极作用，体现了曹操非凡的政治远见和政治气度。这里要讲的是他爱惜人才、宽宏大量、容人胸怀的另一面。三国时期著名的文学家陈琳，写了一篇《讨贼檄文》，痛骂曹操可以说是淋漓尽致，曹操读完檄文后，被文章的超众文采所折服，竟然把他的头痛病治好了。曹操不计前嫌将陈琳召到军中，且委以重任，要求陈琳以后写出好文章先给他看，成为历史上的一段佳话。再看曹操对待关羽的态度，三国初董贵妃的父亲董承与吉太医计划借给曹操治头疼病之机下毒，计划泄露，曹操将董承等五家族七百余口尽数斩首，强迫汉献帝已有五个月身孕的董贵妃自尽。曹操知刘备也参与其中，发兵征讨刘备。刘备大败徐州后和关羽、张飞失散。刘备投奔了袁绍，关羽被围屯土山，死不投降。曹操爱其才华，便让张辽去劝降。张辽说，如果你死了，有三错。一、对不起你大哥；二、对不起你嫂嫂；三、对不起天下人。关羽也约三事提出三个条件：一、降汉不降曹（只忠于汉室而不投降曹操）；二、保证嫂嫂的安全；三、但凡知道刘备的下落，不管千里万里，便当辞去。曹操全都答应，关羽暂居曹营。曹操对关羽厚爱有加，送美女、金钱和赤兔马，可谓上马一提金，下马一提银。关羽不为所动，只收下赤兔马，日夜思念大哥刘备。关羽为报曹操不杀之恩，斩颜良、败文丑，解白马之急。关羽知道刘备投靠袁绍后，便挂印封金而去。曹操率众追赶，送他征袍路费。关羽并不下马相谢，以刀尖挑起征袍，拱手而去。许褚气不过大声说："此人无礼太甚，何不擒之？"曹操说道："彼一人一骑，吾数十骑，安得不疑？吾言既出，不可追也！"凸显了曹操的大度和宽容。关羽一路上过五关斩六将，最后跟刘备会合。毛泽东对曹操的正面评价是"往事越千年，魏武挥鞭，东临碣石有遗篇"的诗句。由此可见，如此胸怀的曹操真不愧为一代枭雄。

2. 仁义主公

东汉末年，刘备的起点最低，没有曹操、孙权雄厚的基础和实力。刘备首先投奔公孙瓒，攻打袁绍。然后经孔融帮助，投奔陶谦，后投降吕布，再依附曹操、袁绍、刘表，一路寄人篱下，养精蓄锐，积蓄力量。刘备最后求来孔明，联合孙权，对抗曹操，终于找到自己的立足之地。他历经数次危机，每次都能审时度势，化险为夷，心中一直没有忘记匡扶汉室的使命。刘备算得上一名优秀的政治家、军事家，被称为"仁义主公"。他胸怀大志，宽厚仁义，礼贤下士，知人善任，爱民如子。刘备靠自己的人格魅力，团结一大批优秀的政治、军事人才为己所用。他的大局意识体现在他托孤白帝城给诸葛亮的遗言："君才十倍曹丕，必能安国，终定大事。若嗣子可辅，辅之；如其不才，君可自取。"刘备的高贵品格也同样体现在他临终前对儿子刘禅的教育:“勿以恶小而为之,勿以善小而不为。”“惟贤惟德,能服于人。”毛泽东评价刘备,说他有一个优点和两个缺点。优点是善于用人,善于团结各方人士。两个缺点:一个是感情用事;一个是不能区分主次矛盾。由于他十分看重情义,关羽、张飞为人所害后,刘备不顾江山社稷,出兵东征孙吴,命归白帝城。刘备一生都在践行传统文化的仁义礼智信,他的仁政理念、以德服人值得后人学习和敬仰。

3. 千古贤相

三国时蜀汉丞相诸葛亮,著名的军事家、政治家,千百年来可以说是家喻户晓,人人皆知。诸葛亮年轻时卧居隆中,胸怀天下。刘备三顾茅庐,与诸葛亮相见,如鱼得水。诸葛亮以“隆中对”,展现自己的独特见解,高屋建瓴,纵论天下大势,给刘备建立霸业、统一天下,规划了战略部署,制定了施政纲领。之后,诸葛亮以他的奇谋大略促成蜀吴联盟,联合东吴于“赤壁之战”大败曹军,形成三国鼎足之势。“羽扇纶巾,谈笑间,樯橹灰飞烟灭。”占荆州、取益州、建政权,每一步都包含了诸葛亮智慧的思维;治蜀地、定南蛮、出祁山,每一次都体现了诸葛亮创意的突破。刘备用对诸葛亮的十分信任,换来了诸葛亮对刘备的无限忠诚。诸葛亮任丞相时,以身作则,为官节俭,力戒奢华,在蜀汉政权创造了一个廉政奉公的政治氛围,开创了勤政爱民的廉政时代。他对内廉政亲民,注重法律,立法公开,执法公平,休士劝农,军屯耕战,开拓农田,兴修水利,使百姓安居乐业,国家繁荣富强;对外作战只消灭敌方军队,从不烧杀掳掠,与百姓秋毫无犯。诸葛亮最欣赏的蜀汉参军马谡,却因骄傲自大,违背诸葛亮作战指令,因而导致街亭失守;事后诸葛亮挥泪斩马谡,不徇私情,严肃军纪。诸葛亮集忠、孝、义、谋于一身，为蜀汉尽忠一生，鞠躬尽瘁，死而后已，堪称“千古贤相”。223年，在成都修建刘备惠陵。为纪念诸葛亮，修建专祠与惠陵合并为君臣合祀祠庙，尊称为武侯祠（诸葛亮生前曾被封为“武乡侯”，死后被蜀汉后主刘禅追谥为“忠武侯”）。清代时任四川盐茶使赵藩撰写的武侯祠联：“能攻心，则反侧自消，自古知兵非好战；不审势，则宽严皆误，后来治蜀要深思。”意思是，用兵能攻心，反叛就会自然消除，从古至今，真正善于用兵者，并不好战；不审时度势，政策或宽或严，都会出差错，后人治理蜀地一定要深思。对联语意言简意赅，文采照人，怀古喻今，富有哲理，总结诸葛亮的同时，阐释了执政做人的道理。诸葛亮“淡泊以明志，宁静而致远”“鞠躬尽瘁，死而后已”的人生信条，成了无数仁人志士的座右铭。唐朝诗人杜甫凭吊诸葛亮时，写下著名诗章《蜀相》，高度概括了他的一生：

> 丞相祠堂何处寻？锦官城外柏森森。
> 映阶碧草自春色，隔叶黄鹂空好音。
> 三顾频烦天下计，两朝开济老臣心。
> 出师未捷身先死，长使英雄泪满襟。

4. 曹冲称象

曹冲（196—208）是曹操和环夫人之子，自幼聪明仁爱，与众不同，深受曹操喜爱。一次，东吴孙权送给曹操一只大象，曹操十分高兴。大象运到许昌时，曹操带领文武百官和小儿子曹冲一同观看。曹操想知道大象的重量，群臣皆没有良策。年仅五六岁的曹冲巧妙地用等量替换法，把大象牵到船上，在船舷齐水面的地方画上标记，再用许多石头代替大象，让大象与石头产生等量的效果，再一次一次称出石头的重量，把石头的重量加起来，就知道大象的重量。可惜天资聪颖的曹冲，还未成年就夭折病逝，年仅十三岁。

5. 最后赢家

深山藏虎豹，乱世出英雄。三国时期，豪杰并起，仁义礼智信各种代表人物好像跟他都没什么关系，历史上评价很低的司马懿却是三国最后的赢家。司马懿是曹魏的政治家、军事谋略家、权臣。他博学广闻，谋略深远，属于儒家学派。曹操在位时出仕，在魏蜀吴长期相互讨伐中，司马懿奇策善谋，屡建奇功。曾率军擒斩孟达，两次率大军成功抵御诸葛亮北伐，远征平定辽东。而后帮助曹丕在储位之争中获胜，得曹丕重用。魏明帝曹叡在位时，为辅政大臣。对魏明帝曹叡耗巨资大修宫室，司马懿加以劝谏，罢修宫室。司马懿对节用务农、兴修水利、推行民屯都有很大的贡献。曹芳即位后，司马懿起兵政变，控制京都洛阳。自此，曹魏军权、政权落入司马氏手中。相比之下，诸葛亮家族为国家鞠躬尽瘁，司马懿家族为江山篡位登基，这就是最大的区别。但司马懿也有他的特点和长处。曹叡死后，曹爽飞扬跋扈，独断专权，将司马懿架空。他的学生钟会劝他夺回朝堂，司马懿却说："人不能怯懦，但不能不知敬畏，要学会敬畏自己的对手。"有一次，他开导其子司马昭说道："与愚蠢硬碰硬拼个头破血流，岂不更愚蠢？人这一生，难免和愚蠢为伍，要学会向愚蠢低头。"他的对手杨修被曹操判死刑后，他希望能见杨修一面，便对曹操说："臣一路走来，没有敌人，看见的都是朋友和师长。"诸葛亮病死五丈原，司马懿来到他生前所在的蜀军营帐，眼中满含热泪，以水代酒敬孔明。这些都是他人生智慧的体现和流露。司马懿谦恭内敛，不争不抢，城府深，能隐忍，最大胜算是活得久。诸葛亮输也输在时间上了，司马懿终年七十三岁，而诸葛亮时年才五十四岁。

6. 千古书圣

王羲之（303—321 或 379）出身于魏晋名门琅琊王氏，是淮南丹阳太守、会稽内史王旷第二子。王羲之的伯父王导，历事晋元帝、晋明帝、晋成帝三朝，出将入相，官至太傅。晋元帝司马睿在王导的辅佐下开始经营江东地区，当时有民谚："王与马，共天下。"王羲之本人历任秘书郎、宁远将军、江州（今江西省九江市）刺史，后为会稽内史，领右将军。世称"王右军""王会稽"，即出自王羲之的这一段经历。当年，晋太尉郗鉴与丞相王导情谊深厚，又同朝为官，想从王导府诸公子中择婿结为亲家。王府中二十多名年轻公子，听说郗府觅婿，个个争先恐后，唯有王羲之坦腹露背躺在东床若无其事。郗鉴见王羲之豁达文雅，才貌双全，当场下了聘礼，择为快婿。"坦腹东床""东床快婿"的典故就出于此。王羲之自幼酷爱书法，幼年时经父亲传授笔法论，从小受到王氏世家深厚的书学熏陶。他兼善隶、草、楷、行各体，精研体势，心摹手追，博采众长，备精诸体，冶于一炉，摆脱汉魏笔风，自成一家，影响深远。353 年农历三月三日，王羲之和谢安、孙绰等四十一人在绍兴兰亭（今浙江省绍兴市城西南二十五华里的兰渚山下），众人饮酒赋诗，汇诗成集，王羲之即兴挥毫为此诗集作序，这便是著名的《兰亭集序》，宋代米芾称之为"天下第一行书"。355 年，王羲之因与太原晋阳人卫将军王述不和，称病弃官，归隐会稽，定居金庭（今浙江省绍兴嵊州市金庭镇）。王羲之不慕虚荣，不为利往，却对书法艺术由衷地执着。后人评价他的书法："飘若游云，矫若惊龙，龙跳天门，虎卧凰阁，天质自然，丰神盖代。""书换白鹅"（抄写《道德经》交换道士的白鹅）、"入木三分"（在木板上书写祝词，刻字者将模板削进三分深度才见墨底）的典故均出自王羲之。在书法史上，他与父亲王旷、其子王献之三代练书法，与其子王献之合称为“二王”。历史上，王羲之是唯一的，书圣也是唯一的，因此称为“千古书圣”。

7. 归隐田园

东晋末至南朝宋初期伟大的诗人、辞赋家散文家陶渊明，被誉为“隐逸诗人之宗”“田园诗派之鼻祖”。陶渊明（约 365—427）八岁丧父，十二岁丧母，二十岁前家境尤其贫困。之后，为谋生路，开始了他的游宦生涯，担任过一些基层职务。陶渊明二十九岁后，任江州祭酒、建威参军、镇军参军、彭泽县（今江西省九江市彭泽县）县令等职。他最后一次出仕为彭泽县县令，遇到粗俗而傲慢的督邮敲诈。陶渊明蔑视权贵，不为五斗米折腰，任职八十多天便弃职而去，从此归隐田园。他归隐田园期间，创作了大量反映田园生活的诗文。陶渊明传世作品共有诗一百二十五首，文十二篇，被后人编为《陶渊明集》，其名篇有《饮酒》《归园田居》《桃花源记》《五柳先生传》《归去来兮辞》《桃花源诗》等。陶渊明文学思想的灵魂来自他艺术的真实、文学的自然，是魏晋南北朝文学思想的重要组成部分。他看透了当时社会人事的虚伪黑暗，选择归隐田园，宁可清贫自乐，仍保持孤傲高洁的品格。他的作品自由而宁静，平淡而质朴，却具有独特风格，饱含清高风骨。

8.《后汉书》

《后汉书》是南朝宋时期历史学家范晔编撰的一部记载东汉历史的记传体史书，与《史记》《汉书》《三国志》合称“前四史”。范晔（398—445）是南朝宋官员、史学家、文学家，东晋安北将军范汪曾孙、豫章太守范宁之孙、侍中范泰之子，其才华横溢，史学成就突出。420年，宋武帝刘裕即位后，范晔出任彭城王冠军将军刘义康长史，迁秘书丞、新蔡太守，后升任尚书郎中。432年，彭城王刘义康母亲王太妃去世，范晔同王深、王广在范晔的弟弟司徒府祭酒范广渊处饮酒，开窗以欣赏挽歌为乐，惹得刘义康大怒，范晔被贬为宣城太守。范晔被贬职后，开始整理众家关于后汉的史籍，从事后汉史的编纂工作。他凭着一身正气，执着追求和对历史问题的理解，终于写出了历史名作《后汉书》。440年，他投靠始兴王刘浚，历任徐州长史、南下邳太守、左卫将军、太子詹事。445年，范晔随从孔熙先拥戴彭城王刘义康叛乱，事败被宋文帝刘义隆所杀，时年四十八岁。《后汉书》分十纪、八十列传和八志，全书主要记述了上自25年东汉汉光武帝时，下至220年汉献帝时，共一百九十五年的史事，在史学上有着重要的地位。《后汉书》全书精练周密，颇有创新，文采横溢，议论横生。《后汉书》的贡献还体现在不畏权贵，勇于暴露黑暗政治，同情和歌颂正义行为。书中增设了《列女传》类传，收集了十七位杰出女性，在纪传体史书第一次专为妇女作传，这在当时的封建社会是非常难能可贵的。

9.《大明历》

《大明历》是由南北朝时期著名数学家、天文学家、科学家祖冲之创制的一部历法，也称“甲子元历”。祖冲之（429—500）的祖父祖昌任刘宋朝大匠卿，是朝廷管理土木工程的官吏，父亲祖朔之做过朝廷的“奉朝请”（东汉至隋朝时期给予闲散大官的优惠待遇，春季的朝见为“朝”，秋季的朝见为“请”，奉朝请者，即有参加朝会的资格），学识渊博，常被邀请参加皇室的典礼、宴会。祖冲之从小受到良好的家庭教育，加之自幼勤奋好学，对自然科学和文学、哲学，特别是天文学产生了浓厚的兴趣，在青年时代就有了博学的名声。461 年，祖冲之担任南徐州（今江苏省镇江市）刺史府从事，公府参军。462 年，祖冲之把精心编成的《大明历》送给宋孝武帝。464 年，祖冲之被调到娄县（今江苏省苏州昆山市东北）做县令。465 年，宋孝武帝根据《大明历》改行新历。之后，祖冲之到建康（今江苏省南京市）担任谒者仆射（yè）。他在任职期间花了很大精力研究机械制造，重造了用铜制机件传动的指南车，发明了一天能走百里的“千里船”和“木牛流马”、水碓磨（利用水力加工粮食的工具），还设计制造了漏壶（古代计时器）和巧妙的欹（qī）器（一种计时器，其上放置匀速滴水，盛满大量的水时而自动倾倒，形成周期性自动滴入水、倾倒水、空瓶立正，循环往复）。494 年，南朝齐时祖冲之任长水校尉之职。500 年，卓越的科学家祖冲之去世，享年七十二岁。祖冲之的《大明历》首次在历法中引入了“岁差”的概念，使得历法更加精确，是中国第二次较大的历法改革。《大明历》采用的朔望月长度为 29.5309 日，这和利用现代天文手段测得的朔望月长度相差不到 1 秒钟。他提出了在三百九十一年插入一百四十四个闰月的新闰周，根据新的闰周和朔望月长度，可以求出《大明历》的回归年长度是 365.24281481 日，与现代测得回归年长度仅差万分之六日左右，也就是说一年只差五十多秒。祖冲之把岁差概念引进历法之后，大大提高了历法计算的精度。祖冲之也是世界上第一个把圆周率的准确数值计算到小数点后七位数字的人，他的研究和计算结果，证明圆周率应该在 3.1415926 和 3.1415927 之间。祖冲之在天文、历法、数学方面的成就，对于中国乃至世界是一重大贡献。

10.《文心雕龙》

《文心雕龙》是南朝文学理论家、文学批评家刘勰创作的一部文学理论著作。刘勰（约465—？）的祖父刘灵真是宋司空刘秀之之弟，父亲刘尚曾担任越骑校尉。他本人生活于南北朝时期的南朝齐、南朝梁时代，曾任多种官职，后升任步兵校尉。刘勰三十二岁时开始写《文心雕龙》，历时五年。全书共十卷，五十篇（原分上、下部，各二十五篇），以孔子美学思想为基础，兼采道家，全面总结了南朝齐、梁时代以前的美学成果，对文学起源、文体类别、神思、风格、修辞、鉴赏、作家人品、文学语言、社会变迁等一系列重大问题进行了系统论述。《文心雕龙》阐述了语言文学的审美本质及其创造、鉴赏的美学规律。他认为文学的发展变化，终归要受到时代及社会政治生活的影响，把以往这一方面的理论提到一个新的高度。他认为一定要为情而造文，而不要为文而造情。要写真情实话，不要假意虚言。《文心雕龙·神思》中有名句："登山则情满于山，观海则意溢于海。"刘勰的文学观，以儒家为主，兼容道家和佛家思想，开启中国文学批评史之先河，对后世影响深远。

11.《水经注》

《水经注》是北魏晚期郦道元撰写的一部中国古代地理名著。郦道元（？—527）是南北朝时期北魏官员、地理学家，青州刺史郦范之子。郦道元以父荫入仕，袭封永宁伯，曾任御史中尉、北中郎将，外出历任冀州长史、青州刺史、鲁阳太守、东荆州刺史、河南尹等职。493年，北魏孝文帝迁都洛阳后，任命郦道元为尚书郎。494年，郦道元升任治书侍御史。由于他执法公正严明，颇有威名，使得权豪忌惮，宗室怨恨。498年，因受御史中尉李彪牵连，郦道元被免职。501年，郦道元被下放为冀州镇东府长史，后担任鲁阳郡太守。512年，郦道元任东荆州刺史。郦道元任职期间，创立学校，推崇教育，教化乡民。因其执政苛刻严峻，遭到弹劾，515年被免职。罢官期间，郦道元开始着手为《水经》作注疏事宜。524 年，郦道元复出担任河南尹，治理京城洛阳。527 年，齐王、雍州刺史萧宝夤（yín）（北魏重臣，齐明帝萧鸾第六子）图谋反叛，朝廷任命郦道元为关右大使监视萧宝夤，郦道元被叛军杀害，终年六十一岁。郦道元一生十分注重实地考察和调查研究，博览群书，游历秦岭、淮河以北和长城以南的广大地区，经过长期艰苦的努力，终于完成了《水经注》这一传世佳作。《水经注》因注《水经》而得名，看似为《水经》作注，实则以《水经》为纲，共四十卷，详细记载了一千二百五十二条大小河流及有关的历史遗迹、人物掌故、神话传说等，是中国古代最全面、最系统的综合性地理著作。《水经注》对于中国地理学的发展做出了重要贡献，在中国和世界地理学史上有重要地位。《水经注》还是一部颇具特色的山水游记，文中山川景物的描写，文笔绚烂，语言清丽，具有较高的文学价值，亦被作为文学作品受到后人高度评价。

12.《齐民要术》

《齐民要术》是北魏、东魏时期大臣、中国杰出农学家贾思勰所著的一部综合性农学著作。贾思勰是北魏青州益都（今山东省潍坊市青州市）人，曾任高阳郡太守等官职。贾思勰深感恢复国民经济、保障人民生活对巩固政权的必要性，曾到山东、河北、河南等地进行广泛的调查研究。他在总结前人经验的基础上，从富有经验的老农当中获得生产知识，结合自己对农业生产的亲身实践与体验，认真分析，系统整理，概括总结，最后完成了《齐民要术》这部伟大的著作。《齐民要术》大约成书于北魏末年（533—544），是世界农学史上最早的专著之一，也是中国现存最早的一部完整的农学书。《齐民要术》高度概括了农业耕种的精湛技艺，对农业发展有很大的贡献。全书十卷，九十二篇，由耕田、谷物、蔬菜、果树、树木、畜产、酿造、调味、调理、外国物产等各章构成，系统地总结了6世纪以前黄河中下游地区劳动人民农牧业的生产经验，食品的加工酿造、烹调、贮藏，野生植物的利用，以及治荒的方法，详细介绍了季节、气候和不同土壤与不同农作物的关系，被誉为“中国古代农业百科全书”。明代都察院左都御史王廷相称《齐民要术》为“惠民之政，训农裕国之术”。

13. 牛郎织女

《牛郎织女》是中国古代著名的民间爱情故事，与《孟姜女哭长城》《梁山伯与祝英台》和《白蛇传》并称为中国古代四大爱情传奇。南朝梁宗室、文学家萧统（501—531）为梁武帝萧衍长子。他在太子位上广纳人才，勤于著述。他主持编撰的《文选》，史称《昭明文选》，是中国现存最早的诗文总集。传说中《牛郎织女》的故事，在东汉时期无名氏创作的《古诗十九首》之十《迢迢牵牛星》记有：“迢迢牵牛星，皎皎河汉女。纤纤擢素手，札札弄机杼。终日不成章，泣涕零如雨。河汉清且浅，相去复几许。盈盈一水间，脉脉不得语。”从中可以看出，牵牛、织女已是一对相互倾慕的恋人，不过诗中还没有认定他们是夫妻。而萧统的《文选》中有一篇《洛神赋》的注释中记有：“牵牛为夫、织女为妇，织女牵牛之星各处河鼓之旁，七月七日乃得一会。”这时，传说中的“牛郎织女”的故事和七夕相会的情节，已经初具规模了，由天上的两颗星宿，发展成为夫妻。南朝梁殷芸《小说》中的《月令广义·七月令》，已详细描写了牛郎织女的传奇故事。明代朱名世《牛郎织女传》对传说进行了细化和演绎。相传南阳城西牛家庄有个聪明、忠厚的小伙子名叫牛郎，父母早亡，与其兄嫂度日，经常被狠毒的嫂子马氏虐待。一年秋天，嫂子逼牛郎去放牛，给他九头牛，却让他等有了十头牛时才能回家。牛郎独自赶着牛进了深山，坐在树下伤心难过。有位鹤发童颜的老者告诉他：“在伏牛山里有一头病倒的老牛，你去好好喂养它，等老牛病好以后，你就可以赶着它回家了。”牛郎翻山越岭，找到了那头有病的老牛，精心照料老牛。老牛告诉他：“自己本是天上的灰牛大仙，因触犯了天规被贬到凡间，摔坏了腿，无法动弹。”牛郎不畏辛苦，为老牛采花接露水治伤。一个月后，老牛病好了，牛郎高高兴兴地赶着十头牛回了家。嫂子马氏又几次想要加害牛郎，都被老牛设法相救。后牛郎被嫂子赶出家门，牛郎只要了那头老牛相伴。一天，天上的织女和诸仙女一起下凡游戏，牛郎在老牛的帮助下认识了织女，二人结为夫妻。牛郎和织女婚后，男耕女织，情深义重，生有一男一女，生活美满幸福。但是好景不长，这事很快便让天帝知道，王母娘娘亲自下凡来，强行把织女带回天上，恩爱夫妻被拆散。老牛告诉牛郎，在它死后，可以用它的皮做成鞋，穿着皮鞋可以上天。牛郎穿上牛皮做的鞋，带着自己的儿女，一起腾云驾雾上天去追织女。谁知王母娘娘拔下头上的金簪一挥，天空出现了一道天河，牛郎和织女只能隔岸对泣。他们的忠贞爱情感动了喜鹊，千万只喜鹊飞来，为他们搭成鹊桥，王母娘娘允许两人在每年农历七月七日于鹊桥相会。千百年来这个古老而动人的爱情故事，世代流传，这一天还被现代人誉为中国版的“情人节”。

14. 替父从军

替父从军是南北朝时期北方的一首长篇叙事民歌《木兰诗》描写的故事。它记述了北魏时期，北方游牧民族柔然族不断南下侵扰，北魏政权规定每家出一名男子上前线。但是木兰的父亲年事已高，体弱多病，弟弟年龄还小，均无法上战场。于是，木兰女扮男装，替父从军，开始了她长达十二年的军旅生活。木兰征战沙场，凯旋回朝，建功受封，不求封官，只求回家团聚。作品塑造了一个勇敢机敏、孝顺勤劳、不慕名利、英勇善战、保家卫国的女英雄形象，有力批判了封建社会对女性的歧视，热情赞扬了木兰勇敢善良的品质，巾帼不让须眉的精神。此诗产生于民间，宋朝郭茂倩将其收编到《乐府诗集》的《横吹曲辞 · 梁鼓角横吹曲》。据说木兰是湖北朱氏之女，唐朝皇帝封为孝烈将军，今湖北武汉市黄陂区有木兰山及河北保定市顺平县有木兰殿、将军祠、木兰将军坊。《木兰诗》被收入中学课本，被千千万万的人世代传诵，木兰的精神激励着中华儿女誓死保家卫国，可歌可泣，流传千古。

第五章 隋唐五代

大国分崩

隋唐五代（581—979）包括隋朝（581—618）、唐朝（618—907）和五代十国（907—979）。从581年隋朝建立，到907年唐朝灭亡，是我国历史上著名的隋唐盛世。这一时期中国历史发展到了一个全面繁荣的新阶段，也是中国历史上最强盛的时期之一，国家由分裂走向统一，政治制度完善，经济发展迅速，整肃吏治，关注民生，开放包容，军事强大，边疆安定，文化灿烂，科技进步，国势昌盛。然而，由于皇族贪婪，政权割据，社会深层的矛盾激化，起义频发，极盛而衰。907年，朱温灭唐自立，大国分崩离析，历史进入了五代十国时期。五代十国是唐末割据局面的继续，北方五个朝代更迭嬗变，南方和北方河东地区十个割据政权先后并存，战乱不断，民不聊生。直到960年，北宋王朝建立，逐步消灭割据政权，完成局部统一。979年，北宋征服北汉，五代十国的割据局面宣告结束，国家由分裂重新走向统一。

隋朝　未盛先衰

隋朝（581—618）是中国历史上承南北朝，下启唐朝的大统一朝代，由杨坚建立，定都大兴城（今陕西省西安市）。581年，杨坚废黜北周静帝，建立隋朝。618年，大丞相李渊逼迫隋恭帝杨侑（yòu）禅位称帝，建立唐朝，隋朝灭亡，历经三帝，历时三十七年。其疆域东起辽河，北抵大漠，西至敦煌，南据交州（今越南北部），达到极盛。隋朝在政治、经济、文化、军事和外交等领域都进行了很大的改革，建立了对后世有深远影响的各种制度。政治上初创三省六部制，地方分为州、郡、县三级，州长官每年年底要进京述职，称为“朝集使”，朝廷则派司隶台官员或别使巡查省地方。隋朝正式推行科举制，以此选拔优秀人才，弱化世族垄断仕官的现象，建立政事堂议事制、监察制、考绩制，强化了政府机制。隋朝还修建了四项宏伟工程，兴建首都大兴城、隋朝大运河、驰道[1]及大量的粮仓，改善水陆交通线和解决粮食供应困难问题。军事上分置诸卫，将十二卫扩充为卫统府，继续推行完善府兵制。经济上实行均田制，统一币制，改定赋役，减轻农民生产压力，采取大索貌阅法[2]和输籍定样[3]等清查户口措施增加财政收入。外交上奉行“诸蕃至者，厚加礼赐；有不恭命，以兵击之”。一时出现四夷归顺，八方来朝的局面。随着统治者的腐朽、没落，隋朝的未盛先衰，昙花一现。

北周外戚隋文帝杨坚废黜北周静帝自立，灭亡北周，建立隋朝。隋文帝在位时，派次子晋王杨广南征，灭亡南朝陈，统一全国。他锐意改革，政治清明，发展经济，提倡文教，开创“开皇之治”。隋文帝在位晚期多疑，杀害功臣，颇受诸子困扰，软禁三子，废黜太子，离奇去世，其次子隋炀帝杨广即位。隋炀帝兴建隋朝大运河，营建东都洛阳，改革政治，开创科举制，实现短暂盛世。然隋炀帝对外用兵失败，对内大兴土木，

[1] 驰道始于秦朝，隋驰道不像秦驰道般专为皇帝巡行而修建，类似于秦直道，是隋炀帝为了征讨高句丽而专门修建的军事要道，道路宽为一百步，长达三千里。

[2]“大索貌阅”是隋朝推行的一系列政治经济改革中一项用以整顿户籍和赋役的措施，即按户籍上登记的年龄和本人体貌进行核对，检查是否谎报年龄，诈老诈小。

[3] 输籍定样，又称“输籍法”，是中国隋朝制定各户等级和纳税标准的办法。即政府利用这一手段搜刮隐藏户口，以防止人民逃税和抑制士族、豪强占有劳动人口，从而确保政府收入，加强中央集权。《资治通鉴·陈长城公至德三年》：“高颎请为输籍法遍下诸州，帝从之，自是奸无所容矣。”胡三省注：“输籍，凡民间课输，皆籍其数，使州县长吏不得以走弄出没。”

不恤民力，社会矛盾尖锐，起义烽火四起。河南瓦岗、河北、江淮等起义此起彼伏，席卷全国。隋炀帝南下江都（今江苏省扬州市），修筑丹阳宫，计划迁都丹阳（今江苏省南京市），却南迁失位，唐国公李渊在晋阳（今山西省太原市）起兵，攻入长安，立隋炀帝之孙隋恭帝杨侑（yòu）即位，遥尊杨广为太上皇。右屯卫将军宇文化及，发动“江都兵变”，弑杀隋炀帝。宇文化及等拥立杨坚之孙杨浩为傀儡皇帝，后弑杀杨浩自立，改国号为许，后宇文化及及其二子被夏王窦建德擒杀。洛阳群臣拥立杨广之孙皇泰主杨侗为帝，郑国公王世充逼迫杨侗禅位，将其鸩杀。王世充自立为帝，改国号为郑。唐高祖李渊逼迫隋恭帝杨侑禅位，正式称帝，改国号为唐，建立唐朝，隋朝灭亡。

隋朝开国

隋文帝杨坚（541—604）的父亲杨忠是西魏和北周的军事贵族，北周武帝时被封为随国公，杨坚出任随州刺史（今湖北省随州市）。568 年，杨忠病逝，杨坚承袭父爵。北周武帝聘杨坚长女杨丽华为其长子宇文赟（yūn）皇太子妃，对杨坚更加礼重。576 年，杨坚跟从北周武帝亲征灭北齐。578 年，北周宣帝宇文赟即位，杨丽华被封为皇后，杨坚拜为上柱国、大司马。579 年，北周武帝传位于年仅七岁的长子北周静帝宇文阐（原名宇文衍），杨坚任左大丞相辅佐朝政。581 年，杨坚废黜北周静帝，自立登基，改国号为隋，是为隋文帝，定都大兴城（古长安，今陕西省西安市），北周灭亡，隋朝建立，又称杨隋，尊称大隋。

灭陈一统

杨坚性格严肃，深沉少言，勤于政事，崇尚节俭。他即位后，在政治、经济等制度方面进行了一系列改革。中央建立三省六部制，将地方的州、郡、县三级制改为州、县两级制，巩固中央集权。修订刑律，轻徭薄税，减轻人民负担，促进农业生产，稳定经济发展。589年，杨坚派晋王杨广（隋文帝杨坚次子）南下伐陈，攻破建康（今江苏省南京市），生擒陈后主陈叔宝，南朝陈灭亡，全国复归统一，自西晋末年长达近三百年的分裂局面得以结束。

开皇之治

隋文帝在位的二十四年，锐意改革，政治清明，人口增长，政绩卓著。他取缔西魏宇文泰的鲜卑化政策，恢复被改成鲜卑姓的汉人大臣及府兵将士的汉姓，废除九品中正制，设立分科考试制度选拔官员，全国安宁，编户大增，仓储丰实。学术文化方面，隋文帝大力提倡文教，广求图书，恢复正统文化，制订礼乐，以提升国家的文化素质。对外派兵攻打突厥，采用离间分化策略，促使突厥分为东西两部，彼此交战不已，隋朝则得以消除北顾之忧，南北民众得以休养生息，社会呈现空前繁荣景象，史学家称之为“开皇之治”。

离奇去世

隋文帝在位晚期逐渐变得多疑，杀害功臣，使官吏人人自危。加上晋王杨广与太子杨勇争位的宫廷斗争，统治阶级内部矛盾加深。隋文帝晚年颇受诸子的困扰，他有五子，分别是杨勇、杨广、杨俊、杨秀、杨琼。首先，其三子并州总管秦王杨俊奢侈骄纵，杨坚遂将杨俊免去官职，保留爵位，加以软禁。其次，皇后独孤伽罗是北周太保卫国公独孤信之女（谥号文献皇后），杨坚听信文献皇后和宰相杨素之言，废黜太子杨勇立晋王杨广为太子。后知道杨广有野心，又遇杨广欲非礼他的宠妃宣华夫人（陈后主陈叔宝同父异母妹），随之后悔，欲废黜杨广再立杨勇。604年，隋文帝离奇去世[1]，终年六十四岁，谥号文皇帝，庙号高祖。其次子杨广即位，是为隋炀帝。

短暂盛世

隋炀帝杨广（569—618）即位当年，将其兄原太子杨勇赐死。隋炀帝在位前期国力仍然强盛，但他骄奢淫逸，滥用民力，兴建隋朝大运河，营建东都洛阳，大修宫殿，修建长城，穷奢极欲，耗资巨大[2]。大运河的开凿，虽然是为了满足皇帝的一己私利，劳民伤财，但也客观上成为促进社会、经济、军事进步的壮举。在政治制度上，隋炀帝改革官制，增设殿内省，与之前已有的尚书省、门下省、内史省、秘书省共同成为五省；改进租调制度（北魏孝文帝开始的税收法令，成年男子每年向官府缴纳一定量的谷物，叫作“租”；缴纳定量的绢或布，叫作“调”；服徭役的期限内，不去服役的可以纳绢或布代役，叫作“庸”），租调数量比北周少，农民服役时间短，后来又规定“民年五十，免役收庸”。他开设进士科，是后来科举制度的开端。606年，隋炀帝迁都洛阳。609年，隋炀帝西巡到达焉支山（又称胭脂山、大黄山，甘肃名山，位于张掖市山丹县和金昌市永昌县交界，属祁连山支脉），召开了一场“万国博览会”，高昌王鞠伯雅、伊吾吐屯设等西域二十七国

[1] 关于杨坚死因，有多种版本。《隋书文王本纪》记载杨坚因病而亡。《隋书后妃列传》记载，杨坚非常生杨广的气，大怒，准备诏杨勇，遂亡。唐初赵毅的《大业略记》中记载杨坚被左仆射杨素、左庶子张衡进毒药而亡。唐马忠所著的《通历》记载：“令召勇，杨素秘而不宣，乃屏左右，令张衡入拉帝，血溅屏风，冤痛之声闻于外，崩。”至于杨坚之死，究竟是杨广夺位弑父，还是悲痛而病重，应该都是因为杨广直接或间接而死。

[2]《资治通鉴》卷第一百八十记载“大业元年（605）……三月，丁未，诏杨素与纳言杨达、将作大匠宇文恺营建东京，每月役丁二百万人，徙洛州郭内居民及诸州富商大贾数万户以实之”。

来朝谒（yè），伊吾吐屯设向炀帝献地数千里。《资治通鉴》评价：“隋氏之盛，极于此矣。”

起义烽火

612年，隋炀帝杨广举百万兵力进攻高句丽，却败于辽东城（今辽宁省辽阳市），大败而归。次年，再次发兵围攻辽东城，这时，在黎阳（今河南省鹤壁市浚县）督运军粮的杨玄感（宰相杨素之子）乘机起兵反隋。隋炀帝被迫从辽东撤军平叛，杨玄感兵败自杀。杨广下令追究其党羽竟屠杀三万余人。614年，隋炀帝第三次进攻高句丽，因隋末农民起义已遍及全国，隋王朝岌岌可危，最后只好议和收兵。隋炀帝年年出巡，每次出游大造离宫，十余年间被征发的农民不下一千万人次，造成“天下死于役”的惨象。隋炀帝奢侈淫逸，滥杀无辜，不恤民力，造成“百姓苦役，天下思乱”。611年，王薄率领民众在长白山（今山东省济南市章丘区东北与滨州邹平市、淄博市周村区交界处的长白山）起义，隋末农民起义爆发席卷全国。其中三支强大的武装力量有河南翟让、李密的瓦岗起义军，河北有窦建德起义军和杜伏威、辅公祏（shí）江淮起义军。隋朝一统短短二十多年的时间，面临即将土崩瓦解之势。

南迁失位

615年，隋炀帝北巡长城，臣服隋朝的东突厥始毕可汗与隋朝断交，亲率十万大军把隋炀帝围困在雁门郡（今山西省忻州市代县），杨广派人向始毕之妻、隋宗室女义成公主求救，义成公主以“北边有急”为周旋，加上隋朝援军相继抵达，始毕撤军。616年，隋炀帝命越王杨侗留守东都洛阳，自己率众离开洛阳前往江都（今江苏省扬州市），下令修筑丹阳宫，计划迁都丹阳（今江苏省南京市）。杨广在江都越发荒淫昏乱，命兵部员外郎王世充挑选江淮民间美女充实后宫，每日酒色取乐。617年，太原留守、唐国公李渊在晋阳（今山西省太原市）起兵，同年攻入长安，拥立代王杨侑（yòu）（隋炀帝之孙子、太子杨昭第三子）为帝，是为隋恭帝，遥尊杨广为太上皇，李渊自任大丞相，进封唐王。

隋被唐亡

隋恭帝杨侑（605—619）自幼聪明，气度非凡，初封陈王，改封代王。杨侑即位有名无实，仅是李渊扶立的一个傀儡皇帝。618年，掌管禁卫军的右屯卫将军宇文化及（右卫大将军宇文述之长子）发动"江都兵变"将隋炀帝弑杀，时年五十岁，杨侗追谥他为明皇帝，庙号世祖（唐高祖李渊追谥为炀皇帝，唐朝时夏王窦建德追谥为闵皇帝）。宇文化及等拥立杨坚之孙、秦王杨俊之子杨浩（？—618）为傀儡皇帝，宇文化及自称大丞相，总揽朝政。同年，宇文化及在巩县（今河南省郑州市巩义市）被瓦岗军首领李密打败逃往魏县（今河北省邯郸市魏县南），将杨浩毒杀，自立为帝，改国号为许。这一年，大丞相李渊逼迫隋恭帝杨侑禅位，降封杨侑为酅（xī）国公，幽禁于长安。李渊正式称帝，是为唐高祖，改国号为唐，建立唐朝，隋朝灭亡。619年，年仅十五岁的杨侑病死（一说被李渊派人杀害），谥号恭皇帝。同年，宇文化及及其二子被夏王窦建德擒杀。其间，618年杨广去世后，洛阳群臣拥立杨广之孙、太子杨昭次子越王杨侗（604—619）为帝，是为皇泰主。兵部员外郎王世充被杨侗封为郑国公，与段达、元文都等其他六人共同辅政。杨侗招降李密，授任李密为太尉、尚书令、魏国公，让他抵抗宇文化及。王世充诛杀元文都，领军大破李密，招降瓦岗众将，被封为太尉，专擅朝政。

619年，杨侗被迫拜王世充为相国，封为郑王，统管百官。王世充部将沧州刺史独孤机密谋投降唐朝，被王世充所杀。同年，王世充逼迫杨侗禅位，降封杨侗为潞国公，不久将其鸩杀。王世充自立为帝，改国号为郑，隋朝彻底灭亡。之后，唐军在李世民的率领下，出关进攻王世充。621年，秦王李世民攻破洛阳。王世充兵败被擒，被李渊免死流放蜀地，流放途中被仇人定州刺史独孤修德（北周明敬皇后同母弟、隆山太守独孤藏之孙、沧州刺史独孤机长子）为父报仇所杀[1]。

唐朝　盛世之歌

唐朝（618—907）是继隋朝之后的大一统中原王朝，由唐国公李渊建立，定都长安（今陕西省西安市）。618年，李渊灭隋建唐。907年，朱温逼迫唐哀帝李柷（chù）禅位，建立后梁，历经二十二帝，历时二百八十九年。唐朝是当时世界上强盛的国家之一，声誉远播，经济发达，社会、科技、文化处于世界领先地位，与亚欧国家均有往来，唐朝以后海外多称中国人为“唐人”。唐朝接纳各国交流学习，经济、社会、文化、艺术呈现出多元化、开放性等特点，诗、书、画、乐等方面涌现出大量名家，如诗仙李白、诗圣杜甫、诗魔白居易、书法家颜真卿、画圣吴道子、音乐家李龟年等。唐朝社会自由发达，女性地位明显提高，人们可自由结婚和离婚。政治上沿用隋朝官职制定三省六部制（三省为中书省、门下省、尚书省），开创了中国行政区史上道和府的建制，天下分为十道，道设州、府，州、府下设县。法律分为律、

[1]《旧唐书·王世充传》记载：“秦王以世充至长安，高祖数其罪，世充对曰：‘计臣之罪，诚不容诛，但陛下爱子秦王许臣不死。’高祖乃释之。与兄芮（bǐng）、妻、子同徙于蜀，将行，为仇人定州刺史独孤修所杀。子玄应及兄世伟等在路谋叛，伏诛。世充自篡位，凡三年而灭。”

令、格、式四种。军事上采用府兵制[1]，后改为征兵制[2]和募兵制[3]。经济上发展农业生产，开垦土地，大修水利，粮食产量大幅增加。手工业特别是丝织业、造船业、造纸业和制茶业显著进步。唐朝出台了自己的铸币政策体系，确立了国家铸币的法币地位。唐朝疆域空前辽阔，极盛时东起朝鲜半岛，南据安南（今越南），西抵咸海（中亚咸水湖，今为哈萨克斯坦和乌兹别克斯坦共有），北逾贝加尔湖（位于东西伯利亚南部，在今布里亚特共和国和俄罗斯伊尔库茨克州境内）。唐朝经济、军事上的强大，开启了万国来朝的盛世局面。

随着隋朝的土崩瓦解，唐国公李渊（唐高祖）在晋阳起兵反隋，南下攻取长安，建立唐朝。在唐高祖的治理下，扫除群雄，一统天下，政治、经济、文化、军事已初具规模。李渊次子秦王李世民发动“玄武门之变”，杀死其兄太子李建成、其弟齐王李元吉，李渊禅让帝位，唐太宗李世民即位。唐太宗为政谨慎，励精图治，开创“贞观之治”。唐太宗去世后，其第九子唐高宗李治即位，实现“永徽之治”。李治拜唐太宗才人武则天为二品昭仪，后立为皇后，帝后同朝。太子唐中宗李显即位，武后临朝称制。李显被武后废黜，其弟唐睿宗李旦即位。李旦被武后降为皇嗣，武则天称帝，代大唐建立武周。武则天开创殿试，发展科举制。武则天时期社会经济发展，文化进步，史称“上承贞观，下

[1] 府兵制是中国古代兵制之一，其重要的特点是兵农合一，府兵平时为耕种土地的农民，农闲训练，战时从军打仗，府兵参战武器和马匹自备。

[2] 征兵制由国家依靠行政手段强行征集国民补充军队的制度。府兵主要由选征而来，唐初规定，内府即“三卫”“五府”之兵，从二品至五品官家子孙中征集，非高官子弟不得跻身此列（陈傅良《历代兵制》卷六）。外府即设于诸道折冲府之兵，“皆取六品以下子孙及白丁（无爵人家）无职役者点充”（《唐六典・兵部》）。为兵者依均田令授田，免租庸调，并可立功得爵入官。

[3] 募兵制由国家招募丁男当兵，供给衣食，免征赋役。减轻了农民的兵役负担，节省了府兵往来与路途的消耗，有利于生产的发展，封建国家也得以建立一支强有力的军队。募兵制的士兵为职业军人，将领长期统率一支军队，兵将之间有了隶属关系，导致军阀的形成。

启开元”或“政启开元，治宏贞观”。“神龙政变”发生后，武则天被迫退位，唐中宗李显复位，二度为帝，恢复大唐，武周终结。唐殇帝李重茂年幼即位，韦后临朝称制，李旦第三子李隆基联合其姑姑太平公主发动“唐隆政变”，诛杀韦后、安乐公主及韦氏、武氏残余势力，唐睿宗李旦复位，李隆基被立为太子。唐睿宗李旦禅位于唐玄宗李隆基，唐玄宗勤于政事，大胆改革，开创“开元盛世”。唐玄宗后期开始奢靡，纳其十八子李瑁的妃子、美貌绝伦的杨玉环进后宫，并册封为贵妃。节度使安禄山、史思明发动“安史之乱”。太子唐肃宗李亨发动“马嵬之变”，缢死杨贵妃，杀死杨国忠一党。长安失陷，唐肃宗在朔方（今宁夏回族自治区银川灵市武市一带）即位，国势由盛转衰。唐肃宗之子唐代宗李豫即位，收复洛阳。其太子唐德宗李适（kuò）即位，引发“二帝四王之乱”（奉天之难），国势更弱。其太子唐顺宗李诵即位，进行“永贞革新”，“永贞内禅”唐顺宗被迫传位于长子唐宪宗李纯。唐宪宗初期改革弊政，实现“元和中兴”，其间爆发了持续四十年的“牛（牛僧孺）李（李德裕）党争”。其太子唐穆宗李恒即位，战祸连年。唐穆宗太子唐敬宗李湛即位，朝纲败坏，被弑身亡。其弟唐文宗李昂即位，“牛李党争”愈演愈烈，“甘露之变”失败，宦官对朝臣进行了疯狂屠杀。李昂异母弟唐武宗李炎即位，澄清吏治，实现“会昌中兴”。唐穆宗李恒异母弟唐宣宗李忱（chén）即位，勤于政事，开创“大中之治”。其长子唐懿宗李漼（cuī）即位，政治腐败，民不聊生。其五子唐僖宗李儇（xuān）即位，爆发王仙芝起义、黄巢起义。唐僖宗李儇之弟唐昭宗李晔即位，国破家危，四面楚歌。诸道兵马副元帅、梁王朱温将唐昭宗李晔杀害，其九子唐哀帝李柷（chù）即位。唐哀帝被逼将皇位禅让给朱温后被杀，朱温称帝，是为梁太祖，改国号为梁，定都开封（今河南省开封市），史称后梁，大唐盛世崩塌。

可怜李柷短暂一生，在位三年，命丧黄泉，成了李唐王朝的亡国之君。

南下建唐

唐高祖李渊（566—635）是唐太祖李虎之孙、唐世祖李昞（bǐng）之子，李渊的母亲是隋文帝皇后独孤伽罗的姐姐。他出身北周关陇（北魏时期，籍贯为陕西关中和甘肃陇山周围的门阀军事势力称之为“关陇集团”）贵族家庭，袭封唐国公。李渊为人洒脱，性格开朗，待人宽容，博众人喜欢。隋炀帝即位之初，李渊先后任荥阳（今河南省郑州市荥阳市）、楼烦（今山西省忻州市静乐县）两个郡太守，后被任命为殿内少监、卫尉少卿。李渊在隋末三征高句丽，击破毋端儿起义军，在抵御突厥作战中，屡立战功。617年，李渊出任太原留守。面对隋朝的土崩瓦解，李渊杀死太原副留守王威、高君雅，从晋阳起兵反隋。带领其子李建成、李世民等率兵南下，顺利攻取长安。拥立隋炀帝之孙代王杨侑为帝，遥尊隋炀帝为太上皇。李渊自领大丞相，加封唐王。618年，李渊于长安称帝，是为唐高祖，改国号为唐，建立唐朝。其实，晋阳起兵出自李渊之子李世民的谋略，他知隋朝必亡，暗中结交豪杰，背着李渊早已提前谋划。李渊有二十二子，长子李建成被立为皇太子，二子李世民被封为秦王、任尚书令，四子李元吉被封为齐王。

扫除群雄

初唐刚建立时，地域只有关中和河东一带，山河破碎，百废待兴。唐高祖积极组织力量进行统一全国的战争，派遣其子李世民、李建成、李元吉出征，逐步消灭各地割据势力。618年，李世民平定陇西势力薛举、薛仁杲（gǎo）父子。619年，盘踞凉州（今甘肃省武威市）的李轨被斩杀。自此，河西走廊基本平定。620 年，李世民击败入侵河东的刘武周、宋金刚，唐朝完全占领了山西地区，巩固了关中根据地。621 年，李世民大军出关，南攻洛阳。洛阳被克，王世充、窦建德投降。至 623 年，中国领土基本归唐朝所有。625 年，李世民因战功晋升为中书令。唐高祖注重加强政权建设，中央建立的政治制度为三省六部二十四司。军事上实行府兵制，将练兵权和领兵权分离，以防止将领拥兵自重，对抗中央。赋役制度主要采用均田制和租庸调制，受田的农民，每丁每年要交粟二石，这是租；每年交绢二丈、绵三两，或者交布二丈五尺、麻三斤，这是调；每丁每年服役二十天，不服役可以折算为每天绢三尺，这是庸。一系列的改革措施，使得政治、经济、文化、军事制度在李渊时期基本上初具规模。

玄武门之变

唐初局势平定，秦王李世民与太子李建成为了争夺皇位而展开了内部斗争。太子李建成联合齐王李元吉剪除李世民羽翼，欲加害李世民。626 年，李世民在房玄龄、杜如晦等的出谋划策下，发动“玄武门之变”，杀死其兄太子李建成、其弟齐王李元吉等，控制了长安。李渊迫于形势压力，禅让帝位，成为太上皇，李世民即位，是为唐太宗。李渊长居大安宫，不问世事，安度惨淡晚年。635 年，李渊因病去世，享年七十岁，初谥号太武皇帝（后改谥、加谥为神尧皇帝、神尧大圣大光孝皇帝），庙号高祖。

贞观之治

唐太宗李世民（599—649）是历史上杰出的政治家、战略家、军事家和诗人。初唐由于经历了长期战乱，国家经济遭到严重破坏。

李世民在位二十三年，常以亡隋为戒。政治上，为政谨慎，完善制度，克制私欲，鼓励进谏，知人善任，励精图治，从谏如流，整饬吏治，派大使巡察全国。经济上，薄赋尚俭，发展农业，重视商业，在西域设立安西四镇，使丝绸之路真正成为黄金走廊。李世民各种措施并举，稳定了初唐动荡局势，社会安定，经济稳定发展，史称“贞观之治”。李世民十分信任宰相魏徵，魏徵直言进谏，推行王道，成为一代名相。他拜房玄龄为中书令、邢国公，负责综理朝政，兼修国史、编纂《晋书》。李世民拜杜如晦为兵部尚书、检校侍中、吏部尚书，迁右仆射（yè）。房玄龄善于谋略，杜如晦处事果断，二人同心辅政，负责选拔人才、制定法度等，并称“房谋杜断”，成为良相典范。628 年，朔方（隋朝时统万城属朔方郡管辖，为朔方郡治所，今陕西省榆林市靖边县红墩界乡白城子）人梁洛仁杀死夏州（今陕西省榆林市靖边县一带）割据势力首领梁师都，归降唐朝。自此，唐朝统一全国。630 年，李世民派代国公李靖出师塞北，灭亡东突厥。634 年，李世民开始在宫城东北营建大明宫，准备作为太上皇李渊的“清暑之所”。不承想大明宫未建好，次年李渊病逝。639 年，李世民讨伐高昌，使得西域各国皆到长安朝贡。645 年，攻打高句丽、灭亡薛延陀部落。经过多年征战，唐朝东西南北版图扩大，疆土辽阔，边疆稳固，民族融合，唐太宗被四方诸国尊为“天可汗”。

《帝范》教子

唐太宗晚年，太子李承乾（李世民长子）与魏王李泰（李世民四子）争夺帝位，结果两败俱伤，都被废黜。李世民立第九子晋王李治为太子，并对太子严加教管。晚年李世民著《帝范》教诫太子，总结了他的施政经验，自评了自己一生功过。649 年，李世民病逝，时年五十二岁，庙号太宗，谥号文皇帝（后加谥文武大圣大广孝皇帝）。太子晋王李治即位，是为唐高宗。李世民虽然杀害兄弟夺得皇位，但他任贤纳谏、广开言路、慎刑宽法、发展科举、威服四方，开创了中华盛世。

永徽之治

唐高宗李治（628—683）自幼聪慧，端庄安详，宽厚仁慈，和睦兄弟。李治登基之初，将唐太宗时的三日一朝改为一日一朝，勤勉执政，知人善任，重新建立科举制度，身边多贤臣，重用唐太宗旧臣，关心百姓疾苦，边陲安定，百姓阜安，有贞观之遗风，史称“永徽之治”。650 年，唐高宗擒东突厥车鼻可汗阿史那斛勃，平定漠北。668 年，攻破高丽，占领平壤城，擒其王高藏及其大臣男建等，灭亡高句丽。唐代版图，以唐高宗时为最大。

帝后同朝

李治早为太子时，就与比他大四岁的唐太宗才人武氏（十四岁进宫的武则天）私通。唐太宗驾崩后，根据唐后宫规定，武则天入感业寺削发为尼。651 年，唐高宗孝服期满后，武则天再度入宫。652 年，武则天被拜为二品昭仪。同年，唐高宗令人编成《唐律疏议》，这是中国现存最完整、最古老的一部典型的封建法典，也是东亚最早的成文法之一。655 年，唐高宗不顾太尉长孙无忌（李治舅父）、褚遂良等大臣的反对，废王皇后立武则天为皇后。长孙无忌、褚遂良先后被贬官。唐高宗执政时期，为提升洛阳的地位，营建洛阳宫殿。656 年，唐高宗册立李弘（李治第五子、武则天长子）为皇太子。李弘孝顺仁德，体恤民情，但体弱多病。李弘建议修正不合理的律法，深得唐高宗宠爱。657 年，唐高宗改洛阳宫为东都，洛州（北魏时在洛阳置洛州）官吏员品和雍州（西京长安）并列。自此，唐朝正式实行两京制。659年，唐高宗逼迫长孙无忌于黔州（今重庆市彭水县）自杀，长孙无忌一死，关陇集团（北魏时期籍贯为陕西关中和甘肃陇山周围的门阀军事势力称之为“关陇集团”）许多元老派人物受到株连。从此以后，唐高宗在政治上不再受他人制约，有了足够的自主权。660年，唐高宗健康状况欠佳，经常头晕目眩，影响处理政务，武则天逐渐参与朝政。664年，李治患风眩头重，目不能视，难于操持政务，武则天得以逐渐掌握朝政，与唐高宗并称“二圣”，帝后同朝。671年，太子李弘留任长安监国期间，发现两位异母姐姐义阳公主和宣城公主因母亲萧淑妃而获罪幽禁宫中，奏请父皇恩准两位出嫁，获释出嫁。唐高宗与武后因此而生有嫌隙。674年，朝廷下诏尊唐高宗为天皇，武则天为天后。675年，年仅二十四岁的太子李弘猝死（一说被武则天毒死，现代学者则普遍认为李弘死于肺结核病，古称痨瘵），李贤（李治第六子、武则天次子）被册立为太子。680年，太子李贤因与武后关系紧张，以谋逆罪名被废为庶人，流放巴州（今四川省巴中市），其弟李显（李治第七子、武则天第三子）被立为太子。683年，李治病逝，时年五十六岁，谥号天皇大帝，加谥为天皇大圣大弘孝皇帝，庙号高宗。太子李显即位，是为唐中宗。

天子被废

唐中宗李显（656—710）庸弱无能，中书令裴炎受遗诏为顾命大臣辅政，皇太后武则天临朝称制。684年，李显将韦后的父亲韦玄贞由普州参军提拔为豫州刺史，欲再提拔为侍中，试图组成自己的集团。武则天将李显废为庐陵王，另立四子李旦（李治第八子、武则天第四子）即位，是为唐睿宗。李显先后被软禁于均州（今湖北省十堰市丹江口市）、房州（今湖北省十堰市房县）十四年，只有韦妃陪伴，两人相依为命，整日在恐慌不安中度日，尝尽人世艰辛。李显将宫廷中的酿酒秘方带到房州，用本地出产的糯米、地下井水酿制出了甘甜、可口、醇香的米酒，千百年来，房县有着“交了九月九，家家户户做黄酒”的民俗。

武周代唐

唐睿宗李旦（662—716）谦恭好学，精通书法，他即位便被软禁在皇宫中，不得预闻政事，开始了傀儡皇帝的生活。武则天临朝称制，裁决一切政事，改东都洛阳为神都。同年，英国公徐敬业在扬州起兵讨伐武则天，武则天派三十万大军镇压扬州叛乱，徐敬业兵败被杀。688 年，博州刺史、琅琊王李冲（李世民之孙、越王李贞长子）于博州（今山东省聊城市东北）举兵，豫州刺史、越王李贞（李世民第八子，母亲为燕德妃）于豫州（今河南省驻马店市汝南县）起兵，李冲、李贞被武则天镇压，兵败而死。宗室叛乱导致武则天对唐宗室大臣进行清洗，李唐宗室几乎被杀戮殆尽。武则天处心积虑，为自己称帝铺平道路。690 年，武则天降李旦为皇嗣，复名李轮，赐姓武氏，迁居东宫。六十七岁的武则天正式称帝，成为中国历史上唯一的正统女皇帝，尊号圣神皇帝，改唐为周，以长安为陪都，定都洛阳，史称武周。

治国女皇

武则天（624—705）是唐朝至武周时期政治家，武周开国君主，是中国历史上即位年龄最大（六十七岁）及寿命最长的皇帝之一（八十二岁）。她自取名武曌（zhào），父亲武士彟（yuē）为唐朝开国功臣，历任豫州、利州和荆州都督，祖籍并州文水县（今山西省吕梁市文水县）。母亲杨氏，为隋朝宗室宰相杨达之女。武则天出生在长安，幼时随父亲（时任利州都督）在利州（今四川省广元市）度过。她十四岁进宫，被唐太宗封为五品才人，赐号武媚，人称武媚娘。武则天掌权与称帝期间，打击门阀，扶植庶族，发展科举。她开创殿试和武举，打击关陇集团，重用提拔科举官员，如狄仁杰、张柬之、张仁愿、姚崇等。改革徭役和户籍制度，广开言路，大兴佛教，政策稳定，兵略妥善，文化复兴，百姓富裕，促进了经济发展和社会文化进步，史称“上承贞观，下启开元”或“政启开元，治宏贞观”。武则天的男宠很多，为招纳男宠而专门设立控鹤监，由男宠张易之和张昌宗掌管，对他们加强管理。武则天时期，社会文化艺术有所进步，佛教大兴，佛寺兴建频繁，扩建的龙门石窟为其代表。

神龙政变

698 年，武则天之侄武承嗣、武三思欲谋求为太子，武则天犹豫未决。宰相狄仁杰劝武则天说：“姑侄之于母子，哪个比较亲近？陛下立儿子，那么千秋万岁后，会在太庙中作为祖先祭拜。若立侄子，那么从未听说侄子当了天子会把姑姑供奉在太庙。”在狄仁杰的劝说和朝廷内外的压力下，武则天将李显从房州秘密接回洛阳，立李显为皇太子[1]。李显韬光养晦，尤其注意搞好与母亲武姓家族的关系，和武氏联姻。李显将女儿永泰公主李仙蕙嫁给武则天的侄孙、魏王武承嗣之子武延基；把其与韦后的幼女安乐公主李裹儿嫁给了武则天的另一位侄孙、梁王武

[1]《资治通鉴 · 卷第二百六 · 唐纪二十二》记载：“圣历元年：武承嗣、三思营求为太子，数使人说太后曰：‘自古天子未有以异姓为嗣者。’太后意未决。狄仁杰每从容言于太后曰：‘文皇帝栉风沐雨，亲冒锋镝，以定天下，传之子孙。太帝以二子托陛下。陛下今乃欲移之他族，无乃非天意乎！且姑侄之与母子孰亲？陛下立子，则千秋万岁后，配食太庙，承继无穷；立侄，则未闻侄为天子而祔姑于庙者也。’又劝太后召还庐陵王。太后由是无立承嗣、三思之意。”

三思之子武崇训，通过裙带关系稳固确立自己的地位。699 年，被降为皇嗣的李旦，被复封为安国相王，并将名字由武轮改回李旦。705 年，武则天病重，宰相张柬之、崔玄暐与大臣敬晖、桓彦范、袁恕己等联合禁军统领李多祚，佯称张易之、张昌宗二张谋反，杀死二张，包围武则天寝宫集仙殿，逼迫武则天退位，徙居洛阳宫城西南的上阳宫。众臣拥立李显复位，二度为帝，再为唐中宗，恢复了大唐国号，武周朝终结，史称“神龙政变”。神都洛阳改回东都，定都长安，李旦被立为安国相王，拜为太尉。同年年底，武则天病逝，享年八十二岁。武则天死前下诏去帝号，复称皇后，谥号则天顺圣皇后。

妻女弄权

唐中宗李显复位后，706 年迁都长安，册立其第三子卫王李重俊为太子。他恢复唐朝旧制，免除租赋，设十道巡察使，置修文馆学士，发展与吐蕃的经济、文化交流，实行和亲政策，被迫把金城公主李奴奴（唐中宗李显养女，唐高宗李治之孙、章怀太子李贤次子邠王李守礼之女）嫁给吐蕃赞普尺带珠丹，换来了边疆地区的稳定。李显后来失去对张柬之等功臣的信任，立韦氏为皇后，且不顾大臣劝阻，破格追封韦后之父为王，并让韦后参预朝政。李显封武则天重用的内舍人上官婉儿为昭容，专掌指命，负责起草皇帝的诏令，掌握生杀大权。韦皇后和亲家武三思结成政治势力左右朝政，一时外戚专权，女后干政。张柬之和敬珲等功臣先后被流放或诛杀。韦皇后有意成为第二个武则天，安乐公主（李显与韦后幼女）曾要求被立为皇太女。707 年，太子李重俊率右羽林大将军李多祚发动“景龙政变”，杀死武三思、武崇训及其部分同党，但围攻后宫失败，李重俊被部下所杀。李显立年仅十三岁的第四子温王李重茂为太子。710 年，唐中宗李显死于野心下的阴谋（按照《唐书》和《资治通鉴》的记载），被韦皇后和安乐公主合谋用毒汤饼毒杀（也有学者认为是急病猝死），时年五十五岁，谥号大和大圣大昭孝皇帝，庙号中宗。太子温王李重茂即位，是为唐殇帝。

唐隆政变

唐殇帝李重茂（695—714）十六岁即位，由韦后临朝称制，处理一切国政。安国相王李旦（唐高宗李治第八子，武则天第四子）作为皇帝的叔父，被拜为太尉，他与太平公主（唐高宗与武则天之女）成为韦后夺位的主要障碍，韦党决意将二人置于死地。同年，李旦第三子临淄王李隆基（又称李三郎）联合其姑姑太平公主先发制人，发动“唐隆政变”，诛杀韦后、安乐公主及韦氏、武氏残余势力。安国相王李旦复位，是为唐睿宗。自此，唐朝帝位转往李旦一系，直至唐朝灭亡。

内禅退位

唐睿宗李旦复位后，复封李重茂为温王，其庶长子李成器以“国家安则先嫡长，国家危则先有功”为由，主动让贤辞让太子之位，唐睿宗册立三子李隆基为太子，李成器被封为雍州牧兼太子太师。李隆基为太子后，政治势力日盛，成为太平公主干预朝政的主要障碍。太平公主密谋策划改立太子，但没有成功。712 年，因彗星出现，李旦禅位于太子李隆基，是为唐玄宗，李旦退位为太上皇，仍掌握三品以上官员的任命权及重大刑案的裁决权。

开元盛世

唐玄宗李隆基（685—762）生性英明果断，多才多艺，他的即位加剧了与姑姑太平公主的矛盾。713 年，太平公主图谋政变，准备用羽林军、南衙兵起兵夺权。李隆基抢先发动“先天政变”，诛杀太平公主党羽，随后赐死太平公主。唐睿宗李旦正式归政于李隆基，自己颐养天年，于 716 年病逝，时年五十五岁，谥号玄真大圣大兴孝皇帝，庙号睿宗。李隆基是唐朝在位时间最长的皇帝，也是唐朝极盛时期的皇帝。李隆基登基后，勤于政事，励精图治，大胆改革，从各方面采取措施，巩固和发展了唐朝政权。唐玄宗量才任官，选拔贤才，如著名的宰相姚崇、宋璟、张说、张九龄等。唐玄宗开创了唐朝的极盛之世，史称“开元盛世”。他登基之初首先任用姚崇为宰相，姚崇向李隆基提出了“十事要说”，包括了勿贪边功，广开言路，奖励正直大臣，勿使皇族专权，勿使宦官专权等。这些建议得到采纳，取得了非常好的效果，发挥了历史性作用。紧接着后用耿直的宋璟为相，他严于律己，不徇私枉法，但过于守旧，后被张嘉贞接替，之后是文武双全的张说。在此期间，唐玄宗裁减军队，改府兵制为募兵制，改革宰相机构，改政事堂（宰相总办公处，设在门下省）为中书门下（习称中书，由门下省、中书省与尚书省的最高长官共同参与行政），增加了中书省的权力。在张说的辅佐下，开元盛世达到了极点。开元时期最后一位贤相是张九龄，他德才兼备，主张公正选才，量才使用，直言劝谏。李隆基的慧眼识贤相，成就了“开元盛世”。

安史之乱

唐玄宗陶醉于歌舞升平的太平盛世，后期开始奢靡，沉溺享乐，罢免张九龄，任用佞臣李林甫为相。李隆基内妃众多，儿女成群，有三十个儿子、二十九个女儿。737 年，李隆基听信宠妃武惠妃谗言，将三个儿子太子李瑛、鄂王李瑶、光王李琚废为庶人并杀害。次年，改立三子忠王李玙（yú）（后改名李亨）为太子。武惠妃因病去世后，李隆基过于悲伤，寝食难安，郁郁寡欢。他知道寿王李瑁（李隆基第十八子，母为武惠妃）的妃子杨玉环美貌绝伦，艳丽无双，便乱了礼节，悖于伦理，将儿媳杨玉环招进后宫。745 年，册封杨玉环为贵妃。李隆基专宠杨贵妃，更为沉溺酒色，追求享乐。753 年，为相十八年的李林甫病逝，杨贵妃的族兄杨国忠平步青云，被封为宰相。杨氏家族开始得势，杨贵妃的大姐被封为韩国夫人，三姐被封为虢国夫人，八姐被封为秦国夫人，兄弟们也多有加封。杨贵妃的美丽绝伦，杨国忠的一手遮天，导致了朝政混乱。李隆基的好大喜功，官员们的好战贪功，打破了边境安定的局面。李隆基发动了一系列不义战争，与西边吐蕃关系恶化，讨伐西南南诏国大败，伤亡惨重，国力大减，元气大伤，阶级矛盾和民族矛盾激化。755 年，身兼范阳、平卢、河东三地节度使的安禄山和平卢军兵马使史思明，趁唐朝政治腐败、军事空虚之机发动叛乱，史称“安史之乱”。

马嵬之变

756 年，叛军攻入东都洛阳，唐玄宗率众仓皇出逃，至马嵬驿（今陕西省咸阳市兴平市西），太子李亨策划随行的将士发生哗变，杀死杨国忠和他的儿子杨暄及韩国夫人，又迫李隆基缢死三千宠爱在一身的杨贵妃，史称“马嵬之变”。唐玄宗最后逃至成都，长安失陷。太子李亨逃到朔方（今宁夏回族自治区银川市灵武市一带）[1]，在宦官李辅国的力劝下，李亨在朔方治灵州（今宁夏银川灵武市西南）即位，是为唐肃宗，唐玄宗被遥尊为太上皇。安禄山则在东都洛阳自称大燕皇帝，国号为大燕。

[1] 唐初改岩绿县为朔方县，在今陕西靖边县红墩界乡白城子，后为夏州治所。唐方镇有朔方，开元时置，治灵州（今宁夏灵武西南）。此处指灵州，今宁夏回族自治区银川市灵武市一带。

由盛转衰

唐肃宗李亨（711—762）即位后，重新聚集力量，开始对安禄山进行反攻。他任命了朝官与将帅，调集各方军事力量，建立了一套新的军事系统，对抗击叛军做了全面详细的部署，双方进行了长期作战。757 年，朔方节度使郭子仪收复长安，一个月后，唐朝将领张巡领兵在长达十个月的“睢（suī）阳（今河南省商丘市睢阳区）之战”中取得胜利，十日后郭子仪又收复了东都洛阳，河东、河西、河南的失地大部分均已收复。同年，安禄山次子安庆绪联合中书侍郎严庄和宦官李猪儿弑杀安禄山，时年五十五岁，安庆绪即帝位，封史思明为妫（guī）川王，兼范阳节度使。李隆基由成都返回长安，居兴庆宫。758 年，唐军战败，史思明重新占领洛阳。同年，安庆绪被史思明所杀，史思明接收了安庆绪的部队，领兵返回范阳（今河北省保定市涿州市一带），称大燕皇帝。760 年，李亨因不放心李隆基，强迫李隆基孤居甘露殿。761 年，叛军发生内讧，史思明被其子史朝义所杀，史朝义称帝。叛军内部离心，兵败势穷，屡为唐军所败。762 年，李隆基在寂寞凄凉中病逝，终年七十八岁，谥号至道大圣大明孝皇帝，多称其为唐明皇，庙号玄宗。同年，李亨病逝，时年五十二岁，谥号文明武德大圣大宣孝皇帝，庙号肃宗。宦官李辅国、程元振拥立唐肃宗李亨长子李豫即位，是为唐代宗。

唐代宗李豫（726—779）自幼好学，彬彬有礼，仁孝温恭。他即位后，尊称李辅国为尚父。李辅国居功自傲，手握兵权，把持朝政。不久，李豫派人将李辅国刺杀。唐代宗改革盐法、盐价、粮价，发展生产，实行养民为先的方针政策，改善了国家财政，社会安定。同年，李豫委任其子、奉节郡王李适（kuò）为天下兵马元帅（唐朝最高军事长官，位同汉朝大司马、大将军），领兵平叛，再次收复洛阳。763 年，史朝义兵败自缢，长达近八年的安史之乱彻底结束。此后，唐朝中央权力大大削弱，节度使的权势越来越大。唐代宗平定叛军时，吐蕃乘虚大举攻唐，占领了凤翔（今陕西省宝鸡市凤翔区）以西、邠（bīn）州（今陕西省咸阳彬州市）以北的十余州。同年，吐蕃占领了奉天（今陕西咸阳市乾县），兵临长安城下，唐代宗逃到陕州（今河南三门峡市陕州区）避难，吐蕃占领长安。唐代宗起用郭子仪为副元帅反击吐蕃，长安陷落十五天后被唐军收复。779 年，李豫病逝，终年五十四岁，谥号睿文孝武皇帝，庙号代宗。其太子李适（kuò）即位，是为唐德宗。

奉天之难

唐德宗李适（742—805）在位时，信用文武百官，严禁宦官干政，任用杨炎为相，废租庸调制，改行“两税法”（以原有的地税和户税为主，统一各项税收而制定的新税法，由于分夏、秋两季征收，所以称为两税法）。781 年，唐德宗任用奸相卢杞，听信卢杞谗言，诛杀推行财税改革的宰相杨炎和实施盐法改革的盐铁使刘晏，发动削藩战争，致使“二帝四王之乱”（又称“奉天之难”，包括四镇之乱和泾原兵变）爆发，战乱中有四人称王，两人称帝。李适辗转奉天（今陕西省咸阳市乾县）、梁州（今陕西省汉中市）等地，依靠宰相李泌及大将李晟等协力平乱。784 年，唐德宗还都长安。历经数次叛乱，加上增收杂税，导致民怨日高，藩镇势力日强，割据局面加深。805 年，李适病逝，终年六十四岁，谥号神武圣文皇帝，庙号德宗。位居太子位长达二十六年的李诵即位，是为唐顺宗。

永贞革新

唐顺宗李诵（761—806）慈孝宽大，仁而善断，多才多艺，擅长隶书。他从不争强好胜，勇于面对政治现实。但因多年储君生活的压抑，李诵的心理极端忧郁，身体状况欠佳。804 年，李诵就患了中风，在唐德宗李适临终时父子都没能相见。李诵即位后重用王叔文、王伾等人进行改革，他们和彭城人刘禹锡、河东人柳宗元等一起形成了以“二王刘柳”为核心的革新派势力集团。他们维护统一，主张加强中央集权，反对藩镇割据，反对宦官专权，积极推行革新，史称“永贞革新”。短命的改革动摇了宦官的利益，他们决定另立新君，宦官俱文珍等人拥立唐顺宗长子广陵王李淳为太子，更名为李纯，并由太子主持军国政事。李诵即位仅八个月后，宦官们以唐顺宗身体有病为由，迫使在位不足两百天的李诵传位太子李纯，是为唐宪宗，唐顺宗退位称太上皇，史称“永贞内禅”。806 年，李诵病逝，时年四十五岁，谥号至德弘道大圣大安孝皇帝，庙号顺宗。

元和中兴

唐宪宗李纯（778—820）在位时，励精图治，重用贤良，改革弊政，勤勉政事。他经常阅读典籍，总结历史经验，注重发挥群臣的作用。李纯在位十五年，连续削藩成功，重振中央威望，史称“元和中兴”。唐宪宗执政后期，骄傲奢侈，酒色成性，信仙好佛，虚求长生。他任用奸臣皇甫镈（bó）而罢免贤相裴度，政治日见衰败。当时，朝廷开始了以牛僧孺、李宗闵等为领袖的牛党与李德裕、郑覃等为领袖的李党之间的争斗，持续时间将近四十年，史称“牛李党争”。820 年，李纯病逝，时年四十三岁，谥号昭文章武大圣至神孝皇帝，庙号宪宗。其太子李恒即位，是为唐穆宗。

唐穆宗李恒（795—824）的生母郭妃是郭子仪的孙女，郭妃在李恒即位前在后宫和朝堂已经形成了强大的政治势力。唐穆宗即位后，立郭贵妃为皇太后，对父亲唐宪宗的亲信和宠臣分别处以杀罚贬斥，所谓一朝天子一朝臣。唐穆宗是一位胸无大志的昏庸帝王，更是一位享乐腐化的花花公子。他大兴土木，饱食终日，无所用心，纵情享乐，毫无节制。当时，河北战火重新燃起，藩镇叛乱战祸连年，仅仅两年时间，唐宪宗苦心经营的统一局面被折腾殆尽。唐穆宗不顾江山社稷，近乎疯狂地游乐，导致身患中风，卧床不起。824年，唐穆宗病逝，时年三十岁，谥号睿圣文惠孝皇帝，庙号穆宗。其太子李湛即位，是为唐敬宗。

唐敬宗李湛（809—826）十六岁即位，更是不关心国家大事，他游乐无度较之其父唐穆宗有过之而无不及。李湛沉迷击鞠（骑马击球游戏），喜欢打夜狐（深夜带人捕狐狸以取乐），一月仅上朝两三次，任由权宦王守澄把持朝政。王守澄勾结宰相李逢吉，排斥异己，败坏纲纪，无法无天。827年，唐敬宗打完夜狐回宫饮酒，被宦官刘克明等所弑杀，年仅十八岁，谥号睿武昭愍孝皇帝，庙号敬宗。宦官刘克明等欲迎唐宪宗之子绛王李悟入宫为帝，不想两天后，宦官王守澄、梁守谦又指挥神策军入宫杀死刘克明和绛王李悟，拥立唐穆宗次子、李湛之弟李昂即位，是为唐文宗。

甘露之变

唐文宗李昂（809—840）在位之初，励精图治，不好女色，勤勉听政，厉行节俭，曾放出宫女三千余人，释放五坊鹰犬[1]，并省冗员。李昂在位期间，历史延续的牛李党争愈演愈烈，牛、李两派各有朋党，互相攻击，众多清廉有志之士都成了党派之争的牺牲品。以牛僧孺、李宗闵等为领袖的牛党与李德裕、郑覃等为领袖的李党权力交替进退，而牛李党争的背后是宦官集团的斗争。李昂提拔重用御史大夫郑注和宰相李训等人，一心想铲除宦官势力，夺回政权。835年，李

[1] 五坊，指雕、鹘、鹰、鹞（yào）、狗五坊，是唐代设立的管理皇帝鹰犬的机构，五坊使即专门管理此类鹰犬的使职。五坊使主要负责搜集、驯养五坊鹰犬等以供时狩。

昂借天降祥瑞观看石榴树上夜降甘露之机，提前埋伏武装士兵，发动“甘露之变”，试图消灭宦官势力。结果事与愿违，计划失败，导致宦官集团对朝臣进行了大面积屠杀，朝堂几乎为之一空，李昂遭到软禁。国家政事由宦官专权，朝中宰相只是行文书之职而已。840年，无可奈何、万分惆怅的李昂因病去世，年仅三十二岁，谥号元圣昭献孝皇帝，庙号文宗。宦官将领仇士良和鱼弘志做主废黜皇太子李成美，拥立李炎（唐穆宗李恒第五子、唐文宗李昂异母弟）即位，是为唐武宗。

会昌中兴

唐武宗李炎（814—846）性情沉毅，雄谋勇断，知人善任。他在位时，倚重宰相李德裕，澄清吏治，发展经济，改革积弊，削弱宦官、藩镇和僧侣地主的势力。对内打击藩镇、平息刘稹（zhěn）（唐朝藩镇将领，昭义节度使刘从谏之侄、右骁卫将军刘从素之子）叛乱、加强中央集权、开展毁佛运动；对外击败回鹘，一度呈现中兴局面，史称“会昌中兴”。唐武宗信仰道教，长期服食长生丹药，导致身体状况恶化，喜怒失常，不能言语。846年，李炎病逝，年仅三十三岁，谥号至道昭肃孝皇帝，庙号武宗。宦官马元贽（zhì）等拥立唐宪宗李纯第十三子、唐穆宗李恒异母弟李忱（chén）即位，是为唐宣宗。

大中之治

唐宣宗李忱（810—859）勤于政事，孜孜求治，勤俭治国，体恤百姓，减少赋税，注重人才选拔，史家评价唐宣宗为一代明君。他在位时，致力于整顿、改进历史遗留弊端。对内贬谪李德裕，结束牛李党争，抑制宦官势力，打击不法权贵和外戚权势；对外不断击败吐蕃、回鹘、党项、奚人等，收复大片失地，国势好转，百姓富裕，史称“大中之治”。但天公不作美，由于水灾、旱灾不断，叛乱四起，均被镇压平定。859 年，李忱因服长生药中毒而亡，时年五十岁，谥号圣武献文孝皇帝，后加谥元圣至明成武献文睿智章仁神聪懿道大孝皇帝，庙号宣宗。宦官王宗实拥立其长子李漼（cuī）即位，是为唐懿宗。

唐懿宗李漼（833—873）虽气度沉厚，姿貌雄杰，一表人才，但他即位后，沉湎游乐，日日饮酒作乐，不理朝政。他在位十四年，任相不明，流水似的任用了二十一位宰相。这些无能的宰相，不是碌碌无为，就是爱财如命，加上唐懿宗爱慕虚荣，好大喜功，游宴无度，骄奢淫逸，任人不能，恢复佛教，迎奉佛骨，造成政治腐败，民不聊生，加重了唐王朝的统治危机。873 年，唐懿宗病逝，时年四十一岁，谥号昭圣恭惠孝皇帝，庙号懿宗。宦官田令孜、刘行深、韩文约等拥立唐懿宗李漼第五子、十二岁的李儇（xuān）即位，是为唐僖宗。

黄巢起义

唐僖宗李儇（862—888）年幼即位，贪玩各种游戏，且技艺高超。宦官田令孜升任神策军中尉，朝中重大决策均掌控在田令孜手中，政局非常混乱。875 年，爆发“王仙芝起义”，王仙芝在濮州（今山东省菏泽市鄄城县北旧城）发动反抗唐朝统治的农民起义，878 年起义被镇压平定。同年，再次爆发“黄巢起义”，其实，早在 875 年，黄巢为响应王仙芝起义，已经在冤句（今山东省菏泽市西南）起兵，王仙芝起义失败后，黄巢军于 878 年开始大规模起义，进攻汴（今河南省开封市）、宋（今河南省商丘市）二州，之后采用流动作战的方式，避实攻虚，打遍唐朝大部分地域，动摇了唐朝的统治。881 年，黄巢军攻克洛阳，不久杀入长安，黄巢在长安大肆杀戮唐朝的宗室和官吏，剥夺富户的财产。黄巢即皇帝位，建国号大齐。宰相卢携畏惧自杀，唐僖宗带随从、宦官田令孜等仓皇逃往四川成都。唐僖宗在四川得到喘息机会，组织力量对黄巢军进行反扑。黄巢军由于没有稳定的后方，缺乏经济上的保障，军粮不足，加上内部发生了分歧和分化，一些将领接受了朝廷招安。尤其是黄巢派驻同州（今陕西省渭南市大荔县）重镇的防御使朱温于 882 年投降唐军，形势发生了逆转。唐僖宗任命朱温为右金吾大将军，赐名朱全忠。883 年，黄巢军被迫退出长安。884 年，黄巢力尽兵败，退至山东泰山山脉虎狼谷（今山东省济南市莱芜区西南景点）自杀而亡[1]。至此，黄巢起义结束。黄巢死后，黄巢侄子黄皓率残部，转战江西、湖南境内，号称浪荡军。至唐昭宗 901 年时，黄皓进入湖南，攻克浏阳，遭湘阴（今湖南省岳阳市湘阴县）土豪邓进思、邓进忠兄弟伏击所杀，至此唐末农民起义结束。

经过黄巢起义军的打击，唐朝受到大面积重创，几百年的基业已经摇摇欲坠。全国十多个割据势力各自为政，朝廷所能够控制的地区仅剩河西、山南、剑南、岭南西道数十州，唐朝统治已名存实亡。885 年，唐僖宗自川中重返长安。谁知脚跟未稳，惊魂未定，宦官田令孜联合邠（bīn）宁节度使朱玫和凤翔节度使李昌符又发起与河中节度使王重荣的战争，王重荣联合太原河东节度使李克用，进逼长安，神策军溃散，唐僖宗同田令孜无奈再次逃亡到凤翔（今陕西宝鸡市凤翔区）。当时，割据军阀各怀心事，混战不断，各方损失惨重。888 年，病中的唐僖宗终于在战乱中又一次回到长安，却因颠沛

[1]《资治通鉴》记载："巢众殆尽，走至狼虎谷，丙午，巢甥林言擒斩巢兄弟妻子首，将诣时溥；遇沙陀博野军，夺之。"《新唐书・黄巢传》记载："巢计蹙，谓林言曰：若取吾首献天子，可得富贵，毋为他人利。言，巢甥也，不忍；巢乃自刎。"清代学者聂剑光《泰山道里记》载："黄巢死于泰山……九顶山南有大冢，俗称黄巢墓。"

流离、病情加重去世，年仅二十七岁，谥号惠圣恭定孝皇帝，庙号僖宗。宦官杨复恭等拥立唐懿宗李漼第七子、唐僖宗李儇之弟李晔即位，是为唐昭宗。

朱温灭唐

唐昭宗李晔（867—904）即位时，宦官杨复恭把持朝政，国破家危，四面楚歌，时局面临最大的问题仍然是宦官控制朝政的问题。891年，杨复恭害死李晔舅父黔南节度使王瓌（guī）一家，使得唐昭宗下决心欲将其铲除。同年，唐昭宗解除杨复恭手中兵权，将其调离京城，到凤翔（今陕西省宝鸡市凤翔区）去当监军。杨复恭发动叛乱，举兵向朝廷宣战。唐昭宗用智慧和胆略，经过艰苦战争，于894年击败杨复恭，将其斩首。杨复恭权宦一党被驱除。唐昭宗李晔尊礼大臣，励精图治，决心恢复大业。面对藩镇势力越来越庞大的新问题，李晔制定了一整套新的统治方略，招兵买马，扩充禁军，很快已有十万之众。李晔举兵讨伐川西、晋藩，却先后失利，禁军损失殆尽，国力兵员不足。895年，李晔讨伐陇西郡王李茂贞，被李茂贞反攻，李晔在逃亡途中被李茂贞盟友华州刺史韩建挟持，幽禁将近三年。其间，皇室宗亲有十一王被杀。898年，朱温占据了东都洛阳，李茂贞、韩建和李克用建立暂时的联盟，为制约朱温，送李晔回到长安。900年，以神策军中尉刘季述为首的宦官发动政变，李晔被软禁。朱温派人将实行政变的宦官们全部诛杀，于901年拥立李晔复位。李晔任命朱温为诸道兵马副元帅，并加封为梁王。904年，朱温发兵攻陷长安，挟持李晔迁都洛阳。同年，李晔被朱温杀害，时年三十八岁，谥号圣穆景文孝皇帝，庙号昭宗。朱温拥立唐昭宗第九子、年仅十三岁的李柷（chù）即位，是为唐哀帝。

唐哀帝李柷（892—908）年幼即位，成为权臣朱温的傀儡，朝廷大权皆掌握在朱温手中。905 年，朱温将裴枢、独孤损、崔远等朝廷大臣三十多人，集中到黄河边滑州白马驿（今河南省安阳市滑县境内）全部杀害，投尸于河里，制造了惊人的“白马之变”。907 年，在朱温的逼迫下，李柷把皇位禅让给了朱温，被降为济阴王，迁于开封以北的曹州（今山东省菏泽市）。朱温称帝，是为梁太祖，改国号为梁，定都开封（今河南省开封市），史称后梁。自此，持续二百八十九年的大唐盛世宣告灭亡。908 年，朱温派人到曹州毒死李柷，年仅十七岁，谥号为哀皇帝，后追谥昭宣光烈孝皇帝。

五代十国　沧海横流

五代十国（907—979）是唐朝灭亡后，中国历史上再次进入的一个大分裂时期，是五代（907—960）与十国（902—979）的合称。五代是指唐朝后依次定都于中原地区的后梁、后唐、后晋、后汉和后周五个政权。907 年，朱温建立后梁，五代开始；960 年，北宋建立，五代结束。十国是指在以正统自居的五代政权的同时，在南方和北方河东地区建立的前蜀、后蜀、吴、南唐、吴越、闽、楚、南汉、南平（荆南）和北汉十个政权，即“吴唐吴越前后蜀，南北两汉闽平楚”，除了北汉，九国尽在南方。902 年，杨行密创立南吴政权十国开始；979 年，北宋灭亡北汉，十国结束。五代十国的建国者多是唐末的节度使，即各地的军阀，他们手中拥有强大兵力，代替唐朝的统治地位，建立许多政权，一边镇压起义，一边相互攻伐。五代各政权虽然掌控中原与关中地区（除后梁未控制关中），但是没有像唐朝一样成为所有藩镇认可的共主，主要势力范围也仅限于华北地区。五代为中原王朝，十国为割据政权。五代疆土后梁最小，后唐最大；十国疆土南平最小，南唐最大。五代十国的政治制度大体沿用唐朝制度，但各朝变化很大，官职时常废置不常，政治制度比较混乱，十国的政治架构大致上与五代等同。五代各朝时常扩充禁军，军事官制也繁多易变，战争频繁，兵役负担沉重。由于北方战乱不堪，外族入侵与天灾不断，人口流移南方，北方经济比较落后，人口持续减少。而南方十国林立，摆脱了北方经济负担，各君王重视发展生产，兴修水利，防水治害，农业、工商业发达，在人口、经济、文化与科技方面皆胜于北方五代。五代十国时期是中国历史上最混乱的时期之一，战火不断和频繁的政权更迭，导致了大量文献遗失以及科技与文明的衰败。当时，中国的总体社会形态是庶族地主政治形态和佃农制经济形态，关中属于自耕农政治经济形态，中原属于庶族地主政治形态和佃农制经济形态，而南方则是士族地主政治形态和农奴制经济形态。

（一）五代　动荡不安

五代（907—960）江山易主，朝代更迭，有八姓称帝，历经十四帝，历时五十四年。自907年朱温建立后梁开始，相继在中原地区建立了后梁、后唐、后晋、后汉、后周五个政权，到960年，后周殿前都点检（禁军最高统帅）赵匡胤陈桥兵变灭后周建立北宋，五代结束。自后梁开始，皇室禁军开始强化，禁军除了捍卫京师和皇宫安全，还被派驻各地，以牵制和削弱藩镇的实力。朝廷频繁调动节度使，更换交流其驻地，以防止节度使长期占据一方形成割据势力。五代大小统治者的长期混战，政治形势极不稳定，社会生产、经济、文化遭到极大破坏，尤其是黄河流域中下游地区农业受到重创，人民生活在水深火热之中。

1. 后梁　无一善终

后梁（907—923）是五代的第一个朝代，由朱温篡唐称帝建立，定都开封（今河南省开封市），后迁都洛阳（今河南省洛阳市）。907年，朱温灭亡唐朝，建立后梁。923年，李存勖（xù）建立后唐，后梁灭亡，历经三帝，历时十六年。后梁疆域为五代中最小，北部约以黄河为界，东至大海，南抵秦岭淮河，西至关中，但疆界不稳，战乱频繁。

原为黄巢部将的朱温投降唐朝，镇压起义，后却弑杀唐昭宗、唐哀帝二帝，篡位建梁，灭亡唐朝。后梁太祖朱温接连攻打河东晋王李存勖（xù），却兵败潞州（今山西省长治市）。他声援燕王刘守光，却兵败河北。其次子后梁废帝朱友珪（guī）与他父子相残，发动政变，弑父篡位，同样遭其弟后梁末帝朱友贞弑杀，死于非命。晋王李存勖称帝，建立后唐，攻占开封，朱友贞自杀，时年三十六岁，后梁灭亡。后梁是一个不得人心的王朝，三位皇帝都靠篡位上台，前仆后继，无一善终。

篡位建梁

后梁太祖朱温（852—912）是后梁开国皇帝，唐僖宗赐其名朱全忠，即位后改名朱晃。朱温原为黄巢部将，被黄巢任命为同州（今陕西省渭南市大荔县）防御使，助黄巢攻占两京。882年，朱温投降唐朝，加入镇压起义军的行列，屡立战功，被封为宣武军节度使，镇守汴州（今河南省开封市）。朱温逐步扩大地盘，成为实力最强的一个藩镇。900年，以神策军中尉刘季述为首的宦官发动政变，软禁唐昭宗。朱温杀死参与政变的宦官们，于901年拥立唐昭宗复位，唐昭宗任命朱温为诸道兵马副元帅，并加封为梁王。904年，朱温发兵攻陷长安，挟持唐昭宗迁都洛阳。同年，朱温杀害唐昭宗，拥立唐哀帝即位。907年，朱温废唐哀帝自立称帝，是为后梁太祖，国号梁，史称后梁。后梁实行两京制，定都洛阳（今河南省洛阳市）为西都，开封（今河南省开封市）为东都。

兵败潞州

朱温珍爱人才，求贤若渴，严格治军，整肃吏治，重视农业生产，奖励农耕，减轻租赋，国家经济得到一定的恢复。当年，山西境内的沙陀部酋长李克用参加镇压黄巢起义的行动，被任命为河东节度使，唐昭宗封他为晋王。李克用长期割据河东，以拥护唐朝为名，持续与朱温争战，相互间成为争夺天下的最大对手。同年，李克用占据潞州（今山西省长治市），朱温出兵讨伐，久攻不下。908年，李克用病逝，其子李存勖（xù）承袭晋王。后梁军围攻潞州一年多，却败于李存勖。李存勖整顿军纪，发展生产，减轻赋税，优抚孤寡，稳定秩序，选用人才，整军备战，使河东境内面貌焕然一新。910年，河北地区的成德节度使王镕、义武节度使王处直投靠李存勖举兵反梁，朱温派大军讨伐，大败而归。

亲征河北

911年，幽州（今北京市）燕王刘守光称帝，进攻成德（又称恒冀镇、河北中西部）、义武（今河北省拒马河与唐河之间），李存勖声援河北，发兵讨伐刘守光。912年，朱温亲率号称五十万大军的军队从洛阳出发支援刘守光，却在河北连打败仗，因战事不利而病情加重返回洛阳。刘守光损失惨重，几乎被李存勖消灭，无法再与李存勖抗衡。

父子相残

朱温回到洛阳，变得暴躁残忍，纵欲宣淫，对大臣的女眷，甚至对自己的几个儿媳肆行淫乱，滥杀无辜，朝纲混乱。朱温的养子博王朱友文之妻王氏容貌出众，深得朱温宠爱，朱温决定传位于朱友文，欲诏驻守东都开封的朱友文觐见。朱温次子控鹤都指挥使朱友珪（guī）发动政变，弑父篡位，同时矫诏将朱友文赐死。朱温终年六十一岁，谥号神武元圣孝皇帝，庙号太祖。朱友珪即位，是为后梁废帝。

死于非命

后梁废帝朱友珪（？—913）即位后，大肆赏赐，收买人心，然自己亦荒淫无度，使得人心沸腾，民怨四起。913 年，朱温第三子、朱友珪异母弟均王朱友贞与朱温的外孙袁象先、女婿驸马都尉赵岩联合将领杨师厚等人密谋政变，朱友珪被逼自杀，时年三十岁。朱友贞于开封即位，是为后梁末帝。

后梁灭亡

后梁末帝朱友贞（888—923）即位后，追废朱友珪为庶人。朱友贞在位时，后梁连年用兵，征敛苛重，国势日衰。923 年，晋王李存勖在魏州（今河北省邯郸市大名县城东北）正式称帝，是为后唐庄宗，国号唐，史称后唐。同年，他派兵南下，攻占开封，后梁末帝朱友贞自杀，时年三十六岁，后梁灭亡。

2. 后唐　燕云丧失

后唐（923—936）是五代十国时期由沙陀族李存勖（xù）建立的政权，是五代十国时期统治疆域最广的朝代。923年，李存勖（xù）

在魏州（今河北省邯郸市大名县城东北）称帝，建立后唐，同年底灭后梁定都洛阳。936年，后唐河东节度使石敬瑭起兵反唐，借辽兵攻入洛阳，称帝建立后晋，后唐灭亡，历经四帝，历时十四年。其疆域广阔，主要控制着中国北方地区，占有今豫、鲁、晋、冀、湘、渝诸省，陕、川、鄂的大部，宁、甘、黔各一部分，以及苏、皖淮北等地，“五代领域，无盛于此者”。

李存勖建立后唐后，出兵南下，占领开封，灭亡后梁，迁都洛阳。之后，攻陷成都，平定前蜀，兼并岐国，得凤翔（今陕西省宝鸡市凤翔区）、两川（东川和西川，东川指汉中一带，西川指益州、成都一带）之地，震动南方割据诸国。在“兴教门之变”中，李存勖（xù）中流箭而亡，后唐明宗李嗣源（李克用养子）即位。李嗣源励精图治，关心百姓，实现中兴。其三子后唐闵帝李从厚即位，潞王李从珂起兵叛乱，弑君自立，是为后唐末代皇帝。李从珂治国无能，国事败坏，矛盾尖锐。河东节度使石敬瑭（后唐明宗李嗣源的女婿）认契丹主为父，以割让幽云十六州（也称燕云十六州，幽州指北京，云州指大同，幽云十六州大抵包括今河北省、山西省北部和北京市）为代价，石敬瑭与契丹联军攻陷京师洛阳，后唐末帝李从珂自焚而死，后唐灭亡，石敬瑭于太原建立后晋。

后唐建立

后唐庄宗李存勖（885—926）为山西境内沙陀部酋长、唐朝河东节度使、晋王李克用之子。908年，李克用病逝，李存勖继任河东节度使，袭封晋王。923年，李存勖在魏州称帝，是为后唐庄宗，升魏州（今河北省邯郸市大名县城东北）为东京兴唐府，国号唐，史称后唐。

灭亡后梁

李存勖称帝当年，他令中书令李嗣源（晋王李克用养子）领兵攻取后梁郓州（今山东省菏泽市郓城县），打开通往开封的门户。李存勖命李嗣源率前军日夜兼程，向开封进发。同年底，占领开封，后梁灭亡，李存勖迁都洛阳。

平定前蜀

后唐灭后梁后，威震天下，岐国（割据陕西凤翔）、楚国、吴越国、闽国、南平国等割据政权纷纷入贡称藩，而定都成都的南方割据政权前蜀却不肯臣服。925 年，李存勖以魏王李继岌为主帅，统领六万大军，征讨前蜀。后唐军一路连克威武城（今陕西省宝鸡市凤县东北）、凤州（今陕西省宝鸡市凤县）、兴州（今陕西省汉中市略阳县）等地，缴获大批粮草。后唐军攻陷成都，前蜀灭亡。后唐庄宗李存勖在位期间，并岐国，灭前蜀，得凤翔（今陕西省宝鸡市凤翔区）、两川之地，震动南方割据诸国。

兴教门之变

平定前蜀后，李存勖开始志骄意满，沉湎声色，治国乏术，用人无方，纵容皇后干政，杀戮功臣，横征暴敛。李存勖尤喜好演戏，并与伶人同台演出，对伶人特别宠信，以致出现了古代少有的伶人干政现象。他听信伶人和宦官的谗言，骄淫无政，人人自危，藩镇怨愤。926 年，后唐魏州军卒皇甫晖煽动魏州军在邺都（今河北省邯郸市临漳县）发动叛乱，推举效节指挥使赵在礼为首领，赵在礼自称兵马留后，任命皇甫晖为马步军都指挥使。在大臣们的保荐下，李存勖命成德军节度使李嗣源（李克用养子）率军讨伐邺都。不料李嗣源刚到邺都，其带领的从马直（皇帝亲军番号）军队哗变，他被劫持入城。赵在礼把李嗣源迎进城内，李嗣源迫于内外形势，挥兵南下反攻京师，李存勖亲自率兵平定。谁知从马直指挥使郭从谦又发动兵变，率部攻入兴教门（东京洛阳紫微宫南门之一），史称“兴教门之变”。双方混战中，李存勖被流箭射中而亡，时年四十二岁，谥号光圣神闵孝皇帝，庙号庄宗。李嗣源即位，是为后唐明宗。

明宗中兴

后唐明宗李嗣源（867—933）即位后，改名李亶（dǎn）。他善于骑射，骁勇善战，选拔贤俊，杜绝私门，忧国忘家，执政一年便使得“府库充实，军民皆足，朝纲粗立”。李嗣源在位七年，重用文臣冯道等人，整饬吏治，减免赋税，杀贪腐，褒廉吏，罢宫人，除伶宦，废内库，注重民间疾苦，基本达到“中兴”的小康局面。但后期他姑息藩镇，权臣安重诲飞扬跋扈，朝政混乱，社会不安。933年，李嗣源次子李从荣谋反失败被斩杀，李嗣源悲伤过度，病情加重去世，终年六十七岁，谥号圣德和武钦孝皇帝，庙号明宗。其三子李从厚即位，是为后唐闵帝。

潞王反叛

后唐闵帝李从厚（914—934）即位后，对潞王李从珂（唐明宗李嗣源养子）倍加猜忌。934 年，李从厚在位仅五个月，李从珂在凤翔（今陕西省宝鸡市凤翔区）起兵叛乱，攻至洛阳称帝，是为后唐末代皇帝。他废李从厚为鄂王。李从厚逃至卫州（今河南省新乡市、鹤壁市一带），被李从珂派人刺杀身亡，年仅二十一岁，谥号后唐闵皇帝。

自焚亡国

后唐末帝李从珂（885—936）谨慎稳重，沉默寡言，勇猛刚毅。他曾跟随李嗣源征战，在后唐灭后梁过程中屡立战功。李从珂打仗勇猛，但治国无能，即位后任用卢文纪等庸才为相，致使各种矛盾尖锐，国事日益败坏。河东节度使石敬瑭（后唐明宗李嗣源的女婿）坐镇晋阳，拥兵自重、虎视眈眈。李从珂对石敬瑭倍加猜忌，几次调任石敬瑭，均被拒绝，石敬瑭随即反叛。936年，李从珂发兵数万进攻晋阳，石敬瑭向契丹称臣求救，认契丹主为父，并以割让幽云十六州为代价。契丹主亲自率军五万增援石敬瑭，大败后唐军，石敬瑭大军顺利南下进逼京师洛阳。数万将士捐躯疆场，李从珂率全家登上玄武楼，自焚而死，时年五十二岁，死后无谥号，史家称之为末帝或废帝，后唐灭亡。契丹主耶律德光于太原册立石敬瑭为帝，史称后晋。

3. 后晋　屈辱称臣

后晋（936—946）由沙陀人石敬瑭建立，是五代第三个政权。936年，石敬瑭受契丹册封称帝，史称后晋，初定都洛阳，后迁都开封。946年，契丹主耶律德光攻陷开封，后晋灭亡，经历二帝，历时十一年。后晋盛时疆域约为今河南省、山东省两省，山西省、陕西省的大部，今河北省、宁夏回族自治区、湖北省、江苏省、安徽省的一部分。

后晋高祖石敬瑭割地求援契丹，灭亡后唐，建立“后晋”。石敬瑭称臣契丹，贡奉财物，卖国求荣，被称“儿皇帝”。其兄石敬儒之子石重贵即位，不再称臣契丹，晋辽反目，契丹连年进兵侵扰中原。契丹主耶律德光率兵攻入开封，俘获石重贵及其全家，并将他们迁往契丹建州（今辽宁省朝阳市西南），耶律德光在开封后晋皇宫称帝，改大契丹国为大辽，后晋灭亡。

后晋建立

后晋高祖石敬瑭（892—942）自幼沉默寡言，喜欢兵法，后唐代州刺史李嗣源对他很器重，并将女儿嫁给他为妻。石敬瑭跟随李嗣源转战各地，屡立战功。926年，后唐庄宗李嗣源称帝后，加封石敬瑭为检校太傅兼六军诸卫副使，进爵为开国伯。933年，石敬瑭因战功加封兼任侍中、太原尹、北京留守、河东节度使，掌握河东地区的军政大权。之后，石敬瑭协助李嗣源养子李从珂弑杀后唐闵帝李从厚夺得皇位，却引起李从珂的倍加猜疑。936年，石敬瑭依靠割地称儿的做法，以割让幽云十六州为代价求援契丹，与契丹联军攻陷洛阳，灭后唐称帝，是为后晋高祖，国号为晋，史称后晋。

契丹称臣

石敬瑭向契丹奉表称臣，每年贡奉三十万匹布帛等大量财物。他认贼作父、祸国殃民的行径受到包括自己亲信等许多人的反对，朝野上下皆以为耻。石敬瑭专任宦官，吏治腐败，朝纲紊乱，民怨四起。游牧在雁门以北的吐谷浑部因不愿降服于契丹，酋长白承福带人逃到了河东，投奔河东节度使北平王刘知远。石敬瑭既不敢得罪契丹父皇帝，更不敢得罪手握重兵的刘知远，忧郁成疾。937年，后晋迁都汴州（今河南省开封市）。938年，升汴州为东京开封府。942年，石敬瑭在屈辱中病逝，时年五十一岁，谥号圣文章武明德孝皇帝，庙号高祖。石敬瑭有七个儿子，大都夭折，仅剩第七子石重睿。石敬瑭病中托孤于宰相冯道，安排冯道辅立石重睿即位。但他死后，冯道与当时掌握实权的侍卫亲军都指挥使景延广却擅立石重贵（石敬瑭之兄石敬儒之子）即位，史称后晋出帝或后晋少帝。

晋辽反目

后晋出帝石重贵（914—964）虽说能力一般，但很有气节和骨气，不愿再向契丹称臣。944 年，石重贵两次击败契丹入侵之后便盲目乐观，自以为天下太平。其实，当时后晋的政权已经内外交困，危机四伏。石重贵开始歌舞升平，醉生梦死，四处游猎，大建宫室，大肆挥霍，几乎没有惠民之举。加上手握兵权的景延广居功自傲，无勇无谋，却狂妄自大，拘禁契丹使者，杀害契丹商人，导致契丹与后晋关系恶化，契丹连年进兵侵扰中原。

亡国受辱

946 年，契丹主耶律德光再次征讨后晋。石重贵委任舒州刺史杜重威（石敬瑭的妹夫、石重贵姑父，掌管禁军）率兵应战，杜重威却心怀异志，临阵投敌。耶律德光攻入开封后，俘获石重贵及其全家，将他们迁往契丹境内的建州（今辽宁省朝阳市西南）居住。耶律德光在开封后晋皇宫称帝，改大契丹国为大辽，后晋灭亡。同年，契丹兵在中原烧杀抢掠，大失民心，无法立足，只好北撤。耶律德光任命李嗣源的幼子许王李从益为知南朝军国事，留守开封。耶律德光在北还途中病逝于栾城（今河北省石家庄市栾城区），时年四十六岁。石重贵一家在建州亡国受辱，苟且偷生，其幼女被耶律阮妻兄夺走，其宠姬赵氏、聂氏被辽太宗之子寿安王耶律璟强娶。964 年，国破家亡的石重贵病逝，终年五十一岁，追封为晋王。

4. 后汉　三年政权

后汉（947—950）由晋阳（今山西省太原市）人沙陀族刘知远建立，是五代第四个政权。947 年，河东节度使北平王刘知远利用契丹灭后晋的时机，占据中原，在晋阳（今山西省太原市）称帝，迁都开封，建立后汉。950年，顺州刺史郭简之子天雄军节度使郭威被逼反叛，后汉隐帝刘承祐（yòu）被溃军所杀，后汉灭亡，历经二帝，历时仅四年时间，是五代十国里最短命的政权。后汉盛时疆域约为今山东省、河南省两省，今山西省、陕西省的大部，今河北省、湖北省、安徽省、江苏省的一部分。

后汉高祖刘知远称帝后，攻占开封，杀死辽朝扶植的傀儡李从益母子，迁都开封。他先后消灭中原割据势力，稳定中原局势。其二子后汉隐帝刘承祐即位，诛杀权臣，平定藩镇叛乱。天雄军节度使郭威被逼反叛，灭亡后汉，建立后周。

后汉建立

后汉高祖刘知远（895—948）厚重寡言，雄武过人。后唐时他追随石敬瑭转战南北，936年石敬瑭建立后晋，升任刘知远为马步军都指挥使，成为禁军的最高统帅。941年，刘知远被任为河东节度使、北平王。947年，契丹灭后晋时，刘知远于晋阳称帝，是为后汉高祖，国号为汉，史称后汉。之后，他亲率大军乘中原空虚之际渡过黄河，进入开封，杀死辽扶植的傀儡李从益母子，以绝人望。李从益出身皇族世家，幼年经历了兄弟间的残杀，随后家破国亡，成为皇权政治的牺牲品。刘知远迁都开封，自己改名为刘暠（hào）。他先消灭中原割据势力，稳定中原局势，再讨伐之前投降辽镇守魏州的杜重威。杜重威战败投降，被封为检校太尉、中书令、楚国公。

托孤善后

948年，刘知远立长子刘承训为继承人，刘承训却于当年英年病逝，年仅二十六岁。刘知远丧子悲伤，病情加重，随之去世，时年五十四岁，谥号睿文圣武昭肃孝皇帝，庙号高祖。刘知远临终前认为杜重威反复无常，想除掉他。刘知远死后宰相苏逢吉等秘不发丧，诱杀杜重威，将其尸体弃于市，被市人践踏而尽。刘知远次子刘承祐即位，是为后汉隐帝。

诛杀权臣

后汉隐帝刘承祐（931—950）即位时，顾命大臣中书侍郎兼吏部尚书、同平章事杨邠（bīn）总领军政大权，刘承祐大权旁落。950年，刘承祐将辅政大臣杨邠、史弘肇和王章等人以谋反罪一同诛杀，并夷其族。天雄军节度使郭威曾奉汉隐帝刘承祐之命，多次平定藩镇叛乱，推行改革，移师北伐，大败契丹。郭威因功进封邺都留守，也同时遭到刘承祐猜忌。

后汉灭亡

950年，刘承祐再派人前去诛杀邺都留守郭威，并将郭威在京的家属全部杀死，包括郭威还尚在襁褓中的儿子。郭威起兵反叛，率领大军攻入开封，后汉隐帝落荒而逃，途中被溃军中的茶酒使郭允明所杀，时年二十一岁，谥号隐皇帝，后汉灭亡。951年年初，郭威正式登上帝位，他自认为是周朝虢叔的后代，故国号为周，史称后周。同年，后汉高祖刘知远之弟，河东节度使、太原尹刘崇占据河东十二州称帝，史称北汉（十国政权之一）。

5. 后周　和平灭亡

后周（951—960）由后汉权臣郭威建立，是五代最后一个中原政权。951年，后周太祖郭威灭后汉建立后周，定都东京开封府（今河南省开封市）。960年，赵匡胤发动“陈桥兵变”，建立北宋，后周灭亡，历经三帝，历时十年。其疆域包括今河南省、山东省、山西南部、河北省中南部、陕西省中部、甘肃省东部、湖北省北部及长江以北的江苏省、安徽省地区。

后周太祖郭威因受到后汉隐帝刘承祐猜忌，全家亲人被杀，于是发动兵变，灭亡后汉，建立后周。郭威治国有方，整顿吏治，发展生产，国泰民安。郭威去世后，其养子后周世宗柴荣即位，“高平之战”（又称巴公原之战，发生在今山西省晋城高平市与泽州县交界处的巴公镇）大败北汉。周世宗柴荣去世后，其年幼的四子后周恭帝柴宗训即位，殿前都点检（禁军最高统帅）赵匡胤发动“陈桥兵变”，建立北宋，后周和平灭亡。

起兵立国

后周太祖郭威（904—954）出身将门世家，身材魁梧，勇力过人。他加入后唐庄宗李存勖（xù）亲军，后协助后汉高祖刘知远称帝，升任天雄军节度使，镇守邺城。950 年，郭威受到后汉隐帝刘承祐猜忌，全家亲人被杀。郭威发动兵变，攻破开封，灭亡后汉。951 年，郭威正式称帝，定都开封，国号为周，史称后周。

治国有方

后周太祖郭威在位期间，治国有方，以儒教治天下，崇尚节俭，虚心纳谏，改革弊政，整顿吏治，招抚流民，组织生产，治理河患，灌溉良田，使北方地区的政治经济形势趋向好转。954 年，郭威病逝，时年五十一岁，谥号圣神恭肃文武孝皇帝，庙号太祖。郭威诸子早在邺都起兵时，均已被后汉隐帝刘承祐杀害于开封，由养子柴荣（郭威妻柴氏之兄柴守礼之子）即位，是为后周世宗。

高平之战

后周世宗柴荣（921—959）即位当年，北汉联合辽国南犯后周潞州（今山西省长治市）。后周世宗率大军亲征，“高平之战”大败北汉，柴荣重赏作战功臣李重进、张永德、赵匡胤等人，巩固了政权。

神武雄略

柴荣在位期间，励精图治，致力于统一大业，立下“以十年开拓天下，十年养百姓，十年致太平”的雄心壮志。柴荣对内锐意改革，练兵强军，招抚流亡，减少赋税，修订礼乐，重视法律，使得后周政治清明，百姓富庶，中原地区经济实力大为增强。对外南征北战，扩大疆土。955年，柴荣西征后蜀，收取秦、凤、成、阶四州。955年、957年和958年，连续三征南唐，尽得江北淮南十四州，使南唐俯首就范，震慑了南方各割据势力。959年，柴荣再次亲征，北破辽国，连收三关三州，共十七县。柴荣正准备乘胜夺取幽州（今北京市）时，突患疾病回师，他任命赵匡胤为殿前都点检（禁卫军的最高长官）兼宋州归德军节度使，封四子柴宗训为梁王。同年，壮志未酬的柴荣因病去世，年仅三十九岁，谥号睿武孝文皇帝，庙号世宗。北周世宗堪称五代时期最为杰出的政治家，史家称赞其“神武雄略，乃一代之英主也”。其年仅七岁四子的梁王柴宗训即位，是为后周恭帝。

陈桥兵变

后周恭帝柴宗训（953—973）年幼即位，由符太后垂帘听政，宰相范质、王溥等主持军国大事，重用殿前都点检赵匡胤。960年，前方传来消息，北汉和辽国军队联合南下，攻打后周。这很可能是殿前都点检（禁军最高统帅）赵匡胤精心策划和有意安排的。据后来考证，所谓的北汉进犯纯属子虚乌有，仓促之间符太后令宰相范质，紧急召开御前会议，确定由赵匡胤带兵出征。而就在出征前一天，“点检做天子”的传闻弥漫京城，传言赵匡胤将要谋反。其实，谣言有时往往就是未经披露的真相[1]。赵匡胤领军北上御敌，军队行至陈桥驿（今河南省新乡市封丘县东南陈桥镇），赵匡胤在其弟赵光义及赵普、石守信、王审琦等的策划下，发动兵变，史称“陈桥兵变”。赵匡胤率兵回师开封，并严格约束将士，严禁烧杀抢掠，不得惊动民众，尤其不准伤害后周太后和小皇帝，不得欺凌后周公卿，不得侵掠国库和民舍，服从命令者有赏，违反者诛族。后周恭帝被迫禅位，改封为郑王，摄政的符太后被降为周太后，后周和平灭亡，五代结束。赵匡胤称帝，因其在后周时任归德军节度使的藩镇所在地是宋州（今河南省商丘市），改国号为宋，定都开封，北宋王朝建立。赵匡胤建立北宋后，在一块石碑上留下三条遗训，其中有一条是柴氏子孙有罪，不得加刑，纵犯谋逆，止于狱中赐尽，不得市曹刑戮，亦不得连坐支属。宋朝后代皇帝基本上遵守了誓碑遗训，遵从柴家子孙与宋朝共存亡。962年，柴宗训母子离开开封，被迁往房州（今湖北省十堰市房县）。973年，柴宗训去世，时年二十一岁，谥号恭皇帝。

（二）十国　中心南移

十国（902—979）是在唐朝之后几乎与五代并存的十个相对较小的割据政权的统称，十国各国存在时间长短不一，其建国之地，有相

[1] 宋朝官方史书中，记载赵匡胤在陈桥兵变之前没有预谋。近代许多史学家认为，从赵匡胤即位后竟无须再出征，辽兵即“自行遁去”；《辽史》也没有“是年南寇”的记录；京师汴梁在兵变不久前即谣传“点检作天子”；李焘《续资治通鉴长篇》：“时都下喧言，将以出军之日，策点检为天子，士民恐怖，争为逃匿之计，惟内廷晏然不知。”由此判断陈桥兵变应该是一起早有预谋的军事政变。

承、有独立。十国始于902年唐朝淮南节度使杨行密建立南吴，与南唐、前蜀和后蜀分别前后相继，湖广被荆南、楚国与南汉等占据，吴越占有今浙江省全省、江苏省南部、福建省东北部，闽国控制福州一带。江南以南吴最强，而后被李昪（biàn）篡位，建立南唐。南唐先后攻灭闽国、楚国，最后亡于后周。蜀地相继有前蜀和后蜀，国力仅次于南唐，最后亡于北宋。十国中唯一在北方的政权北汉，是后汉刘氏后裔所建，终被北宋所灭。北宋相继扫荡群雄，于979年统一除交州（今越南北部）与幽云十六州以外的中国本土地区，十国结束。十国统治相对稳定，政权维持的时间远比五代长很多，最长的吴越，立国八十五年。十国使得中国古代经济中心南移，南方的经济有了一定的发展。

1. 南吴　遏朱南进

南吴（902—937）是十国中第一个建立的政权，为唐朝淮南节度使杨行密所建，定都江都府（今江苏省扬州市），又称杨吴。902年，唐朝封杨行密为吴王，随后建立南吴。937年，杨溥被迫禅位于南吴吴王徐知诰，建立南唐，南吴灭亡，历经四主，历时三十五年。南吴为五代前期南方最强大的政权，疆域占有今江西省全境、湖北省东部、安徽省、江苏省两省淮河以南地区，此外还占有淮北一隅的海州（今江苏省连云港市），尽占东南富庶之地。

唐朝淮南节度使杨行密被封吴王后，建立南吴，为南方最强大的割据政权。南吴强力遏止了朱温南进，避免了江淮一带的社会动乱。他选拔贤才，轻徭薄赋，发展生产，使得江淮一带社会经济有较大恢复。其长子南吴景帝杨渥（wò）即位，饮酒作乐，骄横奢侈。右牙指挥使徐温、左牙指挥使张颢发动兵变，杨渥被弑杀。杨行密次子南吴宣帝杨隆演即位，徐温杀死张颢，大权独揽，把持朝政。杨行密四子、杨隆演之弟南吴睿帝杨溥继位，被迫禅位于徐温养子徐知诰，徐知诰建立南唐，南吴灭亡。

南吴建立

南吴太祖杨行密（852—905）在唐朝时任淮南节度使，经过与浙江东道招讨使、彭城郡王钱镠（liú）长期混战，并逐步兼并东南各军阀，在江淮一带称雄立足。902 年，唐昭宗拜杨行密为东面诸道行营都统、检校太师、中书令，封吴王，杨行密随之举起割据大旗，实现了由藩镇向王国的转型，成为南方最强大的割据政权，历史上杨行密被誉为“十国第一人”。南吴强力遏止了中原军阀朱温南进的步伐，成功避免了全国更大范围的动乱。杨行密任人唯贤，政事宽简，轻徭薄赋，劝课农桑，与民休息，招抚流散，奉行节俭，使得江淮一带社会经济在战争的间隙中有较大恢复。905 年，杨行密病逝，时年五十四岁，谥号武皇帝，庙号太祖。其长子杨渥（wò）继吴王位，是为南吴景帝。

兵变被杀

南吴景帝杨渥（886—908）喜好游玩作乐，日夜饮酒，骄横奢侈。907 年，右牙指挥使徐温、左牙指挥使张颢率领二百卫兵发动兵谏，诉说杨渥身边十余亲信的罪状，将他们诛杀，徐温、张颢控制军政大权。908 年，徐温、张颢发动兵变，将杨渥杀死，年仅二十三岁，谥号景皇帝，庙号烈祖。杨行密次子杨隆演即吴王位，是为南吴宣帝。

徐氏专权

南吴宣帝杨隆演（897—920）即位时，徐温、张颢约定分割吴地向后梁称臣，后张颢欲违约自立，徐、张二人多有嫌隙。徐温将张颢谋杀，独揽南吴大权，杨隆演变成傀儡。915 年，徐温被封为齐国公、两浙都招讨使，开始镇领润州（今江苏省镇江市润州区）。徐温留下其子徐知训为行军副使，主持政事，而大事仍由徐温决定。918 年，节度使朱瑾因不堪忍受权臣徐知训羞辱，将徐知训怒杀。徐温养子徐知诰在润州得到消息，赶到广陵（今江苏省扬州市广陵区）平乱，他出任淮南节度行军副使、内外马步都军副使，控制了南吴朝政。920年，杨隆演长期受徐温父子专权横行，备受欺侮，酣饮少食，忧郁而死，年仅二十四岁，谥号宣皇帝，追庙号高祖。徐温等拥立杨行密四子、杨隆演之弟杨溥继吴王位，是为南吴睿帝。

吴灭唐兴

南吴睿帝杨溥（900—937）在位时，军政大权皆由徐温及其养子徐知诰掌控。921 年，杨溥拜徐温为太师。927 年，徐温病死，其养子徐知诰继任父职。935 年，杨溥封徐知诰为齐王。次年，徐知诰修缮金陵府作为皇宫，以金陵府（位于今江苏省南京市）为西都，广陵府（位于今江苏省扬州市广陵区）为东都。937 年，杨溥被迫禅位于徐知诰，徐家扶植的傀儡政权南吴灭亡。徐知诰称帝后，初改国号为齐，因徐知诰自认唐室之后，改名李昪（biàn），改国号为唐，史称南唐。徐知诰将杨溥迁居润州（今江苏省镇江市润州区），修建丹阳宫让他居住，杨溥从此身穿道服，学辟谷食气方术。同年，杨溥在丹阳宫幽禁而死，时年三十八岁，谥号睿皇帝。

2. 南唐　称臣国亡

南唐（937—975）是十国政权之一，为李昪（biàn）（原名徐知诰，南吴徐温的养子）在江南所建立，定都江宁（今江苏省南京市）。937 年，南吴齐王李昪逼迫南吴睿帝杨溥禅位，灭亡南吴，建立南唐。975 年，北宋出兵攻占江宁，南唐后主李煜投降，南唐灭亡，历经三帝，历时三十八年。南唐是十国中版图最大的政权，最盛时幅员三十五个州，疆域大约占今江西省、安徽省、江苏省、福建省、湖北省和湖南省等省的一部分，为中国南方的经济开发做出了重大贡献。

南唐烈祖李昪灭南吴称帝，定都金陵（今江苏省南京市），改金陵为江宁，建立南唐。他发展生产，国泰民安。长子南唐元宗李璟即位，前期四处征战，开疆拓土，后期政治腐败，民不聊生，但他好诗词，留下千古名句："细雨梦回鸡塞远，小楼吹彻玉笙寒。"（《摊破浣溪沙》）后周出兵夺取南唐淮南江北十几州，李璟逼迫割地称臣，迁都洪州（今江西省南昌市）。其六子南唐后主李煜（李后主）在江宁即位，面对强大的北宋，忧惧不安，降制尊宋，向北宋纳贡以保全基业。李煜吟唱作乐，忧愁悲歌。北宋出兵讨伐，攻占江宁，李煜投降，南唐被宋一统。李煜亡君词帝，以一曲"问君能有几多愁？恰似一江春水向东流"结束了"千古词帝"的一生。

南唐建立

南唐烈祖李昪（888—943）小字彭奴，出身微贱，六岁时父亲李荣在战乱中失踪，他被徐温抚养，取名徐知诰。937 年，徐知诰灭亡南吴称帝，定都金陵（今江苏省南市），改金陵为江宁，是为江宁府，国号齐。939 年，徐知诰自称是唐宪宗之子建王李恪的四世孙，改名为李昪，改国号为唐，史称南唐。

息兵安民

李昪在位期间，志在固守吴国旧地，息兵安民，无意开拓。李昪有古贤主之风，他对内勤于政事，变更旧法，礼贤下士，虚心纳谏，轻徭薄赋，保境安民，与民休息，兴科举、建学校，文化昌盛。对外与吴越和解，保持国家相对安定的环境，社会生产有所发展。与同时割据诸国相比，南唐最为强大。943 年，李昪因病去世，终年五十六岁，谥号光文肃武孝高皇帝，庙号烈祖，史称南唐先主。李昪长子李璟即位，是为南唐元宗。

灭闽亡楚

南唐元宗李璟（916—961）自幼喜好读书，多才多艺。他即位后，开始大规模对外用兵。945 年，攻灭闽国。951 年，灭亡南楚，使得南唐疆土达到最大。但是，李璟个人奢侈无度，政治腐败，导致民不聊生，怨声载道，国力下降。李璟常与宠臣韩熙载、冯延巳等饮宴赋诗，李璟的词作感情真挚，风格清新，其诗词被收入《南唐二主词》。

割地称臣

958 年，南唐被后周夺取淮南江北十几州，划长江为界。李璟被迫割地称臣，去掉帝号，改称江南国主，史称南唐中主。961 年，李璟从金陵迁都洪州（今江西省南昌市），称南昌府。他立六子李煜为太子监国，留守江宁（今江苏省南京市）。961 年，李璟病逝，时年四十六岁，谥号明道崇德文宣孝皇帝，庙号元宗。其六子李煜在江宁即位，是为南唐后主、李后主。

降制尊宋

南唐后主李煜（937—978）精于书法，擅长绘画，贯通音律，研究诗文，尤其词作的成就最高。他天性纯孝，好生戒杀，但骄奢声色，吟唱作乐。960 年，后周殿前都点检赵匡胤发动“陈桥兵变”，后周灭亡，建立北宋。李煜尊宋为正统，年年岁贡以保平安。972 年，李煜降制尊宋，下令贬损仪制：下“诏”改称“教”；改中书、门下省为左、右内史府，尚书省改为司会府，御史台改为司宪府，翰林改为文馆，枢密院改为光政院；降诸“王”为“公”。他在位期间，寄希望于向宋纳贡以保全基业，除了岁贡外，每逢宋廷用兵或有重大活动，也进厚礼以示支持和祝贺，殷勤侍奉宋朝。李煜始终生活在恐惧和忧郁之中，整日设宴酣饮，忧心似焚，忧愁悲歌。

社稷归宋

974 年，宋太祖赵匡胤以祭天为由，诏李煜入京，李煜托病不从。北宋遂出兵讨伐，李煜下令全城戒严，停止沿用北宋年号，招募兵卒，筑城聚粮，全力御敌。但因双方势力强弱悬殊，兵败如山倒，一败涂地。975 年，宋兵攻占江宁，李煜投降，南唐覆灭。976 年，李煜被俘送到京师开封，被宋太祖封为违命侯，拜左千牛卫将军，后改封为陇西公。978 年，宋太宗于开封赐鸩毒杀了李煜，时年四十二岁，北宋赠为太师，追封吴王。

3. 前蜀　乞降后唐

前蜀（903—925）是十国政权之一，由舞阳（今河南省漯河市舞阳县）人王建所建，定都成都（今四川省成都市）。891 年占据四川，于 903 年受封为蜀王。907 年，朱温灭唐，建立后梁。蜀王王建不承认后梁，同年称帝，建立前蜀。925 年，后唐庄宗李存勖发兵攻打前蜀，前蜀末帝王衍投降，前蜀灭亡，历经二帝，历时十八年。前蜀盛时疆域为今四川省大部、甘肃省东南部、陕西省南部、湖北省西部等。前蜀很少有大规模战争，社会生产基本正常，但政治腐朽，贿赂成风，人民负担沉重。

唐末神策军将领、蜀王、前蜀高祖王建建立前蜀，他励精图治，友好后梁，强军安民，与民休息。但后期赋税繁重，冤杀大臣。其太子元膺兵变失败被杀，其子前蜀末帝王宗衍（改名王衍）即位。王衍在位期间，残暴昏庸，荒淫无道，政治腐败。后唐庄宗李存勖（xù）发兵攻打前蜀，成都沦陷，王衍投降，前蜀覆灭。

前蜀建立

前蜀高祖王建（847—918）于唐末加入忠武军，成为忠武八都都将之一。唐末黄巢起义军攻陷长安，唐僖宗逃往巴蜀。宦官将领杨复光率忠武军八都头击败了朱温，王建身为忠武军八都都将之一，因救驾唐僖宗有功，被封为神策军将领，先后任壁州（今四川省巴中市通江县）刺史、利州（今四川省广元市）刺史，开创了将帅遥领州镇的先河。之后他夺取西川，吞并东川，903 年被唐昭宗封为蜀王，成为当时最大的割据势力。906 年，王建攻取归州（今湖北省宜昌市秭归县），占有三峡之地。907 年，朱温篡位，建立后梁。王建不承认后梁，同年称帝，是为前蜀高祖，国号大蜀，史称前蜀，定都成都（今四川省成都市）。

强军安民

王建在位时，尊重人才，知人善任，励精图治，整顿吏治，注重农桑，兴修水利，扩张疆土，少有大规模战争，与后梁保持友好关系，实行与民休息的政策，社会生产基本稳定。王建为骑将出身，注重发展军事，与吐蕃人交易马匹，组建了一支强大的骑兵部队。但后期赋税繁重，大修宫殿，冤杀大臣，矛盾激化。

太子兵变

913年，王建宠臣太子少保唐道袭诬称太子元膺（即王宗懿）谋反，元膺害怕遂发动兵变，杀死唐道袭，元膺兵败被杀，王建立第十一子郑王王宗衍为太子。918年，王建病逝，终年七十二岁，谥号神武圣文孝德明惠皇帝，庙号高祖。其太子王宗衍即位，改名王衍，是为前蜀末帝。

荒淫失国

前蜀末帝王衍（899—926）即位后残暴昏庸，奢侈荒淫，委政于宦官、狎（xiá）客，营建宫殿，日夜饮酒，巡游诸郡，耗资巨大。太后、太妃卖官刮财，臣僚贿赂成风，人民负担日益加重，政治十分腐败。925年，后唐庄宗李存勖发兵攻打前蜀，成都沦陷，王衍带着棺材，绑缚自己投降，前蜀覆灭。926年，后唐庄宗下诏书召王衍入洛阳，王衍率领宗族和前蜀大臣及家族几千人去洛阳，途中经秦川驿（今陕西省、甘肃省渭水平原一带）时，李存勖遣人将他和其亲族一起杀害，时年三十八岁，后被后唐追封为顺正公。

4. 后蜀　据险一方

后蜀（934—965）是十国政权之一，由两川节度使、蜀王孟知祥所建立，定都成都。934年，后唐蜀王孟知祥在成都称帝，建立后蜀。965年，北宋太祖赵匡胤派大将王全斌率大军攻打后蜀，后蜀末帝孟昶率众投降，后蜀灭亡，历经二帝，历时三十一年。后蜀疆域比前蜀要小，盛时疆域约为今四川省大部、甘肃省东南部、陕西省西南部、湖北省西部。后蜀很少战乱，经济文化发达，社会安定。后期政治逐渐腐败，没能守住繁华盛世。

后蜀高祖孟知祥原为后唐蜀王，出任两川节度使。他举兵反叛，在成都称帝，史称后蜀。其太子后蜀末帝孟昶继位，据险一方，勤政爱民，维持安宁。后期奢侈淫靡，好大喜功，专宠花蕊夫人，不思国政。后蜀亡国前一年春节，孟昶在桃木板上题写了历史上第一副春联“新年纳余庆，嘉节号长春”，以示新意。他做梦也没想到，来年后蜀就归宋，宋太祖赵匡胤派来的地方官竟叫吕余庆，寓意深长。宋太祖赵匡胤派大将王全斌率大军攻打后蜀，攻陷成都，孟昶率众投降，后蜀灭亡。

后蜀建立

后蜀高祖孟知祥（874—934）年轻时得到晋王李克用的赏识，被任命为左教练使，并娶李克用之女琼华长公主为妻，成为李克用的女婿。923 年，李克用之子李存勖称帝（后唐庄宗），灭后梁建立后唐，定都洛阳。李存勖将太原府升格为北京，任命孟知祥为北京留守、太原尹。925 年，后唐灭前蜀，后唐庄宗任命孟知祥为成都尹、剑南西川节度使。926 年，后唐庄宗被杀，李克用养子李嗣源即帝位（后唐明宗）。933 年，后唐明宗任命孟知祥为检校太尉兼中书令，行成都尹、剑南东西两川节度使、管内观察处置、统押近界诸蛮，兼西山八国云南安抚制置等职，册拜为蜀王。同年，后唐明宗驾崩。934 年，孟知祥在成都称帝，国号蜀，史称后蜀，又称孟蜀。同年，孟知祥登基仅七个月便突发急病而亡，终年六十一岁，谥号武圣德英烈明孝皇帝，庙号高祖。其太子孟昶（孟知祥第三子）即位，是为后蜀末帝。

铲除旧臣

后蜀末帝孟昶（919—965）之母李氏，本是后唐庄宗李存勖的嫔妃，李存勖将李氏赐给了孟知祥。919 年，孟昶在太原（今山西省太原市）出生。孟昶年少即位，政事由孟知祥的旧臣处理。旧臣们专权贪纵，恃功骄横，骄惰不驯，目无法纪，穷极奢侈。至948年，孟昶将旧官僚一一铲除，满朝慑服，孟昶开始亲政。

勤政爱民

947年，契丹灭后晋时，后蜀趁中原混战之际，孟昶发兵攻取秦（今甘肃省天水市秦州区）、凤（今陕西省宝鸡市凤县凤州镇）、阶（今甘肃省陇南市武都区）、成（今甘肃省陇南市成县）四州，收复前蜀之地。955年，后周世宗柴荣发兵攻打后蜀，占领秦、凤、成、阶四州，后蜀朝野震惊。之后，柴荣安抚四州民众，停止了对后蜀的军事行动。孟昶很幸运地生在晋、汉之时，中原多事，孟昶没有丝毫夺取中原的雄心，所以能够据险一方，在位时间长达三十二年。孟昶是一位难得的明君，他励精图治，废除苛法，手著官箴，发展农桑纺织事业，境内少有战事，经济发展稳定，民生恢复，府库殷实。后蜀是五代十国时期经济文化较发达的地区，维持了三十多年的安宁和平。

降宋亡国

然而孟昶过于自负、自信，忘记了居安思危，最终丢掉江山。孟昶在位后期贪图逸乐，奢侈淫靡，不思国政，不懂军事，好大喜功。尤其是得了贵妃花蕊夫人费慧后，更是穷奢极欲，对其宠爱有加。花蕊夫人独享专宠二十二年。965年，北宋太祖赵匡胤派大将王全斌率大军攻打后蜀，兵临城下，孟昶率众投降，后蜀灭亡。北宋军从出兵到灭亡后蜀，前后不过六十六天时间，后蜀已经没有任何战斗力，不堪一击。后蜀文州（今甘肃省陇南市文县）刺史全师雄坚持抗战，直到第二年才被镇压。当初前蜀皇帝王衍的翰林学士李昊，在王衍败亡时，为王衍起草降表，后来又为孟昶写降表，蜀人夜间在他家门上写了“世修降表李家”。孟昶投降北宋后，被从成都押送到北宋京师开封。孟昶临行时，成都有数万百姓冒着生命危险为他送行，男女老少人人流泪沿江护送，孟昶也掩面痛哭，送行队伍一直从成都送到犍为（今四川省乐山市犍为县），达数百公里，其场面十分感人。同年，孟昶到达开封，被授为检校太师兼中书令，封秦国公。七天后，孟昶去世，时年四十七岁，追赠尚书令、楚王，谥号恭孝。

5. 南汉　太监王国

南汉（917—971）是十国政权之一，由清海军节度使、南海王刘龑（yǎn）所建立，建都番禺（今广东省广州市番禺区）。917 年，后梁南海王刘龑称帝，史称南汉。971 年，北宋发兵攻打南汉，攻破番禺，南汉后主刘鋹（chǎng）投降，南汉灭亡，历经四帝，历时五十四年。南汉是岭南历史上继南越国后建立的第二个地方割据政权，占据今天广东省、广西省、海南省三省。南汉坚持科举，依靠士人治政，尽任士人为诸州刺史，避免了军阀割据称雄之患。岭南地区的农业在唐代的基础上进一步向前发展，商业贸易活跃，经济发达。但南汉后期政权宦官势大，朝堂之上皆太监、女官，朝廷滥用酷刑，民众疾苦不堪。数代昏君执政，个个暴虐无道，一代不如一代，南汉国力日衰。

南汉高祖刘龑（yǎn）为后梁南海王时，消灭了岭南各个割据势力，正式称帝，建立南汉。他整肃吏治，内政外交，国内安定。之后，他四面征战，重用宦官，民众疾苦。其三子南汉殇帝刘玢（bīn）即位，暴虐无道，被其弟弑杀。其弟南汉中宗刘晟即位，更为荒淫暴虐，诛杀宗室，不思朝政。其子南汉后主刘鋹即位，完全是位昏暴之主，荒淫无度，宠爱波斯女子，由女巫掌政，糜烂不堪。北宋攻陷番禺，刘𬬮投降，南汉灭亡。

南汉建立

南汉高祖刘龑（889—942）又名刘䶮（zhù），初名刘岩、刘陟。908 年，其兄南海王刘隐兼任清海、静海两镇节度使，刘龑为节度副使。唐亡后，刘隐臣服于后梁。911 年，刘隐去世，其弟刘龑继任其位，被封为南海王。刘龑执政后，在岭南逐步消灭了各个割据势力。917 年，刘龑正式称帝，初立国号大越，次年改国号为汉，史称南汉，定都兴王府（位于今广东省广州市番禺区）。

内政外交

刘龑在位时，正逢唐朝末年，中原大乱，四海鼎沸。相对而言，岭南却是一块平静的乐土，是最后一个割据的地方。刘龑对内礼贤下士，整肃吏治，文士为官，重视商业，扶持经贸，兴学校，倡教育，促进了岭南文化、经济的发展和繁荣。南汉对外主要与楚、南唐和闽相邻，刘龑讲信修睦，以通邻好，与邻国和好，维护了岭南的安定局面，使岭南人民得以休养生息。

四面征战

928 年，雄踞湖南的马楚派水军攻打南汉封州（今广东省肇庆市封开县），被南汉击退。930 年，刘龑发兵攻打交趾（今越南北部），擒获静海节度使曲承美等人。931 年，爱州（今越南清化）杨廷艺反叛南汉攻打交州（今广东省和广西壮族自治县大部），交州刺史李进败逃回南汉被杀。刘龑派遣大将军程宝攻打杨廷艺，程宝最终战死。936 年，刘龑派将军孙德晟攻打蒙州（今广西壮族自治县梧州市蒙山县东南古湄），但未能攻克。937年，交州牙将皎公羡杀死，杨廷艺自立，杨廷艺的部将吴权攻打交州。刘龑封其子刘洪操为交王，父子一起率兵攻打吴权。刘洪操战死，刘龑兵败而归。但是，政局稳定之后，刘龑年高志逸，开始大建宫殿，极尽奢侈，排斥士人，重用宦官，滥施酷刑，民众不堪其苦。942年，刘龑去世，时年五十四岁，谥号天皇大帝，庙号高祖。其第三子刘弘度即位，改名为刘玢（bīn），是为南汉殇帝。

暴虐无道

南汉殇帝刘玢（920—943）即位后，骄傲奢侈，荒淫无度，滥杀无辜，甚至夜间同娼女鬼混，不思治国，政事废弛。境内发生反抗起义，国力下降。943年，刘玢被其弟、刘龑第四子晋王刘弘熙弑杀，年仅二十四岁，谥号为殇帝。刘弘熙自立，改名刘晟，是为南汉中宗。

南汉中宗刘晟（920—958）更为荒淫暴虐，滥用酷刑，任用宦官、宫女为政，是一个典型的残暴君主。他诛灭旧臣及自己的兄弟、侄子，甚至将侄女收入后宫，使南汉国力日益衰弱。951年，刘晟趁南楚为南唐所灭之际，占有南楚岭南之地。958年，刘晟病逝，时年三十九岁，谥号文武光圣明孝皇帝，庙号中宗。其长子刘继兴即位，改名刘𬬮，是为南汉后主。

亡于北宋

南汉后主刘𬬮（942—980）亦是昏暴之主，荒淫无度，统治昏庸。他只信任宦官、宫女，甚至将大臣阉了做太监，任命宫女为高官。当时，他非常宠爱一名波斯女子，与之淫戏于后宫，把政事交给女巫樊胡子，朝政糜烂不堪，南汉在他手中彻底腐朽堕落。970

年，北宋行营诸军都部署、朗州团练使潘美领兵攻打南汉，一连夺取南汉的贺州、昭州、桂州、连州和韶州。971 年，宋军再进攻时，南汉早已无力抵抗，潘美攻破番禺，刘鋹素服投降，南汉灭亡。刘鋹投降后被押送开封，宋太祖任命其为右千牛卫大将军，封恩赦侯。宋太宗即帝位后，改封其为卫国公。980 年，刘鋹去世，时年三十九岁，追封为南越王，谥号后主，史家称南汉后主。

6. 南楚　上奉天子

南楚（907—951）是十国政权之一，由马殷建立，建都潭州（今湖南省长沙市）。907 年，后梁封唐朝潭州刺史马殷为楚王，建立南楚。951 年，南唐出兵攻占长沙，南楚灭亡，经历六主，历时四十四年。南楚是历史上唯一以湖南为中心建立的政权，领地占据今湖南省全境和广西壮族自治区大部、贵州省东部和广东省北部。南楚在建国之初就奉行“上奉天子”的政策，除马希萼时向南唐称臣外，其余都承认五代各朝为宗主国。南楚沿袭唐朝地方官制，分节度使、州、县三级体制，州以州刺史为主要长官。南楚充分利用地方资源，发展了以农业为主的社会经济，商业、手工业和矿冶业均比较发达。南楚后期，众驹争槽，内乱不止，走向衰亡。

朱温灭唐，建立后梁，封唐末潭州刺史、判湖南军府事马殷为楚王，史称南楚。马殷采取“上奉天子，下奉士民”策略，保境安民，发展经济。马殷次子衡阳王马希声即位，奉父遗命，不称王，只称藩。兄终弟及，马希声异母弟南楚文昭王马希范即位。马希范签订《溪州盟约》，开创了湘西土家族民族自治的先河。马希范弟马希广即位，其众兄弟为争王位，众驹争槽，发生内乱。马希范兄长马希萼叛乱，弑君自立，向南唐称臣。马希萼同母弟马希崇叛乱，将马希萼囚禁衡山（今湖南省衡阳市南）自立。马希萼再度出山，声讨马希崇。南唐乘南楚内乱，进军湖南，攻占长沙，马希崇举家投降，南楚灭亡。

进封楚王

南楚武穆王马殷（852—930）是东汉开国功臣伏波将军马援之后。895 年，唐昭宗任命刘建锋为检校尚书左仆射（yè）、武安军节度使，马殷为刘建锋的内外马步军都指挥使。896 年，胸无大志的刘建锋私通部下陈赡之妻，被陈赡所杀，众将杀死陈赡。同年，马殷被唐昭宗任命为潭州刺史、判湖南军府事。随后，马殷平定湖南，收复各州。907 年，朱温称帝，建立后梁，马殷被封为侍中兼中书令、楚王，定都潭州（今湖南省长沙市），升潭州为长沙府，史称马楚，又称南楚、楚国。

附唐建国

马殷封王当年，派秦彦晖攻打朗州（今湖南省常德市），武贞军节度使雷彦恭投奔淮南，其弟雷彦雄等被擒获，澧州（今湖南省常德市澧县）、辰州（今湖南省怀化市沅陵县）、叙州（今湖南省怀化市）等地全部归附马殷。908 年，马殷派步军都指挥使吕师周攻打岭南，与清海军节度使刘隐十余战，夺取昭州（今广西壮族自治区桂林市平乐县）、贺州（今广西壮族自治区贺州市）、梧州（今广西壮族自治区梧州市）、蒙州（今广西壮族自治区梧州市蒙山县）、龚州（今广西壮族自治区贵港市平南县）、富州（今广西壮族自治区贺州市昭平县）。912 年，后梁封马殷为武安、武昌、静江、宁远等军节度使，洪、鄂四面行营都统。923 年，李存勖灭亡后梁，建立后唐，马殷归顺后唐。927 年，后唐明宗封其为南楚国王。马殷内修宫殿，设置百官，建立王国。他在位时，采取“上奉天子，下奉士民”策略，宽厚大度，减轻赋税，奖励农桑，发展茶叶，倡导纺织，重视贸易，不兴兵戈，保境安民，很少主动对外交战，使得湖南经济得以繁荣。930 年，马殷去世，终年七十九岁，谥号武穆王。其次子马希声即位，是为衡阳王。

兄终弟及

衡阳王马希声（898—932）奉马殷的遗命，除去建立楚国的规制，恢复节度使藩镇的旧制，不称王，只称藩。后唐任命马希声为武安、静江节度使，兼中书令。932年，马希声去世，时年三十四岁，被追封为衡阳王。其异母弟镇南节度使马希范即位，是为南楚文昭王。

溪州盟约

南楚文昭王马希范（898—947）因俗而治，宽容大度。马希范的妻子顺贤夫人彭氏是溪州（今湖南省湘西州永顺县东南）刺史土家族首领彭士愁的堂姐，相貌一般，但治家得法，马希范非常惧内。934 年，后唐封马希范为楚王。938 年，顺贤夫人彭氏去世，马希范开始纵情声色，不分内外，通宵饮宴娱乐。曾有一商人妻子漂亮无比，马希范杀害其丈夫欲占有其妻，商人妻被逼自尽。马希范对溪州等地征收苛捐杂税，引起彭士愁的不满，双方矛盾激化，相互开战。940 年，双方议和，签订《溪州盟约》，铸铜柱立于溪州会溪坪。彭士愁与南楚划江而治，酉水之南归楚，酉水之北归彭士愁。自此，结束了彭士愁与楚王之间长达两年的割据战争，开创了土家族民族自治的先河，为日后土司制度的诞生奠定了基础。马希范在位后期，奢欲无度，自喻龙体，昏庸无道，兴修宫殿，卖官鬻爵，加重赋敛，剥削人民，残害忠良。不思远虑，危亡无日。947 年，马希范去世，时年四十九岁，谥号文昭王。其众子争夺王位，马希范同母弟马希广（马殷第三十五子）胜出即位。

众驹争槽

马希广（？—950）即位后，后汉高祖刘知远封马希广为天策上将军、武安军节度使、江南诸道都统，兼中书令、楚王。马希广兄长马希萼（马殷第三十子）争位失败，心有不甘，大臣们向马希广建议趁马希萼到潭州（今湖南省长沙市）奔丧之机将其除掉。马希广性情温顺，小心谨慎，心存仁厚，顾念兄弟情义，不愿杀害兄长。949 年，马希萼叛乱，战败后马希广以不愿伤其兄为由，放弃追击，终酿祸患。950 年，马希萼勾结辰州（今湖南省怀化市）、梅山（今湖南省益阳市安化县）的蛮族军再度攻击马希广，守将投降，潭州陷落，马希广被擒。马希萼将马希广赐死，史称南楚废王。马希萼自称天策上将军，武安、武平、静江、宁远等军节度使，楚王。

马希萼（900—953）即位后，因不满当初后汉偏袒马希广，转而向南唐称臣。马希萼志得意满，却毫无治国能力，杀戮报复，纵酒荒淫，不理朝政，政事混乱，将事务都交给同母弟马希崇处理。马希崇阴险狡猾，趁机发展自己的势力。马希萼仅当了九个多月的楚王，同年又被马希崇发动政变推翻，马希崇自称楚王，将马希萼押往衡山（今湖南省衡阳市南）囚禁。从 949 年到 951 年，南楚兄弟混战，争夺王位，史称“众驹争槽”。

南唐灭楚

南楚后主马希崇袭位后，仅称武安留后，亦纵酒荒淫，人心不附，地方将臣联兵进攻长安。在衡山看押马希萼的将官奉马希萼为衡山王，招兵买马，声讨反贼。四面楚歌的马希崇，无奈之下向南唐求救。951 年，南唐乘南楚内乱，派大将边镐率军进入湖南，轻而易举地攻占长沙，马希崇袭位仅二十六天便举家投降，南楚灭亡。马希崇同族人及将佐千余人被押至金陵，马希崇被南唐封为永泰节度使，再被送到扬州居住。马希萼被南唐任命为江南西道观察使，仍封楚王，居洪州（今江西省南昌市），其后在入朝时被南唐元宗李璟扣留。952 年，南唐在湖南还未站稳脚跟，马殷旧将刘言起兵击败南唐军，收复被南汉占据南楚南岭以北的故地郴州（今湖南省郴州市）、连州（今广东省清远连州市）。953 年，刘言被后周太祖任命为检校太师、同平章事、朗州（今湖南省常德市）大都督、充武平节度使，制置武安、静江等军事。同年，刘言被武安节度使王逵杀害。这一年，马希萼在南唐都城金陵（今江苏省南京市）去世。956 年，后周攻打南唐，占领包括扬州在内的淮南地区，马希崇及其兄弟十七人又被迁往后周都城大梁（今河南省开封市），后周世宗封马希崇为右羽林统军，其后事迹史书未载，不知所终。

7. 吴越　纳土归宋

吴越（907—978）是十国政权之一，由后梁吴越王钱镠（liú）所建立，定都杭州（今浙江省杭州市）。907 年，朱温篡唐称帝，建立后梁，封钱镠为吴越王，史称吴越。978 年，吴越忠懿王钱俶（chù）自献封疆，纳土归宋，吴越灭亡，历经三代五王，历时七十一年。吴越国先后尊后梁、后唐、后晋、后汉、后周和北宋等中原王朝为正朔，并且接受其册封。其疆域占据今浙江省全境、江苏省东南部苏州市、上海市和福建省福州市一带，吴越国除两度遣兵入闽国外，没有发生什么重大战事，在十国中相对比较安定。吴越官制上仿效唐制，除了对中原王朝称臣，不设枢密院与枢密使以外，其余和唐朝时期的官制相似。吴越兴修水利，发展农业，商业繁华，陶瓷业尤为发达，印刷技术领先。

吴越武肃王钱镠被后梁封为吴越王，建立吴越，占据两浙（浙东与浙西路）十三州。钱镠治理水灾，发展生产。他与其第七子吴越文穆王钱元瓘（guàn）始终尊崇中原，偏安东南。钱元瓘第六子年幼的吴越忠献王钱佐即位，勤于政务，铲除权臣，免税三年，保境安民。钱佐异母弟吴越忠逊王钱倧（zōng）即位，内牙统军使胡进思发动政变，软禁钱倧，其弟吴越忠懿王钱俶（chù）即位。钱俶保护兄长钱倧一家平安，直到善终。他励精图治，勤政爱民，使得吴越丰衣足食。在宋太祖赵匡胤最后消灭了割据政权南唐、十国之中仅剩吴越时，钱俶遵循祖训，重民轻土，纳土归宋。钱俶的历史远见和博大胸襟，使得吴越的生产力免遭破坏，人民免遭生灵涂炭，成就了一段顾全大局、中华和平一统的历史佳话。

吴越建立

吴越武肃王钱镠（852—932）于875年投奔藩镇将领董昌的土团军队任偏将，跟随董昌保护乡里，抵御乱军，随军平定王郢之乱。887年，董昌被正式任命为越州观察使，钱镠则为左卫大将军、杭州刺史。893年，唐昭宗拜钱镠为镇海军节度使、润州刺史，承认了他对浙江西道的统治权。895年，董昌在越州（今浙江省绍兴市）自立为帝，建立大越罗平国，钱镠带兵平定，董昌跳江自杀。907年，朱温篡唐称帝，建立后梁，并封钱镠为吴越王，兼任淮南节度使。钱镠占据了两浙十三州，成为江浙一带颇有实力的割据者。钱镠领浙江西道、浙江东道两道节度使，定都杭州，建立吴越。

尊崇中原

908年，后梁朱温又加封钱镠（liú）为守中书令，之后，又加授太保、尚书令。910年，钱镠动员大批劳力，修筑钱塘江沿岸护堤，在江边用木桩固定巨大石笼，形成坚固的江堤，预防水灾，方便灌溉。923年，后梁册封钱镠为吴越国王，正式建立吴越国。同年，后梁灭亡，李存勖建立后唐，李存勖赐予钱镠只有皇帝才享有的玉册、金印。由于吴越偏安东南一隅，吴越始终尊奉中原为正统王朝。钱镠家风谨严，人才兴盛，宋朝皇帝称“忠孝盛大唯钱氏一族”。吴越钱氏家族被公认为“千年名门望族，两浙第一世家”。932年，钱镠去世，终年八十一岁，谥号武肃王。钱镠共有三十八子，其第五子钱元瓘（guàn）即位，是为吴越文穆王。

吴越文穆王钱元瓘（887—941）早年曾历任盐铁发运巡官、尚书金部郎中、检校尚书左仆射、内牙将指挥使，后被朝廷封为镇海、镇东节度使。933年，后唐赐封钱元瓘为吴王。934年，钱元瓘进封吴越王。937年，他被后晋封为吴越国王。钱元瓘善抚将士，好儒学，善为诗，友爱兄弟。941年，吴越府署着火，宫室府库几乎烧光，钱元瓘因惊惧得了狂疾，因病去世，时年五十五岁，谥号穆王。钱元瓘十四岁的第六子钱佐即位，是为吴越忠献王。

保境安民

吴越忠献王钱佐（928—947）性格温和谦恭，喜好读书，礼贤下士，勤于政务。后晋封他为镇国大将军、右金吾卫上将军、员外置同正员、领镇海镇东等军节度使、检校太师兼中书令、吴越国王。钱佐虽然年幼，但不失果断，拔奸发伏，铲除权臣，免除境内三年赋税，减轻民负。945年，南唐出兵攻打闽国，钱佐为恤邻保境，发兵三万相救，取得胜利，保障南部边境安宁。947年，钱佐英年病逝，年仅二十岁，谥号忠献王。因其子年幼，由其异母弟钱倧（zōng）（钱元瓘第七子）即位，是为吴越忠逊王。

政变遭废

吴越忠逊王钱倧（929—973）聪明机敏，严厉刚毅。他即位当年，后汉朝廷任命钱倧为东南兵马都元帅，镇海、镇东节度使，兼任中书令，吴越王。947 年年底，内牙统军使胡进思发动政变，将钱倧软禁在义和院，假传钱倧因突然中风，传位给其弟钱俶（chù）(钱元瓘第九子)，是为吴越忠懿王。

保兄善终

吴越忠懿王钱俶（929—988）即位后，胡进思多次进言处死钱倧，钱俶没有同意。他将兄长钱倧及其妻儿迁居到越州（今浙江省绍兴市）衣锦军私宅，赐予丰厚的财物，并派匡武都头薛温带领亲兵守卫保护。胡进思曾派两名刺客刺杀钱倧，没有成功，刺客被薛温杀死。钱倧直到 975 年病故，终年四十七岁，谥号忠逊王。

最后归宋

钱俶（chù）在位期间，励精图治，对荒废田亩，纵民耕种，公不加赋，民心大悦，使得境内无弃田，粮食丰收。钱俶嗣位三十余年，继承了祖先留下的繁荣，也继承了祖先留下的遗训，按时对中原诸王朝贡奉，其间恭事后汉、后周和北宋。975 年，宋太祖赵匡胤最后消灭了割据政权南唐，十国之中仅剩吴越。978 年，钱俶审时度势，遵循祖训，以天下苍生安危为念，为保一方平安，采取重民轻土之善举，到京师开封，自献封疆，纳土归宋。钱俶归宋后，先后被封为淮海国王、汉南国王、南阳国王，又辞国号，改封许王，进封邓王。十年后的 988 年，钱俶六十大寿，与朝廷的贺寿使者宴饮至夜暮，当夜暴卒，谥号忠懿王。

8. 闽国　短暂盛世

闽国（909—945）是十国政权之一，由唐朝威武军节度使、琅琊郡王王审知建立，先后定都于长乐府（今福建省福州市）、建州（今福建省南平建瓯市）。909 年，唐末琅琊王王审知被后梁朱温封为闽王，建立闽国。945 年，南唐出兵攻陷福州，闽末代帝王延政投降，闽国灭亡，历经六王，历时三十六年。其领地占据福州、建州、泉州、漳州、汀州五州，与今福建省大致相当。闽国的发展主要出现在王审知时，农业发展，重视教育，手工业、商业发达，社会安定，百姓安居，经济文化发展。后期，闽国宗室骨肉相残，政治腐败，国政混乱，盛世一去不返。

王审知心系百姓，发展生产，和睦四邻，创造和平盛世。其长子闽嗣主王延翰即位，骄淫奢侈，荒淫无道，其弟闽太宗王延钧联手王审知养子建州刺史王延禀（bǐng）杀兄篡位。之后，王氏兄弟出现内讧，朝政混乱。王延禀父子再度谋反叛乱，兵败被杀。王延钧迷信妖巫，重用奸佞，滥杀无辜。其皇后陈金凤淫乱，相互陷害，一片混乱。王延钧及其次子王继韬和陈皇后被王延钧长子王继鹏联合皇城使李仿一同杀害，闽康宗王继鹏即位。王继鹏更加荒淫无耻，诛杀王室，兵变被杀。王审知七子闽景宗王延羲即位，更为荒淫无度，残害大臣，民怨四起。王延羲的弟弟建州刺史王延政在建州（今福建省南平市建瓯市）分裂建国称帝，国号殷。王延羲最终同样遭兵变被杀，王延政虽恢复闽国，但已无力回天。南唐元宗李璟趁闽国内乱，发兵攻陷福州，闽国灭亡。

闽国建立

闽太祖王审知（862—925）是威武军节度使王潮之弟，相貌雄伟，体魄健壮，军中称他为“白马三郎”。王审知与两位兄长王潮、王审邽（guī）一起加入王绪的农民军，随军转战安徽、河南、福建。王绪为人多疑，凡有才能的部将，都找借口将其杀掉。王潮发动兵变，将王绪擒获囚禁军中，不久王绪自杀，王潮被众将拥戴为首领。886年，福建观察使陈岩任命王潮为泉州刺史。王潮接任后，兄弟三人同心协力，整顿军队，严明纪律，关心士卒，爱护百姓，得到福建广大军民的拥戴。896年，唐廷升福州为威武军，任王潮为威武军节度使，后升任检校尚书右仆射（yè）。897年，王潮去世，王审知接任兄职，唐廷任其为威武军节度使、福建观察使，累迁至检校太保、同中书门下平章事，封琅琊王。909年，后梁朱温升任王审知为中书令，封闽王，定都闽侯（即长乐府，今福建省福州市），建立闽国。

和平盛世

王审知在位时，安民济物，整顿吏治，选贤任能，宽刑简政，减轻徭役，降低税收，重视生产，兴修水利，让百姓得以休养生息。三十年之间，管辖境内平安欢乐，使福建的经济和文化得到很大发展。王审知禁止滥杀，军纪严肃，对外谨事四邻，尽量避免战争。916年，王审知将女儿嫁给吴越国国王钱镠之子钱传珦（xiàng），次年命次子王延钧娶南汉君主刘龑（yǎn）之女。同时，他与中原王朝保持朝贡关系。王审知治理下的福建呈现和平盛世，在福建地方发展史上留下光辉的一页。王审知深得百姓衷心爱戴，不愧是一个卓越的政治家、军事家。925年，王审知去世，终年六十四岁，追谥昭武孝皇帝，庙号太祖。因其对福建发展贡献很大，被尊称为“开闽尊王”“开闽圣王”“忠惠尊王”。其长子王延翰即位，是为闽嗣王。

杀兄篡位

闽嗣王延翰（？—926）即位后，自称威武留后。次年，后唐任命王延翰为威武军节度使。同年，王延翰自称大闽国王，但仍向后唐称臣。王延翰在位期间，骄淫奢侈，大修宫殿，在福州城西筑室十余里，号称“水晶宫”，选取众多民女充实后宫，经常携后妃游宴。其弟王延钧上书极力劝谏，王延翰非常生气，安排王延钧出任泉州刺史，造成兄弟不睦，产生嫌隙。926 年，王延钧联手王审知养子建州刺史王延禀（bǐng）反叛，进军都城福州，抓获王延翰将其斩杀，史称闽嗣主。王审知次子王延钧即位，是为闽太宗。自此，王氏兄弟开始内讧相残。

骨肉相残

闽太宗王延钧（？—935）杀兄篡位后，更名为王鏻（lín），后唐明宗任命其为威武军节度使，守中书令，封琅琊王，随后进封为闽王。931 年，王延禀与其子王继雄谋反叛乱，王延禀父子兵败被杀。

932 年，王延钧要求后唐封自己为尚书令，后唐没有答应，王延钧遂断绝双方关系。933 年，王延钧称帝，国号大闽。王延钧在位期间，信鬼崇道，迷信妖巫，宠信道士陈守元，重用奸臣薛文杰，残害贤良，不得民心。王延钧自知闽国国弱地偏，注重与四面邻境搞好关系，境内基本安定。王延钧非常宠爱其父王审知的婢女陈金凤，于 935 年立陈金凤为皇后。同年，王延钧得了风病，陈金凤与他的宠臣归守明通奸，归守明又引荐百工院使李可殷淫乱皇后。李可殷在王延钧面前诬陷皇城使李仿，李仿怀恨在心。而王延钧长子王继鹏奸淫王延钧的婢女李春燕，并向继母陈金凤求助，王延钧很不情愿地将李春燕赐给他。此事惹怒王延钧次子王继韬，王继韬图谋杀害王继鹏，王继鹏遂与皇城使李仿商议计策对付王继韬。这一年，李仿派人把李可殷袭杀。随后，王延钧被长子王继鹏和李仿谋杀，谥号为惠皇帝（一作齐肃明孝皇帝），庙号太宗（一作惠宗）。王继韬及陈金凤、归守明均被李仿所杀，王继鹏即位，是为闽康宗。

闽康宗王继鹏（？—939）即位后，改名王昶，封李春燕为贤妃，次年封为皇后。他同样宠信道士陈守元，卖官鬻爵，横征暴敛，政治腐败。王继鹏更加荒淫无耻，诛杀皇叔、兄弟。王继鹏猜忌宗室叔叔王延羲，王延羲遂装疯卖傻，被软禁自宅。938 年，后晋朝廷册命王继鹏为闽国王。然多行不义必自毙，939 年，控鹤都将连重遇与拱宸都将朱文进合谋兵变，纵火焚烧闽国南宫，王继鹏仓皇出逃，后被其叔王延羲与侄子王继业捕杀，谥号圣神英睿文明广武应道大弘孝皇帝，庙号康宗。王继鹏的妻子均被杀戮无遗，王审知七子王延羲即位，是为闽景宗。

分裂建殷

闽景宗王延羲（？—944）即位后，改名王曦，自称威武节度使、闽国王，后称臣于后晋。王延羲在位期间，骄奢淫逸，荒淫无度，猜忌宗族，残害大臣，卖官鬻爵，比王继鹏有过之而无不及。941 年，王延曦称帝，自称大闽皇。他称帝后更是荒淫无度，酒后滥杀，民怨四起。943 年，王延羲之弟建州刺史王延政在建州（今福建省南平市建瓯市）建国称帝，国号殷，实际国土仅三州五县。

国乱被灭

闽国末代皇帝王延政（？—951）称帝后，944 年，朱文进、连重遇再次发动兵变，杀死王延羲，谥号睿文广武明圣元德隆道大孝皇帝，庙号景宗。朱文进、连重遇对王氏家族展开大清洗，凡留在福州的王氏无论老幼均屠杀殆尽，朱文进自立称帝。王延政及外郡的王氏族人联兵反击连重遇、朱文进，各州不服朱文进，相继投靠王延政。连重遇见大势已去，杀死朱文进欲归降王延政，却被部下杀死，殷国全部收复原先闽的故土，仍以建州为都，以福州为东都，复国号闽。国号虽复，国力却已摇摇欲坠。945 年，南唐元宗李璟闻知闽国内乱，派南唐军攻陷福州，王延政投降，闽国灭亡。王延政被送往南唐都城金陵，南唐帝李璟封他为羽林大将军，次年改封为鄱阳王。南唐灭闽之战，元从都指挥使李仁达背叛闽帝王延政，兵变占据福州，杀死王延政之子王继昌，先拥立具有众望的雪峰寺僧人卓岩明为帝，继而杀之自立，称威武军节度使，向南唐称臣。后李仁达因不愿放弃割据，被唐军围困于福州城中，最终在吴越军的支援下击退唐军，保住了福州。948 年，李仁达在归附吴越后在福州图谋叛乱，被吴越驻军将领鲍修让诛杀。951 年，王延政在金陵去世，被追赠为福王，谥号恭懿。

9. 荆南　称臣诸国

荆南（924—963）是十国政权之一，是十国中最小的政权，由南平王高季兴所建，建都江陵（今湖北省荆州市荆州区），又称南平、北楚。924 年，后唐庄宗李存勖封高季兴为南平王，建立荆南。963 年，荆南末代国君高继冲举族投降北宋，荆南灭亡，历经五王，历时三十九年。荆南疆域始终变化不大，最盛一度辖七州，但前后不过一年而已，主要占据荆州（今湖北省荆州市，湖北省、湖南省、重庆市部分地区）、归州（今湖北省宜昌市秭归县）、峡州（今湖北省宜昌市）三州。荆南经济发达，军事有限，始终没有称帝，一直以藩镇自居，行政区划仅有州、县两级。

后梁渤海王高季兴向后唐称臣，被封南平王，史称荆南。因地理优势，地处交通要冲，高季兴四面打劫，截留各国贡品，甚至截获后唐灭前蜀从蜀地入朝的贡物。同时，他为了获取赏赐而向诸国称臣，反复无常，被诸国称为“高赖子”。高季兴长子文献王高从诲即位后，减轻赋税，交好四邻，依然向诸国称臣，安定辖境。其三子贞懿王高保融与弟贞安王高保勖（xù）两任国君，均无所作为，单纯保守，荒淫无道，不理朝政，荆南走向没落。高保融长子末代国君高继冲即位后，北宋发兵占领江陵，高继冲投降，荆南灭亡。

荆南建国

荆南武信王高季兴（858—928）早年曾为朱温义子朱友让的家奴，后被朱友让收为义子，成为朱温的亲随牙将。907年，朱温称帝，任命高季兴为荆南节度使。914年，高季兴再被封为渤海王。923年，后唐灭后梁后，高季兴向后唐称臣。924年，后唐庄宗李存勖任命其为尚书令，封其为南平王。

四面打劫

因荆南地处南北的交通要冲，南汉、闽国、南楚皆向后梁称臣，而每年贡奉均借道于南平。高季兴在位时，经常截留各国贡品，又为获取赏赐而向诸国称臣，反复无常，被诸国称为“高赖子”。荆南区域经过唐末战乱，经济萧条，生产破坏，民不聊生。高季兴招徕流民，安抚士吏，发展农商，稳定社会，使荆南面貌迅速改观。高季兴非常宠爱妾室张氏，每次出征都把她带在身边。一次兵败，高季兴带着张氏逃命，高季兴怕张氏有孕行动不便连累自己，便趁她熟睡时，想制造山崩把她压死。山快要崩塌时，张氏突然惊起说道：“我刚才梦到大山崩倒压在我的身上，有个身穿金甲、手执戈矛的神人托着大山，我才没有被压死。”高季兴听后，认为张氏怀的孩子肯定不是寻常人，便带着她一起逃生。后来，张氏生下高从诲，这便是“爱姬惊梦”的传说。926年，李嗣源、郭从谦兵变，后唐庄宗被杀，高季兴趁机截获蜀地入朝贡物，随后向后唐索要夔（kuí）州（今重庆市奉节县）、峡州（今湖北省宜昌市）为属郡，妄图扩大地盘。后唐明宗李嗣源同意了他的请求，但要向荆南委派刺史。高季兴不同意，后唐明宗大怒，遂削除高季兴官爵。927年，后唐发兵讨伐荆南，取得夔州、忠州（今重庆市忠县）、万州（今重庆市万州区）。高季兴仅以荆州、归州、峡州三州之地向南吴称臣，被册封为秦王。929年，高季兴因病去世，终年七十一岁，后被后唐追封为楚王，谥号武信。其长子高从诲即位，是为荆南文献王。

称臣安邦

荆南文献王高从诲（891—948）即位后，由于后唐强南吴弱，后唐近南吴远，高从诲上表向后唐请罪，回归再向后唐称臣。930年，后唐任命高从诲为荆南节度使，兼侍中。932年，他被封为渤海王。高从诲性情通达，礼敬贤士，省简刑罚，减轻赋税，以交好四邻的原则，为荆南带来了较长时期的和平稳定局面。后来，后唐、后晋、辽国、后汉先后据有中原，南汉、闽国、南吴、南唐、后蜀皆称帝，高从诲贪图赏赐都向他们称臣，安定荆南辖境，所以各国都称他和其父一样为“高赖子”或“高无赖”。948年，高从诲病逝，时年五十八岁，追赠尚书令，谥号文献。其三子高保融即位，是为贞懿王。

走向没落

荆南贞懿王高保融（920—960）即位后，后汉朝廷任命其为荆南节度使、同平章事，后历封检校太尉、同平章事、江陵尹等。951年，高保融称臣于后周，后周接任高保融兼任中书令，封渤海郡王。

高保融性情迂腐，才疏学浅，无所作为，单纯保守。他反应缓慢，无论大小事情，皆委任其弟高保勖（xù）决断。960 年，宋太祖赵匡胤建立北宋后，高保融愈加感到恐惧，一年三次向北宋进贡。同年，高保融病逝，时年四十一岁，死后追赠太尉，谥号贞懿王。高保勖（xù）（高从诲第十子、高保融同母弟）即位，是为贞安王。

荆南贞安王高保勖（924—962）即位后，宋太祖赵匡胤任命他为荆南节度使。高保勖年少时多病，体态瘦弱，但颇有治事之才。但他在位期间放纵荒淫，甚至白天召娼妓到宫内淫乱，不理国政，荆南走向没落。962 年，高保勖病逝，时年三十九岁，赠官侍中。其侄高继冲（高保融长子）即位，是为荆南末代国君。

投降归宋

高继冲（943—973）即位第二年，963 年，湖南张文表叛乱，宋太祖赵匡胤派兵讨伐，借道荆南，趁机控制荆南都城江陵（今湖北省荆州市荆州区），高继冲举族归朝，荆南灭亡。高继冲归降后，北宋任命他为武宁节度使（约在今江苏省、安徽省一带）。973 年，高继冲病逝，时年三十一岁。

10. 北汉　北方政权

北汉（951—979）是十国政权之一，由河东节度使刘崇（后改名刘旻）建立，建都晋阳（今山西省太原市）。北汉是十国中最弱的国家，是十国里唯一在北方的政权，也是十国中最后一个政权。951 年，刘崇称帝，建立北汉。979 年，末代皇帝刘继元奉表投降北宋，北汉灭亡，历经四主，历时二十八年。其领地狭小，占地十二州，位于今山西省中部和北部。北汉是依附契丹族建立的辽朝，地瘠民贫，国小财乏，官吏贪腐盛行，欺压百姓无度，战事频繁，兵役繁重，民不聊生。

北汉世祖刘崇在太原称帝，史称北汉。刘崇依附于契丹族建立的辽朝，约为父子之国，称辽帝为叔，自称侄皇帝。刘崇四处发兵后周，均无功而返。遂向辽国借兵一同南征后周潞州（今山西省长治市），再次兵败高平城（今山西省晋城高平市），忧愤而终。刘崇次子北汉睿宗刘钧即位，继续奉辽帝为父皇帝。刘钧勤政爱民，奉辽安内，社会安定。其后，刘钧外甥刘继恩即位，仅六十天，被权臣郭无为弑杀身亡。刘钧之子北汉末代皇帝刘继元即位，宋太宗赵光义御驾亲征北汉，北汉灭亡。

北汉建立

北汉世祖刘崇（895—954）是后汉高祖刘知远之弟，任后汉河东节度使、太原尹。951 年，郭威被逼叛乱，灭亡后汉，建立后周。刘崇随即也在太原称帝，建立北汉。刘崇为兴复后汉基业，依附于契丹族建立的辽朝，约为父子之国，称辽帝为叔，自称侄皇帝，辽国册封他为大汉神武皇帝。

兵败高平

刘崇在位时，想扩大疆域，攻打后周的晋州（今山省西临汾市）、隰州（今山西省临汾市隰县）、府州（今陕西省榆林市府谷县），四处发兵，不仅无功而返，而且还丢了岢岚郡（今山西省忻州市岢岚县）。北汉连年征战，使得国内赋税加重，以致民不聊生。954 年，后周郭威病逝，其养子后周世宗柴荣即位。刘崇借机向辽国借兵一同南征，南攻后周的潞州（今山西省长治市）。双方对阵于泽州（今山西省晋城市）的高平城（今山西省晋城高平市）。双方激战，刘崇损兵折将，大败于高平，带领残兵败将逃回太原。后周世宗柴荣围困太原城两个多月，刘崇忧愤成疾，同年因病去世，终年六十岁，庙号世祖。其次子刘钧（原名刘承钧）即位，是为北汉睿宗。

奉辽安内

北汉睿宗刘钧（926—968）原名刘承钧，即位后继续奉辽帝为父皇帝，辽帝下诏称呼他“儿皇帝”。刘钧在位期间，勤政爱民，任用郭无为为相，对内安邦，对外减少南侵，北汉境内基本安定。然而，刘钧并不像刘崇那样对辽朝毕恭毕敬，辽朝的援助因此而逐渐减少。968 年，刘钧病逝，时年四十二岁，庙号睿宗。刘钧外甥，也是其养子刘继恩即位。

被弑身亡

刘继恩（？—968）即位后，权臣郭无为独揽朝政，刘继恩计划擒杀郭无为，反被郭无为派供奉官侯霸荣杀死，仅仅当了六十天皇帝。刘钧之子刘继元即位，是为彭城郡王，也是北汉末代皇帝。

奉表归宋

彭城郡王刘继元（？—992）即位后，被辽朝册封为英武帝。他在位期间，宠信宦官，听信谗言，滥杀大将，军心瓦解。979 年，宋太宗赵光义消灭了泉州和吴越的割据势力之后，集中兵力，御驾亲征北汉。北宋采用围城打援的战术，首先击退辽援军，然后攻破太原，采用火烧、水灌之法，将晋阳城彻底摧毁，自毁长城的刘继元奉表投降，北汉灭亡。宋太宗封刘继元为特进、检校太师、右卫上将军、彭城郡公，赐给京师开封甲第一区，每年都优加赏赐。刘继元像当年蜀汉后主刘禅一样，乐不思蜀，优游岁月，逍遥自在。992 年，刘继元寿终正寝，追赠中书令，追封彭城郡王。

五代十国时期，军阀割据混战，各个政权，相互讨伐，此消彼长，给百姓带来了极大的痛苦和灾难。宋太祖赵匡胤建立北宋、巩固政权的同时，开始平定南方各国。直到宋太宗赵光义即位后一举攻灭北汉，结束了五代十国的分裂局面，中国再次走向统一。

知识典故

1. 八米卢郎

卢思道（约531或535—586）是隋朝著名诗人，范阳涿县（今河北省保定涿州市）人，作品辑有《卢武阳集》，其中七言诗《从军行》比较著名。早在南北朝时，卢思道任给事黄门侍郎。北齐文宣帝高洋去世，当朝的文士各写十首挽歌，加以筛选。很多名士不过能被挑选上一二首而已，只有卢思道一个人独被选用了八首，所以当时人们把他称为“八米卢郎”。卢思道聪爽俊辩，自恃清高，好轻侮人，仕途并不通畅，文章诗词却非同寻常。卢思道的诗长于七言，对仗工整，善于用典，气势充沛，语言流畅，在北朝后期和隋初有较高声誉。代表作《鸣蝉篇》抒发客愁乡思“暂听别人心即断，才闻客子泪先垂”；讥讽长安权贵的奢华生活“富贵功名本多豫，繁华轻薄尽无忧”；《从军行》“天涯一去无穷已，蓟门迢递三千里”“流水本自断人肠，坚冰旧来伤马骨”，真切地描写了征人思妇的离愁别绪，讽刺当时社会武将邀功求赏的陋习。

2. 一衣带水

“一衣带水”出自《南史·陈纪下》，指像一条衣带那样狭窄的水，比喻虽有江河湖海相隔，但距离不远，不足以成为交往的阻碍。隋文帝杨坚取代北周称帝，建立了隋朝以后，他有志于统一中国，在政治、经济等制度方面进行了一系列的改革，促进农业生产，稳定经济发展，富国强兵，国力大增。而当时江南的陈朝后主陈叔宝却自恃长江天险，荒淫无度，不理朝政，虽然已经危机四伏，却依然乐在其中。一次，隋文帝问仆射高颎（jiǒng）灭陈的计策，高颎回答说："我们在江南收获的季节，扬言出兵，陈朝一定就会放弃农时，屯兵防守。等他们做好了准备，我们却不再出兵。反复数次，他们便会麻痹大意。在他们没有准备，我们突然出兵渡江，出其不意，打个措手不及。另外，江南的粮食不像我们北方在地窖囤积，而是囤积在茅、竹修建的仓库中，我们可连续数年暗地派人去火烧粮仓，陈朝的实力就大大减少，灭陈就容易得多了。"隋文帝采取了高颎的计策，经过八年的准备，于589年下令伐陈。隋文帝对高颎说："我为百姓父母，岂可限一衣带水不拯之乎？"意思是说，我是天下老百姓的父母，难道能够因为像衣服带子一样狭窄的长江阻隔，而不去拯救那里的老百姓吗？隋文帝志在必得，俘获了陈后主，灭了南陈朝。

3. 破镜重圆

"破镜重圆"出自宋·李致远《碧牡丹》，比喻夫妻失散或决裂后重新团聚与和好。隋文帝杨坚灭亡南朝陈结束割据，建立隋朝江山，统一天下，宰相杨素，立下了汗马功劳。杨素足智多谋，才华横溢，文武双全，风流倜傥。589年，隋文帝灭南朝陈时，俘虏了陈后主陈叔宝及其嫔妃、亲戚，其中有陈叔宝的妹妹乐昌公主。由于杨素破陈有功，加之乐昌公主才色绝代，是有名的才女加美女，隋文帝将乐昌公主赐予杨素做妾。杨素对乐昌公主宠爱有加，并专门为其营造了宅院。乐昌公主却仍然终日郁郁寡欢，沉默不语。原来，南朝陈时，乐昌公主已经下嫁给太子舍人徐德言为妻。夫妻二人相知相爱，情深义重。陈国被灭时，徐德言流着泪对妻子说：“国之将亡，家安已无法保全，我们夫妻必然会分离。以你这般容貌与才华，国亡后必然会被掠入豪门。你我各居一方，唯有日夜相思，梦中神会。今留信物，以求日后重逢相认。”说完，徐德言把一枚铜镜一劈两半，夫妻二人各藏半边。徐德言说：“如果你果真被掠进豪门，明年正月十五那天，将你的半片铜镜拿到街市去卖，我如能幸存人世，一定会赶到都市寻找半片铜镜，通过铜镜打问你的消息。”山河破碎，劫后余生，徐德言历尽艰辛，于次年正月十五，果然看见一位老人在叫卖半片铜镜，徐德言高价买下半片铜镜。他拿出自己珍藏的另一半铜镜，向老者讲述一年前破镜的故事，老者答应一定为他传递消息。徐德言托老者给乐昌公主带去一首诗：“镜与人俱去，镜归人不归。无复嫦娥影，空留明月辉。”乐昌公主看了诗后，想到与夫君咫尺天涯，难以相见，悲伤过度，水米不进。杨素再三盘问，得知原委，立即派人将徐德言召入府中，让他夫妻二人见面。杨素于是让乐昌公主对此景赋诗一首，于是乐昌公主吟道：“今日何迁次，新官对旧官。笑啼俱不敢，方验做人难。”杨素听后非常感动，遂把乐昌公主还给徐德言，并赠资让他们回归江南故里养老，杨素这段成人之美的佳话被千古传颂。

4. 竹筒传书

590年，隋朝南方各地到处发生叛乱，隋文帝任命宰相杨素为行军总管，率军前去平定叛乱。杨素率领水军渡江南下，旗开得胜，收复了京口（今江苏省镇江市京口区）、无锡等地，接连大捷，士气非常高涨。于是，杨素率领主力部队一鼓作气追踪叛军，一直追到海边。杨素命令大部队就地驻扎，根据地形和作战需要，派副将史万岁率领军队两千人，爬山涉水潜入叛军背后发动进攻。史万岁率部猛攻，前后打了许多胜仗，收复了大片失地。他想把敌后情况和胜利战况向杨素汇报时，却因交通阻断失去联系。他站在山顶临风而望，看到眼前茂密的竹林随风摆动，忽有所悟，立即派人截下一节竹子，把战报装进竹筒，封好后放入水中，任其漂流而下。几天后，有一个挑水的老乡看到了这个竹筒打捞起来，发现了封在里面的战报，便按报告上的提示将它交给杨素。杨素正为史万岁一去杳无音信、生死不明而焦急不安，忽见老乡送来报告，大喜过望，立即把史万岁部队接连取得胜利的战况向朝廷做了报告。隋文帝听到喜报，欣喜不已，提拔史万岁为左领军将军。杨素率领大部队，两边夹击，彻底平定了叛乱。史万岁在没有通信条件的情况下，巧用竹筒传书的办法，传送了战报，与主力部队取得了联系，赢得了战事的最后胜利。他创造的这种简单实用的水上邮件运输工具，从此被广为使用。唐代大诗人李白、贯休和文学家元稹（zhěn）在与朋友的通信之中，就多次使用了这种竹筒传书的方式，充满了文人墨客的诗情画意。贯休还留下了“尺书裁罢寄邮筒”的诗句。据说现代“邮筒”这一名词也是由此而来。

5. 冰消瓦解

“冰消瓦解”出自《隋书·杨素传》，意思是像冰一样地消融，瓦一样地分解，比喻完全消失或彻底崩溃。604 年，杨广阴谋弑父害兄称帝，宗室大臣纷纷谴责声讨。其弟汉王杨谅以讨伐杨素为名，在并州（今山西省太原市）起兵，杨广派杨素镇压。杨素采取声东击西、避实就虚的战术，以少胜多，攻破并州，迫使杨谅投降。战报传到京都，隋炀帝十分高兴，亲自起草诏书，向杨素三军慰问嘉奖。表扬杨素大军战术得当，出其不意，英勇善战，所到之处“雾廓云除，冰消瓦解”。

6. 赵州桥

赵州桥位于赵州（今河北省石家庄市赵县）城南，横跨蛟水南北两岸，建于隋朝 605 年至 617 年间，因桥体全部用石料建成，俗称“大石桥”，后由宋哲宗赵煦赐名“安济桥”，后以地名为桥名，俗称“赵州桥”。赵州桥距今已有一千四百多年的历史，堪称中国建筑史上的奇迹之一。赵州桥与潮州湘子桥、泉州洛阳桥、北京卢沟桥并称为中国四大古桥。赵州桥全长六十四点四米，拱跨三十七点三七米，桥面宽九米，拱脚宽九点六米，是世界上现存年代久远、跨度最大、保存最完整的单孔坦弧敞肩石拱桥。赵州桥的敞肩拱结构，欧洲到 19 世纪中期才出现，比中国晚了一千二百多年。赵州桥的桥体饰纹雕刻精细，体现了隋代浑厚、高超的石雕技艺，具有较高的艺术价值。中国古代桥梁发展于隋朝，兴盛于宋朝。遍布在神州大地千姿百态的各种桥梁，有许多世界桥梁之最。中国自古就有“桥的国度”之称，是桥的故乡。赵州桥是杰出的桥梁代表之一，显示了中国古代劳动人民的非凡智慧。赵州桥由隋朝著名桥梁工匠李春设计，并由他率领能工巧匠李通等建造。他开创了中国桥梁建造的崭新局面，为中国桥梁技术的发展做出了巨大贡献。在史书中李春没有留下多少痕迹，但李春作为一代桥梁专家、赵州桥作为一座历史名桥将永载史册，为后人所牢记。

7. 负薪挂角

“负薪挂角”出自宋 · 王应璘（lín）的《三字经》:“如负薪，如挂角，身虽劳，犹苦卓。”指边劳动、边读书，珍惜时间，不畏辛苦。隋朝上柱国、蒲山郡公李宽之子李密，少年时候在宫廷当侍卫。他生性灵活，双眸明澈，值班的时候，喜好左顾右盼。有一次被隋炀帝看见，认为这孩子不大老实，便免了他的差使。京都守卫大将宇文述对李密说："贤弟天资聪明，应该靠自己的才学获得官职，宫廷侍卫是个琐碎差事，会把你的前途耽误了。"李密便借病辞职，回家专心研读，决心做个有学问的人。为了不浪费时间，他常骑着黄牛，把《汉书》挂在牛角上，一只手牵着牛绳，一只手翻书阅读。越国公杨素有次路过，看见李密挂角正读《项羽传》，遂把李密介绍给自己的儿子杨玄感，二人成为好友，杨玄感后为李密争来入仕机会。李密挂角读书的事被传为佳话，这便是"挂角"的由来。汉朝汉武帝时，中大夫朱买臣，小时候家贫好学，靠卖柴生活。为了维持生活，他每天都要上山砍柴，没有时间读书。但是他好学不倦，常常背着柴一边走，一边看书，这便是"负薪"的由来。

8. 铁石心肠

"铁石心肠"出自《隋书·敬肃传》，意思是心肠硬得像铁和石头一样。形容心很硬，不为感情所动。604年，隋炀帝即位后，命令负责检察的司隶大夫薛道衡对天下官员进行全面考察。考察完后，薛道衡向隋炀帝一一禀报。他对卫州（今河南省卫辉市）司马敬肃的评语是："心如铁石，老而弥笃。"意思是心肠像铁石一样坚硬，办事老练而又忠诚老实。因此，隋炀帝对敬肃留下了铁面无私的印象。由于隋炀帝沉湎酒色，大兴土木，不理朝政，守卫京都的大将宇文述（北周上柱国宇文盛之子、宇文化及的父亲）乘机专擅朝政，老家的亲朋也同样依仗他的权势为非作歹，鱼肉百姓。宇文述的家乡在卫州，他不时命人送书信给敬肃，借以笼络关系，让敬肃庇护他的亲朋。敬肃每次连信都不拆，便退给送信人。当受害的百姓忍无可忍地向敬肃告发时，敬肃立刻派人查清事实，没有顾及他们是宇文述的亲朋，将其一一捉拿归案，依法惩处。

9. 罄竹难书

“罄竹难书”出自《旧唐书 · 李密传》，形容一个人罪状之多，写都写不完。隋朝末年，隋炀帝杨广奢华享乐，好大喜功，穷兵黩武。百姓怨声载道，社会各种矛盾尖锐，全国反隋起义蜂起。当时，最强的一支起义力量为河南东部翟让、李密领导的瓦岗军起义。他们发表了一篇著名的檄文声讨隋炀帝，其中有名句：“罄南山之竹，书罪无穷；决东海之波，流恶难尽。”罄是用尽的意思，比喻用完南山的竹子做简策，也写不完隋炀帝的罪状；用东海的滔滔大水，也洗不清隋炀帝的恶名。自从这篇檄文一出，海内轰动，人人传阅，李密的声势如日中天，推动了各地反隋浪潮。李渊自太原起兵，窦建德从高鸡泊（今河北省衡水市故城县西南）反叛，徐圆朗在兖州（今山东省济宁市兖州区）揭竿，宇文化及发动江都（今江苏省扬州市）政变等，隋炀帝终被宇文化及弑杀，隋朝终被李渊建唐而取代。

10. 秦琼卖马

“秦琼卖马”出自清 · 唐芸洲《七剑十三侠》第三十六回：“秦琼卖马，子胥吹箫，自古英雄，也曾困乏。”意思是秦琼卖掉自己的坐骑，比喻英雄遇到了困境，也就是英雄末路。秦琼字叔宝，齐州历城（今山东省济南市历城区）人，唐代开国功臣，曾跟随李密参加瓦岗军起义，是李密的骠骑亲将。瓦岗起义败亡后，秦琼投靠郑国王世充。因王世充为人奸诈，秦琼与程咬金等人一起投奔李渊、李世民父子。后跟随秦王李世民南征北战，受伤无数，屡立战功，被拜为左武卫大将军、翼国公。早在隋朝末年，秦琼当时还在济南府当差，受命到潞州（今山西省长治市）办事，不幸染病落难，且身无分文。无奈之下，只好牵着他心爱的坐骑黄骠马到西门外的二贤庄去卖马，可惜一时找不到买主。后经人介绍将马卖给山东好汉单雄信，只是眼下穷困潦倒，羞于启齿，没有说出自己是秦叔宝。单雄信听好汉王伯当介绍卖马人就是他一直敬仰的秦琼，于是千方百计找到秦琼，并请到府上，盛情款待，精心照顾他养病八个月。离别时单雄信为黄骠马配上了金镫银鞍，并重金相赠，从此二人结下莫逆之交。随后，二人在瓦岗军中立下汗马功劳。但唐朝兴起后，秦琼终身保唐，单雄信则抗唐到底。尽管单、秦二人后来各为其主，但是患难中结下的兄弟情谊始终如故。

11. 千里送鹅毛

“千里送鹅毛”出自北宋欧阳修《梅圣俞寄银杏》一诗，意为礼物虽然微薄，却含有深厚的情谊。西域回纥（gē）（一般指回鹘，中国少数民族部落，其先祖为匈奴）是唐朝的藩国，一次，回纥派使节缅伯高带了一批珍奇异宝千里迢迢进献唐王，贡物中最为珍奇的要数一只罕见的珍禽白天鹅。缅伯高一路上悉心照料，只怕有什么闪失。路经沔（miǎn）阳河时，他见白天鹅口渴难忍，便打开笼子，把白天鹅带到水边喝水。谁知白天鹅喝水后，突然展翅飞向天空，缅伯高向前一扑只抓到几根鹅毛。缅伯高手捧着几根雪白的鹅毛，呆若木鸡，不知该怎么办是好。于是，他拿出一块洁白的绸缎，小心翼翼地把鹅毛包好，并在绸缎上题了一首诗：

天鹅贡唐朝，山重路更遥。
沔阳河失宝，回纥情难抛。
上奉唐天子，请罪缅伯高。
物轻人意重，千里送鹅毛！

唐太宗看了绸缎上的诗句，听了缅伯高的解释，不但没有怪罪他，反而觉得缅伯高忠诚老实，不辱使命，还重重地赏赐了他。从此，一代明君重义轻财“千里送鹅毛，礼轻情意重”的故事广为流传。

12. 玄奘西行

玄奘（602—664）本名陈祎（yī），洛州缑（gōu）氏（今河南省洛阳市偃师区缑氏镇）人，唐朝著名的佛学大师、翻译家，被尊称为“三藏法师”，后世俗称“唐僧”。玄奘十三岁出家，在各地参访学习佛教大小乘教典。由于当时传入的佛学经典有限，众师解说不同，玄奘深感疑惑。为求得佛教真理，他决心西行求法，到天竺国（今印度半岛）学习佛经。627 年，玄奘跟随商队，经凉州（今甘肃省武威市）出玉门关西行，经高昌国（今新疆维吾尔自治区）到天竺国，在那烂陀寺跟戒贤法师学习了十多年。其间，他游学天竺各地，通晓各种经纶奥妙。645 年，玄奘经过西行五万里、历时十七年，带着六百五十多种佛教书籍，回到阔别已久的长安。当时，唐太宗为了辽东战役，已驻跸洛阳。唐太宗得知玄奘回国，立即诏令在洛阳接见他。玄奘向唐太宗介绍了西域、天竺的所见所闻和风土人情。唐太宗劝玄奘还俗，到朝廷任职，帮助治理国家，被玄奘谢绝。此后，玄奘定居长安，长期从事翻译从天竺带回来的佛经，先后翻译大小乘经论七十五部（一千三百三十五卷）。玄奘同辩机和尚共同编写了《大唐西域记》十二卷，现被译为多种文字，成为一部世界名著。中国古典四大名著之一、明代小说家吴承恩的小说《西游记》中唐僧西天取经的故事家喻户晓，其中唐僧的原型就是玄奘。玄奘爱国及护持佛法的精神和巨大贡献，被世界人民誉为中外文化交流的杰出使者、世界和平使者。

13. 洛阳牡丹

牡丹的原产地在陕西一带，据说，武则天做了皇帝之后，有一年隆冬时节，大雪纷飞，武则天同下官、宫女们在上苑饮酒赏雪。大家恭维武则天说:“万岁治国有方，威震四海，如今天下太平，瑞雪纷飞，明年一定是五谷丰登，国泰民安。”武则天一时高兴，酒兴赋诗:“明朝游上苑，火速报春知；花须连夜发，莫待晓风吹。”第二天，满苑花开，百花齐放，万紫千红。唯独牡丹仙子认为，花儿开放，自有规律，随时随季而开，岂能违背天时而乱开？独自没开。武则天大怒，下令将牡丹迁出长安，迁至洛阳邙山。从此，洛阳成了牡丹之乡。

14. 文章四友

在初唐诗坛上，崔融、李峤、苏味道、杜审言四人被时人称为“文章四友”。四人的作品风格较接近，内容以歌功颂德、宫苑游宴为主。四人均致力于写作律诗和绝诗，在诗律和诗艺方面颇有研究，对唐代律诗的形成有一定的贡献。四友中崔融、李峤、苏味道都做过高官，基本上都是武后时期的宫廷诗人，杜审言是四友中成就最高的一位。

李峤（644—714）字巨山，赵州赞皇（今河北省石家庄市赞皇县）人，唐朝时期宰相，武后、唐中宗时期的文坛领袖，和苏味道又以“苏李”并称。李峤少有才名，十五岁精通五经，二十岁考中进士。初任安定县尉，后调任长安县尉，再调任三原县尉。679年唐高宗时，李峤升任监察御史。690年，武则天称帝，建立武周，擢升李峤为给事中。692年，狄仁杰、李嗣真、裴宣礼等大臣被酷吏来俊臣诬陷谋反，下狱论罪，李峤因上疏皇帝为狄仁杰等人辩冤被外放任润州（今江苏省镇江市润州区）司马。693年，李峤被召回朝廷，担任凤阁舍人，负责起草朝廷的制诰文书。697年，李峤代理天官侍郎，后又进拜麟台少监。698年，李峤升任宰相，加授同凤阁鸾台平章事。700年，李峤改任鸾台侍郎、同平章事，兼修国史，后又代理文昌左丞，充任东都留守。703年，李峤再次拜相，担任文昌左丞、同平章事，不久又升任纳言（即侍中）。704年，李峤改任内史（即中书令），他数次上疏请辞，同年被免去宰相之职，担任地官尚书。706年，李峤以吏部尚书之职三度拜相。708年，李峤兼任修文馆大学士、监修国史，进爵赵国公。710年，李隆基发动"唐隆政变"，唐睿宗李旦复位，李峤被贬为怀州刺史，不久以年老致仕。713年，李峤病逝，终年七十岁。李峤的文章善于隶事用典，讲求骈偶，辞采华美，堪称大手笔，被尊为文章宿老，深得时人推崇，《旧唐书》则称其文学为"一代之雄"。其一首七言古诗《汾阴行》为后人称道，有诗句：

山川满目泪沾衣，富贵荣华能几时？
不见只今汾水上，唯有年年秋雁飞。

苏味道（648—705）字守真，唐代赵州栾城（今河北省石家庄市栾城区南赵村）人，唐朝宰相、诗人，宋代"三苏"为其后裔。他少年时便和赵郡李峤以文辞著名，时称"苏李"。苏味道自幼聪颖，文才出名，二十岁考中进士，授咸阳县尉。武则天时期，694年，苏味道入朝为凤阁舍人、检校侍郎、同凤阁鸾台平章事。他历任中书侍郎、吏部侍郎、同平章事，两度跻身相位。后因党附张易之受到牵连，被贬为眉州长史，又迁为益州长史。705年，苏味道卒于上任途中，时年五十七岁。《全唐诗》录其诗十六首，他的诗多为咏物诗，风清正秀，韵致流溢，绮而不艳。他的名篇《正月十五日夜》咏长安元宵夜花灯盛况，为后人传诵：

火树银花合，星桥铁锁开。
暗尘随马去，明月逐人来。
游伎皆秾李，行歌尽落梅。
金吾不禁夜，玉漏莫相催。

崔融（653—706）字安成，唐代齐州全节（今山东省济南市章丘区）人，唐朝大臣、文学家。崔融进士及第，累补宫门丞、崇文馆学士。唐中宗李显为太子时，崔融为侍读，兼侍属文，东宫表疏多出自崔融之手，之后出任魏州司功参军。武则天时期，698 年，因进献《启母庙碑》《朝觐碑》，遂擢授著作佐郎，再转右史内供奉。700 年，崔融因得罪宠臣张昌宗，被贬为婺州（今浙江省金华市）长史，迁礼部郎中，知制诰。702 年，他再迁凤阁舍人，次年兼修国史。704 年，受张易之牵连，崔融被贬为袁州刺史，不久召拜国子司业，兼修国史。706 年，因预修《则天实录》功劳，被封清河县子（唐置爵名，正五品）。同年，作《则天哀册文》时，苦思过甚，遂发病而卒，时年五十四岁。崔融一生因一身文采而平步青云，累至高官，也因此而劳累过度，劳碌致死。崔融的文风细腻却不过分华丽，他主张文质并重、情理兼备。崔融在文学理论上有很深的造诣，他的《唐朝新定诗格》提炼并总结出了诗歌写作的具体体式。其代表作品有诗歌《拟古》《从军行》《留别杜审言并呈洛中旧游》等，其大作《洛出宝图颂》《则天哀册文》尤见功力。

杜审言（？—708）字必简，原籍襄州（今湖北省襄阳市），西晋征南大将军杜预的远裔，“诗圣”杜甫的祖父，唐朝大臣，文学家，唐代“近体诗”的奠基人之一。杜审言少有才华，但恃才傲世。670 年，杜审言考中进士，任隰城尉。689 年前后，在江阴县任县丞、县尉一类的官职，后转洛阳丞。698 年，被贬为吉州司户参军。后因得罪员外司户郭若讷、司马周季重，被二人合谋诬陷定了死罪。杜审言十六岁的儿子杜并为父报仇，潜入刺杀了周季重，杜并也被侍卫当场杀死。此事震惊朝野，皆称杜并为孝子。武则天闻知此事，召杜审言入京师，又因欣赏其诗文，杜审言因祸得福被授著作佐郎，再迁膳部员外郎。后受张易之兄弟牵连被流放到峰州（今越南境内）。其间，他写下充满了无限忧愁的著名诗作《渡湘江》：

迟日园林悲昔游，今春花鸟作边愁。
独怜京国人南窜，不似湘江水北流。

不久，杜审言被召回任国子监主簿。708 年，他任修文馆直学士。同年，杜审言病逝，时年五十五岁。杜审言的诗多为写景、唱和及应制之作，以浑厚见长，对近体诗之形成与发展做出很大贡献，被后人评论为中国五言律诗的奠基人。杜甫称其：“吾祖诗冠古。”杜审言最有名的五律《和晋陵陆丞早春游望》：

独有宦游人，偏惊物候新。
云霞出海曙，梅柳渡江春。
淑气催黄鸟，晴光转绿苹。
忽闻歌古调，归思欲沾巾。

15. 模棱两可

“模棱两可”出自《旧唐书·苏味道传》，指不表示明确的态度，或没有明确的主张，对问题正反两面态度模糊。苏味道（648—705），字守真，赵州栾城（今河北省石家庄市栾城区南赵村）人，唐代政治家、诗人，汉朝并州刺史苏章后代，宋朝文学家苏轼先祖。武则天时期，历任中书侍郎、吏部侍郎、同平章事，两度跻身相位。苏味道与杜审言、崔融、李峤并称为文章四友，与李峤并称"苏李"。当年，苏味道做宰相时，为了明哲保身，避免得罪各方，处理事情总是这样办也行，那样办也可，从不表示明确的态度和意见，更谈不上什么担当和建树。他还常说："处理事情不要做明确的决断，一旦出现失误，就要负失责的责任，只要保持模棱两可就可以了。"大家都称他为"苏模棱"或者"模棱手"。"模棱"是指方向可左可右的意思。

16. 夺袍赐宋

宋之问（约656—712）字延清，名少连，虢州弘农（今河南省三门峡市灵宝市）人，初唐诗人，与沈佺（quán）期并称沈宋。675年唐高宗时，宋之问考中进士。当时武则天临朝称制，赏识宋之问的才学，召他入文学馆，不久出授洛州参军。681年，宋之问与杨炯一起进入崇文馆任学士。宋之问与陈子昂、卢藏用、司马承祯、王适、毕构、李白、孟浩然、王维、贺知章被称为仙宗十友，有《宋之问集》。相传，武则天在洛阳建周称帝，大兴佛寺，香山寺得以修葺（qì）一新。武则天为宾客堂定名望春宫，为石楼取名望春楼。一年春天，武则天游龙门，在望春楼御朝群臣，令群臣赋诗记胜，赐以锦袍。片刻之间，左史东方虬（qiú）诗作速成，上官婉儿接过高声朗诵：

春雪满空来，触处似花开。

不知园里树，若个是真梅。

武则天听了，连称好诗，赐锦袍与东方虬。等其他大臣都献诗后，宋之问最后呈上他的长诗《龙门应制》，上官婉儿手托长幅朗诵道：

宿雨霁氛埃，流云度城阙。
河堤柳新翠，苑树花先发。
洛阳花柳此时浓，山水楼台映几重。
群公拂雾朝翔凤，天子乘春幸凿龙。
凿龙近出王城外，羽从琳琅拥轩盖。
云罕才临御水桥，天衣已入香山会。
…………
先王定鼎山河固，宝命乘周万物新。
吾皇不事瑶池乐，时雨来观农扈春。

上官婉儿刚一念毕，百官齐声称妙，武则天神采飞扬：“此诗更高！”上官婉儿深明女皇之意，下阶夺过东方虬手中锦袍，转赐到宋之问手中。群臣一片沸腾，诗会达到高潮。宋之问龙门夺锦袍遂成佳话，广为流传。当然，宋之问在政治上趋炎附势，无足称道。712年，唐玄宗李隆基即位后，宋之问被赐死，结束了他最后的人生旅程。

17. 前有房杜，后有姚宋

唐太宗李世民任用宰相房玄龄、杜如晦铸就大唐第一个盛世“贞观之治”，是谓前有房杜；唐玄宗李隆基前期执政清明，任用名相姚崇、宋璟铸就了大唐盛世之巅“开元盛世”，是谓后有姚宋。因房玄龄善谋，而杜如晦处事果断，因此人称“房谋杜断”。后世以房玄龄和杜如晦为良相的典范，合称“房杜”。而姚崇、宋璟同心协力，把一个充满内忧外患的唐朝，改变为政治、经济、文化、军事处于世界领先地位的大唐帝国。

房玄龄（579—648）名乔，字玄龄，齐州临淄（今山东省淄博市临淄区）人，唐朝初年名相、政治家。房玄龄善诗能文，博览经史，工书善文，有国器的美誉。其祖父房熊，北魏时任释褐州主簿；父亲房彦谦，自幼好学，通涉“五经”，富有辩才，是东魏、北齐间的山东学者，隋朝泾阳令。房玄龄自幼耳濡目染，继承其父遗风，聪慧过人，善诗能文，博览经史，精通儒家经书。他十八岁时，考中进士，先后授羽骑尉、隰城县尉。隋朝末年，天下大乱，唐国公晋阳留守李渊率兵入关，房玄龄于渭北投靠秦王李世民，两人一见如故。房玄龄多次随秦王出征，出谋划策，选拔人才，典管书记，任秦王府记室参军，成为秦王府得力谋士之一。626 年，房玄龄参与玄武门之变的策划，帮助李世民谋得帝王之位，李世民称赞他有“筹谋帷幄，定社稷之功”。房玄龄重视吏治，精简官吏。他精通典制政令，自房玄龄等更定律、令、格、式以后，有唐一代都没有发生过多大变动。629 年，房玄龄改封魏国公，任尚书左仆射（yè），监修国史，先后监修完成《高祖实录》《太宗实录》《晋书》。637 年，被封梁国公。639 年，房玄龄加封太子少师。644 年，李世民亲征辽东高丽，房玄龄留守京师。他任宰相十五年，女儿为韩王妃，儿子房遗爱娶高阳公主（唐太宗李世民之女），显贵至极，但他深自卑损，从不炫人傲物。648 年，房玄龄病逝，享年七十岁。

杜如晦（585—630）字克明，京兆郡杜陵县（今陕西省西安市长安区）人，襄州刺史杜吒之子，唐朝初年名相。他自幼聪慧，才华过人，隋末被李世民召入幕府。房玄龄评价杜如晦有王佐之才。

杜如晦帮助李世民策划宣武门之变后，被任命为太子左庶子。唐太宗李世民登基后，立刻授杜如晦尚书右仆射（yè），封蔡国公。杜如晦管理官员的选拔，与房玄龄一起辅佐朝政。房、杜二人追随李世民多年，同心同德，相互配合，共秉朝政，功勋卓著。李世民将他们比作汉高祖身边的萧何，“决胜帷幄，定社稷之功”。630 年，杜如晦英年病逝，时年四十六岁。

姚崇（651—721）本名元崇，字元之，陕州硖石（今河南省三门峡市陕州区）人，嶲（guī）州都督姚懿之子，唐朝名相、著名政治家。姚崇年轻时生性洒脱，注重气节，勤习武艺。二十岁时以太子李弘挽郎的身份步入仕途，后授濮州司仓参军。696 年，武后时被擢升为夏官侍郎。698 年，姚崇升任同凤阁鸾台平章事，成为宰相，后改任凤阁侍郎，兼任相王府长史。他曾任武后、唐睿宗、唐玄宗三朝宰相兼兵部尚书，封梁国公。唐玄宗时，姚崇佐理朝政，革故鼎新，大力推行社会改革，兴利除弊，整顿吏治，选官得才，淘汰冗职，抑制权贵，发展生产。他提出《十事要说》，力主实行新政，为“开元盛世”的实现奠定了政治基础和经济基础。姚崇虽为一代贤相，却教子无方，其子姚彝、姚异广交宾客，招权纳贿，遭到社会舆论的非议。后因中书主书赵诲接受胡人贿赂事败，姚崇为赵诲开脱罪责，被罢去宰相之职，改任开府仪同三司。唐玄宗虽将姚崇罢相，但对他仍极为尊崇。721 年，姚崇去世，享年七十一岁。

宋璟（jǐng）（663—737）字广平，邢州南和（今河北省邢台市南和区阎里乡宋台村）人，北魏吏部尚书宋弁（biàn）七世孙，唐朝名相。宋璟博学多才，擅长文学，十七岁考中进士，授义昌（今湖南省郴州市汝城县）令，后又升任监察御史、凤阁舍人。706 年，宋璟被任为检校贝州刺史。他先后历仕武后、唐中宗、唐睿宗、唐殇帝、唐玄宗五朝，拜尚书右丞相、上柱国、开府仪同三司，进爵广平郡公。他刚正不阿，不畏权贵，力革前弊，奉公守法，不徇私情，专注改善民生，提出了用人“虽资高考深，非才者不取”的准则。由他提出具有建设性的提议，通常均被采纳。732 年，宋璟再三请求告老，唐玄宗只得同意，仍令全给禄俸，赐绢五百匹。宋璟退居东都洛阳的私宅后，杜绝宾客。737 年，宋璟在洛阳明教里的私宅去世，享年七十五岁。宋璟与姚崇一生为振兴大唐励精图治，二人同心协力，辅佐唐玄宗开创“开元盛世”，宋璟与房玄龄、杜如晦、姚崇并称唐朝四大贤相。

18. 醋坛子

“醋坛子”出自房玄龄和其夫人的故事。唐国公李渊久居晋阳，“醋”也成为唐宫众人喜爱且必不可少的调味品。据说唐太宗李世民时期，宰相房玄龄位高权重，却是出了名的“妻管严”。其妻卢氏虽对房玄龄衣食住行照顾得精心周到，但非常霸道，要求甚严。有一天，唐太宗宴请朝廷群臣，大家酒足饭饱之余耻笑房玄龄怕老婆，房玄龄为了面子，吹嘘自己根本不怕老婆。唐太宗便乘着酒兴赐给他两个美人，让他纳妾。房玄龄一时慌了手脚，愁得不知如何是好。右武候大将军、吴国公尉迟恭劝说：“尊夫人再凶，也不敢把皇上赐的美人怎么样，你就放心吧。”于是，房玄龄小心翼翼地将两个美人领回家。不料，房玄龄夫人卢氏一见房玄龄带回两个年轻、漂亮的小妾，立刻指着房玄龄大吵大骂，并大打出手，将两个美人赶出家府。唐太宗知道后，想压一压宰相夫人的霸气，立即召见房玄龄和夫人问罪。唐太宗指着两位美女和一坛“毒酒”对他们夫妻说：“两条路任你们自己选，一是领回两位美女，好好过日子；二是喝了这坛‘毒酒’。”没等房玄龄反应过来，性子刚烈的房夫人举起坛子一口气将“毒酒”喝光。房玄龄抱着夫人老泪纵横，众臣子却一起大笑，原来那是一坛醋。唐太宗只好收回成命，大家破涕为笑。从此，“醋坛子”“吃醋”便成了妒忌的代名词。

19. 巾帼宰相

上官婉儿（664—710）复姓上官，小字婉儿，又称上官昭容，陕州陕县（今河南省三门峡市陕州区）人，祖籍陇西郡上邽（guī）县（今甘肃省天水市），其祖父是唐高宗时宰相上官仪，唐代女官、诗人、皇妃。664 年，上官仪因替唐高宗起草准备废除武则天的诏书，与上官婉儿的父亲上官庭芝一起被武则天所杀，刚刚出生的上官婉儿与母亲郑氏配入掖庭宫为婢。上官婉儿在母亲的精心培养下，熟读诗书，明达吏事，聪慧善文。677 年，武则天召见了年仅十四岁的上官婉儿，当场笔试，上官婉儿须臾而成，一挥而就，文意通畅，辞藻华丽，语言优美。武则天看后大悦，当即下令免其奴婢身份，上官婉儿从此得到武则天的信任和重用，被封为内舍人，多年掌管宫中制诰，有“巾帼宰相”之名。705 年，张柬之等拥护李唐宗室的大臣发动“神龙政变”，武则天被迫退位。神龙政变后，唐中宗拜上官婉儿为昭容，封其母郑氏为沛国夫人。上官婉儿深得唐中宗和韦皇后信任，令其专掌起草诏令。从此，上官婉儿的权势更盛，在政坛、文坛有着显要地位。710 年，临淄王李隆基起兵发动“唐隆政变”，上官婉儿与韦后同时被杀，时年四十七岁。李隆基虽然杀了上官婉儿，但仍肯定其文学造诣，即位后广征她的作品，撰成《唐昭容上官氏文集》二十卷，《全唐诗》收其遗诗三十二首。其中《彩书怨》最为有名：

叶下洞庭初，思君万里余。
露浓香被冷，月落锦屏虚。

欲奏江南曲，贪封蓟北书。

书中无别意，惟怅久离居。

这首诗大多认为是写给被废的太子李贤，诗中表达了自己对意中人的思念之情。洞庭湖的落叶纷纷飘落，我在遥远的万里之外思念你。秋露晶莹，香被不耐夜寒。月亮西坠，看着锦屏的目光一片茫然。本想再谈江南的事，但急于把信往蓟北。没有他意，只是惆怅分别太久。这首诗笔调清新，情真意切，意境高远，是她现存诗中的代表作。上官婉儿一生门第高贵，身世坎坷，跌宕起伏，巾帼不让须眉，忍辱负重，叱咤风云。在男尊女卑的封建社会，她的传奇、她的风格将世人对女性的尊重推到了巅峰。

20. 口蜜腹剑

“口蜜腹剑”出自宋·司马光《资治通鉴·唐纪·玄宗天宝元年》:“世谓李林甫‘口有蜜，腹有剑’。”口蜜腹剑指嘴上说得很甜美，心里却怀着害人的主意，形容两面派的狡猾阴险。李林甫（683—753）小字哥奴，陇西郡成纪县（今甘肃省秦安县）人，唐太祖李虎五代孙、扬州参军李思诲之子，唐朝宰相。唐玄宗后期，听信谗言，罢黜忠臣，重用奸臣李林甫。李林甫是唐玄宗时期在位时间最长的宰相，为相十九年。726 年，李林甫得到宇文融的引荐，被授为御史中丞，后历任刑部侍郎、吏部侍郎。李林甫生性阴柔，精于权谋，与宫中宦官、妃嫔交情深厚，在唐玄宗周围形成了一个庞大的监听网，对唐玄宗的举动了如指掌。李林甫担任宰相时，对于才能功业在他之上而受到唐玄宗宠信、威胁到他相位的官员，便想方设法将其除掉。他表面和善，言语动听，却暗中捣鬼，排斥贤才，阴谋陷害。他建议重用胡将，阻止边帅出将入相，使得安禄山势力坐大，导致“安史之乱”。相传，有相士说李林甫有三十年太平宰相的洪福。不久事败，李林甫责怪相士所说不灵。相士笑着说：“相公确实有三十年太平宰相的福报，但你自己不知珍惜，太挥霍浪费了。相公任宰相时，广搜珍宝，纵情声色，常喜吃鸭舌汤，一羹千命！相公早已超过三十年宰相应享之福，汝却责怪我所说不验？比如有人将可用一月之资费，挥霍于一日，所剩二十九天理当受饥寒，此乃理所当然，怎能怨天尤人！”这便是“一羹千命”的由来。753年，李林甫病逝，终年七十一岁。杨国忠继任宰相，李林甫尚未下葬，杨国忠便诬告李林甫与叛将阿布思同谋造反，李林甫死后被削去官爵，抄没家产，诸子被除名流放岭南、黔中，亲党中有五十余人被贬。唐玄宗命人劈开李林甫的棺木，挖出口内含珠，剥下金紫朝服，改用小棺以庶人之礼安葬。真所谓身死家灭，不得善终。

21. 鉴真东渡

鉴真（688—763），唐朝僧人，广陵江阳（今江苏省扬州市）人，俗姓淳于，南山律宗传人，也是日本佛教南山律宗的开山祖师，著名医学家。当时，唐朝政局稳定，经济繁荣，文化发达，外交频繁，与日本往来比较密切。630年至894年间，日本派使者到唐朝出使十四次之多，唐朝也有许多学者到日本交流。其中最著名的应是日本邀请鉴真先后六次东渡，弘传佛法。鉴真十四岁出家为僧，在佛教建筑、雕塑等方面也颇多建树，在医药学方面，博达多能，品鉴极精。他曾主持过大云寺的悲田院，为人治病，亲自为病者煎调药物，医道甚高。鉴真自742年接受日本僧徒荣睿、普照的邀请东渡日本，前后历时十二年，经过五次挫折。753年，双目失明的鉴真终于第六次东渡才告成功，时年已经六十六岁。为了完成这一大业，鉴真一行付出了极大的代价，先后有三十六人献出了生命。鉴真在日本创立唐招提寺，广收僧徒，传布律宗，兴隆佛法，最终成为日本佛教律宗的一代宗师。763年，鉴真在唐招提寺圆寂，终年七十六岁。鉴真不仅为日本带去了佛经，还促进了中国文化在日本的传播。鉴真在佛教、医药、书法等方面对于日本有极其深远的影响，日本人民称鉴真为天平之甍（méng），意为他的成就足以代表天平时代文化的屋脊。

22. 颜筋柳骨

“颜筋柳骨”出自北宋·范仲淹《祭石学士文》中的“曼卿之笔，颜筋柳骨”。意思是指颜体书法丰满、端正，柳书笔画清晰，有骨感，也泛称书法极佳。颜真卿和柳公权的楷书，史称“颜体”和“柳体”，后世流传为“颜筋柳骨”。

颜真卿（709—784）字清臣，小名羡门子，别号应方，京兆万年县（今陕西省西安市）人，祖籍琅琊临沂（今山东省临沂市），秘书监颜师古五世从孙、司徒颜杲（gǎo）卿从弟，唐朝名臣、书法家。734年，颜真卿考中进士，历任监察御史、殿中侍御史。后因得罪权臣杨国忠，被贬为平原太守，世称颜平原。因平定“安史之乱”有功，唐代宗时颜真卿官至吏部尚书、太子太师，封鲁郡公，人称颜鲁公。784年，他被派去前往叛军李希烈军中，凛然拒贼，被缢而亡，终年七十六岁。颜真卿的书法初学褚遂良，后又得笔法于张旭，曾与怀素一起探讨书法。他对二王、褚遂良等书法深入研究，吸取其长处，彻底摆脱了初唐的风范，创造了新的时代书风。颜真卿的书体被称为“颜体”，对后世影响很大。颜真卿与赵孟頫、柳公权、欧阳询并称为“楷书四大家”。颜真卿还善诗文，有《韵海镜源》《礼乐集》《吴兴集》《庐陵集》《临川集》等作品均佚，宋人辑有《颜鲁公集》。

柳公权（778—865）字诚悬，京兆华原（今陕西省铜川市耀州区）人，兵部尚书柳公绰之弟，唐朝中期著名书法家、诗人。柳公权二十九岁时考中进士，早年曾任秘书省校书郎，并入李听幕府。唐穆宗、唐敬宗、唐文宗三朝柳公权官居侍书，长期在朝中任职。他共历仕七朝，官至太子少师，封河东郡公，以太子太保致仕，故世称柳少师。有一次，唐穆宗问柳公权书法运笔如何才能恰到好处，柳公权借机回答说："用笔在心，心正则笔正。"唐穆宗听出了弦外之音，声怒色变，这就是世传的"柳学士笔谏"的佳话。865年，柳公权去世，终年八十八岁，获赠太子太师。柳公权的书法以楷书著称，初学王羲之，并兼采历代书家之长，熔为一炉，自成一体，即"柳体"，他与欧阳询、颜真卿、赵孟頫并称"楷书四大家"。

23. 三千宠爱在一身

"三千宠爱在一身"出自唐·白居易《长恨歌》。杨玉环（719—756），号太真，祖籍蒲州永乐县（今山西省运城永济市韩阳镇独头村），唐朝追封齐国公杨玄琰（yǎn）之女，宰相杨国忠堂妹，唐玄宗后妃，宫廷音乐家、舞蹈家，中国古代四大美女之一。杨玉环父亲杨玄琰曾担任蜀州（今四川省成都市崇州市）司户，杨玉环生于蜀州，童年在蜀州度过。她十岁时父亲去世，被寄养在洛阳时任河南府士曹参军的三叔杨玄璬（jiǎo）家。杨玉环天生丽质，性格婉顺，加上优越的教育环境，使她具有很高的文化修养，精通音律，擅长歌舞，善弹琵琶。白居易在《长恨歌》中描述其为："天生丽质难自弃，一朝选在君王侧。"734年，唐玄宗的女儿咸宜公主在洛阳举行婚礼，杨玉环应邀参加。寿王李瑁（唐玄宗李隆基第十八子）与十六岁的杨玉环一见钟情，唐玄宗下诏册立她为寿王妃，婚后两人十分恩爱。745年，唐玄宗痛逝武惠妃，不顾礼节，乱了辈分，召年轻漂亮的儿媳杨玉环进后宫，册封为贵妃。杨家因此得势，操纵朝政，从此君王不早朝。唐玄宗游幸华清池，以杨氏五家为扈从，每家一队，穿一色衣，五家合队，五彩缤纷。传说杨玉环在观赏牡丹时，百花也为她的美貌所失色，羞愧地闭上花瓣，这便是羞花之貌。杨玉环与西施、王昭君、貂蝉被称为中国古代四大美女。唐玄宗为了博得杨贵妃的欢心，每逢荔枝季节总要派专人通过每五里、十里的驿站从四川驰运带有露水的新鲜荔枝，这才有了晚唐杜牧的诗句“一骑红尘妃子笑，无人知是荔枝来”。756 年，安禄山发动叛乱后，杨玉环跟随唐玄宗李隆基流亡蜀中，途经马嵬驿（今陕西省咸阳市兴平市西），士兵哗变，杨玉环被含恨赐死，时年三十八岁。白居易在《长恨歌》中描写杨玉环“回眸一笑百媚生，六宫粉黛无颜色”“后宫佳丽三千人，三千宠爱在一身”，可她也曾因一时失宠而借酒浇愁。一次，唐玄宗本与她约好设宴百花亭，同往赏花饮酒。次日，杨玉环久候不见唐玄宗，随后知道唐玄宗早已转驾西宫，于是羞怒交加，百般委屈，万端愁绪，无以排遣。遂命高力士、裴力士添杯奉盏，一个人喝起闷酒，酒入愁肠愁更愁，最后酒意涌上来后，作种种醉态，化作歌舞，怅然返宫。这便是京剧《贵妃醉酒》（又名《百花亭》）的剧情，内容远溯于白居易的《长恨歌》。

24. 满城尽带黄金甲

黄巢（？—884），曹州冤句县（今山东省菏泽市牡丹区）人，出身于盐商家庭，善于骑射，武艺高强，行侠仗义，唐末农民起义领袖，大齐开国皇帝。黄巢五岁时便可对诗，通诗书，成年后却屡试不第。少年时写诗有《题菊花》：

飒飒西风满院栽，蕊寒香冷蝶难来。

他年我若为青帝，报与桃花一处开。

当年他参加进士考试落选后，作首《不第后赋菊》：

待到秋来九月八，我花开后百花杀。
冲天香阵透长安，满城尽带黄金甲。

从这两首菊花诗可以看出，黄巢强烈的反抗意识和他的豪气冲天。此后，他离开长安，继承祖业成为盐帮首领。875 年，唐僖宗在位时王仙芝在濮州（今山东省菏泽市鄄城县北旧城）发动反抗唐朝统治的农民起义，黄巢为响应王仙芝起义，在冤句县（今山东菏泽市牡丹区）起兵。王仙芝起义失败被杀后，起义军投奔黄巢。878 年，黄巢军开始大规模起义。黄巢从揭竿起义到败亡山东泰山虎狼谷（今山东省济南市莱芜区西南景点），南征北战达十年之久，起义几乎遍及全国。881 年，黄巢军攻克洛阳，不久杀入长安。黄巢即皇帝位，建国号大齐。884 年，在唐王朝的镇压下黄巢力尽兵败，退至泰山虎狼谷自杀而亡，终年六十五岁。起义虽然失败，但沉重打击了唐朝的腐朽统治，加速了唐王朝的灭亡。

25. 白马三郎

闽太祖王审知字信通，一字详卿，光州固始（今河南省信阳市固始县）人，威武军节度使王潮之弟，五代杰出的政治家，闽国开国国君。王审知出身贫苦农户家庭，兄弟三人。唐末时中原大乱，农民起义风起云涌，王审知与两位兄长王潮、王审珪（guī）一起加入王绪的农民军，随之转战安徽、河南、福建。885 年，王潮推翻了不善用人、滥杀无辜的王绪，取得部队的领导权。893 年，他们攻下福州，之后实现全闽统一。唐朝任命王潮为福建观察使，王审知为副使。王审知才华出众，相貌英武，作战勇敢，平时爱骑白马，在家排行老三，在军中被称赞为“白马三郎”。897年，王潮去世，王审知接任兄职。909年，朱温升任王审知为中书令，封闽王。王审知统治蜀国二十八年，维护统一，很少树敌，注重与中原王朝保持朝贡关系，保境安民。他在位时，选贤任能，减省刑法，减轻徭役，降低税收，鼓励生产，发展贸易，与民休息，深得百姓爱戴。在他的治理下，福建出现了“千家灯火夜读书，万里桑麻商旅游”的升平景象，经济和文化得到很大发展。925年，王审知去世，终年六十四岁，谥号忠懿王，庙号太祖，尊称为“开闽尊王”“开闽圣王”“忠惠尊王”。

26. 五代不倒翁

冯道（882—954）字可道，号长乐老，瀛州景城（今河北省沧州市西北）人，五代时期著名宰相。冯道早年曾效力于燕王刘守光，历仕后唐、后晋、后汉、后周四朝，先后效力于后唐庄宗、后唐明宗、后唐闵帝、后唐末帝、后晋高祖、后晋出帝、后汉高祖、后汉隐帝、后周太祖、后周世宗十位皇帝，其间还向辽太宗称臣，效忠过十二位君主，都能位极人臣，始终担任将相、三公、三师之位，拜相二十余年，在乱世风云中始终立于政治的潮头。由此可见，冯道的政治才能、情商、智商之高，所以自称“长乐老”，人称官场“不倒翁”。冯道出身于耕读之家，品行淳厚，勤奋好学，善写文章。他的代表诗作《天道》：

穷达皆由命，何劳发叹声。
但知行好事，莫要问前程。

冬去冰须泮，春来草自生。

请君观此理，天道甚分明。

另代表诗作《偶作》：

莫为危时便怆神，前程往往有期因。

终闻海岳归明主，未必乾坤陷吉人。

道德几时曾去世，舟车何处不通津？

但教方寸无诸恶，狼虎丛中也立身。

从他的诗中可以看到冯道既洁身自好又委曲求全的人生哲学，用他自己的话来说“知足常乐、识时务”，也就是明哲保身。相传，有一个将士为了讨好他，在兵荒马乱中抢来一位美女送给冯道，冯道却见色不乱，将美女安置到另外一个房间，访求她的主人，将其送还。当年，冯道的父亲去世，他身为朝廷重臣回乡守孝，守孝期间仅住一间茅草屋，自耕自种，亲自砍柴，安于清贫，非常难能可贵。历史对冯道的评价有很大的争议，北宋对他的观点是“大节有亏，但私德长厚”。南宋对他的评价是“倾巧乱人，谋身卖国”“乱臣贼子”。欧阳修骂他“不知廉耻”，司马光更斥其为“奸臣之尤”。元代诗人刘因作有《冯道》一诗嘲讽道：

亡国降臣固位难，痴顽老子几朝官。

朝梁暮晋浑闲事，更舍残骸与契丹。

他没有原则的明哲保身、朝梁暮晋固然不可取，但冯道贵而不骄、谏君和臣、提携贤良、为民说话、勤俭廉洁值得后人传颂。954

年，冯道病逝，终年七十三岁，被追封瀛王，谥号文懿。他主持校订了《九经》文字，雕版印书，世称“五代蓝本”，为我国官府正式刻印书籍之始。

27. 花蕊夫人

花蕊夫人姓费，名慧，青城（今四川省都江堰市东南）人，五代十国女诗人、后蜀后主孟昶妃子。她因其色艺双全，尤善诗词，得幸于蜀主孟昶，封慧妃，赐号花蕊夫人。孟昶即位初期曾有所作为，恢复民生，发展经济，少有战事，使得国家形势好转。但后期骄奢淫逸，广纳美女，尤其花蕊夫人进宫后，更是风流快活，不理朝政。花蕊夫人喜欢芙蓉花，孟昶随令成都城内无论官民，家家户户都种芙蓉花。每当芙蓉盛开，沿城四十里如锦绣一般，成都也因此得名芙蓉城。965 年，北宋攻克成都，后蜀灭亡，花蕊夫人也随孟昶被俘送往开封。宋太祖赵匡胤待孟昶十分宽厚，封官晋爵，赐予豪宅。孟昶病逝后，宋太祖将花蕊夫人纳入后宫。宋太祖知道花蕊夫人能诗，要她即席吟诗，以显才华。花蕊夫人即吟当日离开蜀国途经葭萌关时写的《采桑子》：

初离蜀道心将碎，离恨绵绵，春日如年，马上时时闻杜鹃。
三千宫女皆花貌，共斗婵娟，髻学朝天，今日谁知是谶言。

宋太祖听罢长久不语，连饮三杯，要她再作一首。花蕊夫人沉思片刻，再启朱唇吟诵《述国亡诗》：

君王城上竖降旗，妾在深宫那得知。
十四万人齐解甲，更无一个是男儿。

宋太祖有感于花蕊夫人的故国之思、亡国之痛，更加深了对花蕊夫人的爱慕之心，花蕊夫人从此得到了宋太祖的宠爱，封为贵妃。花蕊夫人后来因介入宋廷权力之争，在立太子的问题上损害了宋太祖之弟赵光义的利益。史料记载，当花蕊夫人跟了赵匡胤五年的时候，在一次打猎时，被赵光义也就是后来的宋太宗乱中一箭射死，结束了她一生的悲歌。

经典智慧

1. 春江花月夜

隋朝的亡国之君隋炀帝杨广是历史上有名的暴君，弑父篡位，穷奢极欲，身败名裂，历来被作为反面教材。但杨广少年好学，喜欢诗文，他的诗文在中国文学、诗歌史上有着一定的地位。《春江花月夜》是 601 年杨广已被立为太子时创作的乐府诗：

暮江平不动，春花满正开。
流波将月去，潮水带星来。

《春江花月夜》表达了清丽明净的江南风物之美，诗中一个“满”字写出了花多无隙、江面花海的盛状。可以看出杨广的诗歌风格是丽而不艳，柔而不淫，有正言之风，雅语之气。

唐代诗人张若虚的诗作《春江花月夜》，则是站在江边赏月观潮，有感而发，沿用乐府旧题，运用富有生活气息的神来之笔，以月为主体，以江为场景，描绘了一幅清幽、宁静、美妙、迷离的春江月夜图。抒发了游子思妇真挚动人的相思离愁、追求热爱的多种情节，景中有情，情深似景，情景交融，气韵无穷。“不知江月待何人，但见长江送流水”，又更进一步表达了对人生、对宇宙的思考，充满哲理，素有“孤篇盖全唐”之誉。诗中好多名句被后世诗人所引用或化用，张九龄的“海上生明月，天涯共此时”可能化用了“春江潮水连海平，海上明月共潮生”；刘希夷的“年年岁岁花相似，岁岁年年人不同”可能化用了“人生代代无穷已，江月年年望相似”；李白的“青天明月来几时？我欲停杯一问之”，苏轼的“明月几时有？把酒问青天”，都有化用“江畔何人初见月？江月何年初照人？”的痕迹。其实，《春江花月夜》诗题最早原为南朝陈的陈后主陈叔宝所创，是乐府《吴声歌曲》名，陈后主所作艳曲之一，原词早已失传。他创作了此曲之后，后来很多人依曲赋词。陈叔宝的诗留存于世的仅一首《玉树后庭花》。陈叔宝荒废朝政，耽于酒色，醉心诗文和音乐。唐代诗人杜牧讥讽南朝陈朝政作诗《泊秦淮》：“烟笼寒水月笼沙，夜泊秦淮近酒家。商女不知亡国恨，隔江犹唱后庭花。”

2. 两肋插刀

“两肋插刀”出自明末清初文学家褚人获的《隋唐演义》，表示为朋友不怕死，比喻承担极大的牺牲。隋朝末年秦琼（即秦叔宝）在县衙当差，县太爷接上峰指令缉拿境内“响马”要犯，派秦叔宝带领众捕快实施抓捕。所谓“响马”，指旧时抢劫路人的强盗，因抢劫时先放响箭而得名。但在当时，这些专门劫富济贫的“响马”却被老百姓视为草莽英雄，抓捕名单中有好多是秦叔宝结交的江湖朋友。他先派人暗中通知被缉捕的朋友躲避，在抓捕途中又故意带领众捕快在两肋庄走错岔道，以保护那些“响马”朋友。最后，抓捕行动失败，秦叔宝受牵连遭到处罚。后来，这些“响马”朋友跟随秦叔宝聚义瓦岗，共举义旗。秦琼在两肋庄岔道口的表现，体现了他的兄弟义气，被人们传为“两肋岔道，义气千秋”。“两肋岔道”的“岔道”谐音“插刀”，最后演化成“为朋友两肋插刀”。

3. 明主遇名臣

魏徵（580—643）字玄成，巨鹿郡下曲阳县（今河北省石家庄晋州市晋州镇鼓城村）人，唐朝宰相，杰出的政治家、思想家、文学家和史学家。魏徵因直言进谏，辅佐唐太宗共同创建“贞观之治”，被后人称为一代名相。隋朝末年，隋炀帝暴政，各地反隋起义风起云涌。魏徵因为起草文书受到瓦岗军首领李密的赏识，在李密军中掌管文书。李密兵败于王世充后，魏徵随李密到长安投靠了李渊，在太子李建成的东宫做了小官，主管经籍图书。“玄武门之变”后，有人向李世民告发，魏徵曾劝说让李建成杀害秦王。唐太宗李世民找来魏徵，问他可有此事。魏徵神态自若，不慌不忙地回答说:“可惜太子没有听我的话，否则他不会落到今天这样的结果！”唐太宗觉得魏徵直爽，很有胆识，没有丝毫责怪他，还任命他为谏议大夫，后任尚书左丞。魏徵直言不讳，前后上谏两百多事，唐太宗全然接纳。有一年，唐太宗派人征兵，有大臣建议: 不满十八岁的男子，只要身材高大，皆可以入征。唐太宗同意后，诏书却被魏徵扣压没发。唐太宗非常生气追问此事，魏徵严肃地回答:“我听说，把湖水弄干来捕鱼，虽然能得到鱼，但是明年湖中就无鱼可捕了；把树林烧光来捉野兽，也能捕捉到野兽，但是明年就没有野兽可以捕捉了。如果那些不到十八岁的男子都征来当兵，以后还从哪里征兵呢？农田由谁耕种？税收由谁来交？到时候土地荒芜，财政空虚怎么办？”唐太宗听后采纳了魏徵的建议，重新下了一道诏书，免征不到十八岁的男子。有一次，魏徵进谏，言辞激烈，伤了唐太宗的面子。唐太宗回到后宫，大为恼火说：“总有一天我要杀了这个乡巴佬！”长孙皇后为此却向唐太宗祝贺道：“今天魏徵能直言不讳，正说明遇上了明主，自当祝贺。”唐太宗转怒为喜，厚待魏徵如初。明主使得从谏如流，名臣做到犯颜直谏，传为了千古佳话。魏徵著有《隋书》序论、《梁书》《陈书》《齐书》总论等，其言论多见《贞观政要》。其中最著名的是637年写给唐太宗的奏章谏文表《谏太宗十思疏》：“求木之长者，必固其根本；欲流之远者，必浚其泉源；思国之安者，必积其德义。”劝谏太宗居安思危，戒奢以俭，积其德义。643年，魏徵病逝，终年六十四岁。唐太宗悲伤地说：“夫以铜为镜，可正衣冠；以史为镜，可知兴替；以人为镜，可明得失。朕常保此三镜，以防己过。今魏徵殂（cú）逝，遂亡一镜矣！”

4. 兼听则明，偏信则暗

“兼听则明，偏信则暗”出自北宋司马光的《资治通鉴 · 唐太宗贞观二年》，意思是要同时听取各方面的意见，才能正确认识事物；只相信单方面的意见，必然会犯片面性的错误。有一次，唐太宗问宰相魏徵：“人主何为则明，何为则暗？”意思是我作为一国之君，怎样才能明辨是非，不受蒙蔽呢？魏徵答道：“兼听则明，偏信则暗。”解释为作为国君，只听一面之词就会糊里糊涂，常常会做出错误的判断；只有广泛听取意见，采纳正确的主张，您才能不受欺骗，基层的情况您也就能了解得一清二楚。也正因为如此，魏徵希望唐太宗让自己做良臣而不要做忠臣。唐太宗问魏徵良臣和忠臣有何区别。魏徵回答：“使自己身获美名，使君主成为明君，子孙相继，福禄无疆，是为良臣；使自己身受杀戮，使君主沦为暴君，家国并丧，空有其名，是为忠臣。以此而言，二者相去甚远。”魏徵的名言：“君主似舟，人民似水，水能载舟，亦能覆舟。”成为执政者千古名训。

5. 六试婚使

唐朝在唐太宗的治理下，经济繁荣，政治稳定，出现了万国来朝的大好盛世。西藏高原在松赞干布统一了各个部落之后，吐蕃成为一个强大的少数民族政权。640年，松赞干布派大相（相当于中原宰相）禄东赞带着重礼远到长安求亲，当时有五个国家的国王都派了使臣求婚。唐太宗决定让婚使们比赛智慧，谁赢了方可把公主迎娶，这便是历史上的“六试婚使”。今西藏拉萨的大昭寺和布达拉宫，仍完好地保存着描绘当时这一故事的壁画。第一试：绫缎穿九曲明珠，即将一根柔软的绫缎穿过明珠（有说汉玉）的九曲孔眼；第二试：辨认一百匹骡马和一百匹马驹的母子关系；第三试：规定百名求婚使者一天内喝完一百坛酒，吃完一百只羊，还要把羊皮鞣好；第四试：交给使臣们松木一百段，分辨其根和梢；第五试：夜晚出入皇宫不迷路（也有说是辨认京师万祥门的内门）；第六试：辨认公主。禄东赞依靠自己的聪明才智，一一破解。第一试：他将丝线的一头系在蚂蚁的腰上，在九曲孔眼的端头抹上蜂蜜，让蚂蚁爬过后，丝线顺利穿过九曲明珠。第二试：他将母马和马驹分开关在不同的马圈，而且一天内不给马驹喂料，不给喝水。次日，马驹被放回马群中，口渴的马驹们很快找到了自己的母亲吃奶，母子关系自然很容易被辨别出来。第三试：他不像别国使者大口吃肉，大口喝酒。如果这样肉没有吃完，人已经大醉了，更谈不上鞣好羊皮了。他让随从一边小口吃肉，小口喝酒，一边鞣羊皮。边吃、边喝、边干、边消化，不到一天的工夫，吐蕃的使臣们就把酒喝完了，肉吃净了，羊皮也鞣好了。第四试：他将木头全部运到河边，投入水中。木头根部略重沉入水中，而树梢那边较轻却浮在水面，木头根梢显而易见。第五试：他进宫时在关键路段涂上标记。第六试：他事先从服侍过公主的奶娘那里了解了公主的容貌和身体特征，从三百名衣着华丽、相貌相像的宫女中，一眼认出第六位是文成公主。禄东赞的出色表现，使唐太宗同意将美丽多才的文成公主远嫁吐蕃。文成公主原本是李唐远支宗室之女，640 年和亲时被唐太宗封为文成公主。其父史书未记载，多猜测为江夏郡王李道宗。641 年，二十四岁的文成公主在唐朝送亲使江夏王太宗族弟李道宗和吐蕃迎亲专使禄东赞的护送下，前往吐蕃，成为松赞干布的王后。松赞干布非常喜欢贤淑多才的文成公主，专门为公主修筑了布达拉宫，共有一千间宫室，富丽壮观。680 年，文成公主因患天花去世。文成公主与吐蕃松赞干布和亲，开创了唐蕃交好的和平时代，唐蕃自此结为姻亲之好，两百年间，凡新赞普即位，必请唐天子"册命"。文成公主远嫁西藏，促进了唐蕃之间的友谊。由于她的博学多能，对吐蕃国的开化影响很大，巩固了西陲边防，传播了汉族文化，做出了历史性的贡献。直到现在，文成公主依然被视为绿度母菩萨的化身，供奉在寺院中，受万民敬仰。

6. 请君入瓮

"请君入瓮"出自《资治通鉴 · 唐纪 · 则天皇后天授二年》，比喻以其人之道，还治其人之身。唐朝武则天任用的一批酷吏中，周兴和来俊臣最为有名、狠毒。他们利用诬陷、控告和惨无人道的刑罚，制造了很多冤假错案，杀害了许多正直的官吏和百姓。有一次，一封告发周兴与他人联络谋反的密信送到武则天手里，武则天大怒，令来俊臣严查。来俊臣知道周兴是个狡猾奸诈之徒，仅凭一封告密信，是无法让他说实话的。他苦思冥想，终于想出一条妙计。于是，他请周兴到自己家里吃饭，两人边喝边聊。酒过三巡，来俊臣请教周兴说："兄弟平日办案，常遇到一些犯人死不认罪，不知老兄有何高招？"周兴得意地说："你找一个大瓮，四周用炭火烤热，再把犯人放进瓮里，试想还有什么人会不招供呢？"来俊臣连连点头称是，随即命人抬来一口大瓮，按周兴说的那样，在四周点上炭火，然后回头对周兴说："宫里有人密告你谋反，上边命我严查。对不起，现在就请老兄自己钻进瓮里吧。"周兴立即跪倒在地，连连磕头说："我有罪，我招供！"来俊臣用"以其人之道，还治其人之身"的办法，不失为一种智慧，极为巧妙地使周兴招供，周兴被判死刑。

7. 国老狄公

狄仁杰（630—700）字怀英，并州（今山西省太原市）人，唐朝时期杰出的政治家。狄仁杰出身太原狄氏，历任汴州判佐、并州法曹、大理寺丞、侍御史、度支郎中、宁州刺史、冬官侍郎、江南巡抚使、文昌右丞、豫复二州刺史、洛州司马等职。691年，武则天时升任狄仁杰为宰相，他勇于犯颜直谏，以不畏权贵著称。狄仁杰力劝武则天复立庐陵王李显为太子，成为光复大唐社稷的重要支柱。狄仁杰经历了两个帝王时代，从唐高宗到武则天，尤为被武则天赏识。晚年的武则天逐渐耽于逸乐，身边需要一位德才兼备、经验丰富、忠肝义胆、嫉恶如仇、办事公正、仗义执言、执法严明的重臣来辅佐她处理朝政，狄仁杰成了最佳人选。当年，狄仁杰任大理寺丞时，一年之内判决了大量积压案件，从来不会误判案件，也不包庇权贵，以清明著称，深受百姓爱戴。武则天即位时，狄仁杰年事已高，二人之间的君臣之谊十分深厚，武则天称他为"国老"。上朝时武则天特准他不用跪拜，并告诫朝中官吏说："见狄公下拜，我浑身都痛。自非军国大事，勿以烦公。""国老狄公"的称呼，表达了武则天对狄仁杰非君而为君所敬重。狄仁杰有知人之明，先后培植举荐像张柬之（宰相）这样的重臣，多达几十人进入朝廷。有人对狄仁杰说："天下桃李，悉在公门矣。"狄仁杰回答："举贤为国，非为私也。"出将入相的狄仁杰，像一块巨大的磐石，稳稳镇住了大唐。作为一个封建统治阶级中杰出的政治家，狄仁杰每任一职，都心系民生，政绩卓著。700 年，狄仁杰病逝，终年七十一岁，武则天废朝三日，追赠文昌右相，谥号文惠。武则天痛哭道："朝堂空矣！"清朝公案小说《狄公案》，原名《武则天四大奇案》，又名《狄梁公全传》《狄梁公四大奇案》，讲述狄仁杰任昌平县令时平断冤狱及任宰相时整肃朝纲的故事。荷兰汉学家高罗佩曾根据中国小说创作《大唐狄公案》，全书有十六个长篇和八个短篇，描述狄公在州、县及京都为官断案、为民除害的传奇经历，1986 年，再版更名为《大唐狄仁杰断案传奇》。狄仁杰断案如神，被西方读者称为"古代中国的福尔摩斯"。

8. 诗仙李白

李白（701—762），字太白，号青莲居士，又号"谪仙人"，唐代伟大的浪漫主义诗人，被后人誉为"诗仙"，与杜甫并称为"李杜"，为区别李商隐与杜牧"小李杜"，杜甫与李白又合称"大李杜"。李白深受黄老列庄（春秋战国时期主流道家学派，"黄"指黄帝，"老"指老子，"列"指列子，"庄"指庄子）思想影响，有《李太白集》传世。他爱饮酒作诗，诗作中多以醉时创作，他的作品豪迈奔放，清新飘逸，意境奇妙，语言奇妙，立意清晰。代表作有《望庐山瀑布》《行路难》《蜀道难》《将进酒》《明堂赋》《早发白帝城》等。李白祖籍陇西成纪（今甘肃省天水市秦安县），出生于安西都护府之碎叶城（今吉尔吉斯斯坦境内）。五岁时随父迁居到绵州彰明县（今四川省江油县）的青莲乡，开始在蜀中就求漫游。715 年，李白十五岁时，已有诗赋多首，并得到一些社会名流的推崇与夸赞。718年，十八岁的李白，隐居在戴天大匡山（今四川省绵阳江油市内）读书。之后他辞亲远游，剑如长虹，过着浪迹天涯的生活，结交了许多文坛名流。李白仕途坎坷，怀才不遇，长期失意，贫困潦倒，只好把酒当歌，游山玩水。正是由于政府对他的排斥，才有了他“五岳寻仙不辞远，一生好入名山游”的幸运。728年，李白出游江夏（今湖北省武汉市），结识孟浩然。742年，由于玉真公主和贺知章的交口称誉，唐玄宗看了李白的诗赋，对其才华十分认可，便召李白进宫。唐玄宗问治世的道理，李白胸有成竹，对答如流。唐玄宗大为赞赏，随即令李白供奉翰林，给皇上写诗文娱乐，陪侍皇帝左右。李白并不喜欢御用文人的生活，从他的千古名句“世人不识东方朔，大隐金门是谪仙”“安能摧眉折腰事权贵，使我不得开心颜”中可以看出他的处世心态。而他让高力士脱靴、杨国忠捧砚的做法也引起了权臣的不满，最后离开朝廷，飘然而去。744年，李白到了东都洛阳遇到了风华正茂却困守洛阳的杜甫。李白比杜甫年长十一岁，二人一见如故，抒怀遣兴，借古评今。后遇到了诗人高适，高适当时也没在官场任职。三人胸怀大志，志趣相同，畅游甚欢，评文论诗，纵谈天下，忧国忧民。李白的千古名句具有“笔落惊风雨，诗成泣鬼神”的艺术魅力，如“抽刀断水水更流，举杯消愁愁更愁”“天生我材必有用，千金散尽还复来”“长风破浪会有时，直挂云帆济沧海”“飞流直下三千尺，疑是银河落九天”“大鹏一日同风起，扶摇直上九万里”“举头望明月，低头思故乡”“举杯邀明月，对影成三人”“总为浮云能蔽日，长安不见使人愁”等。762年，李白病逝（一说醉死），终年六十二岁。《旧唐书》对李白的死，只记载了一句话：“以饮酒过度，醉死于宣城。”相传，李白小时候不喜欢念书，好闲逛。一天，他在一间茅草屋前看见一位满头银发的老婆婆，在磨一根铁杵。他问道:“老婆婆,您在做什么?”老婆婆说:“我在磨一根绣花针。”李白说:“铁杵这么粗,什么时候能磨成绣花针呢?”老婆婆说:“只要下的功夫比别人多,没有做不成的事情。”李白听后很惭愧,经过勤奋努力,终成诗仙。“铁杵成针”出自明·郑之珍《目连救母·四·刘氏斋尼》,比喻只要有毅力,肯下苦功,事情就一定能成功。

9. 诗圣杜甫

杜甫(712—770),字子美,自号少陵野老,原籍湖北襄阳,后迁居河南巩县(今河南省郑州巩义市),唐代伟大的现实主义诗人,常被称为“老杜”,与李白合称“李杜”。杜甫在中国古典诗歌中影响非常深远,被后人称为“诗圣”,他的诗被称为“诗史”。杜甫年轻时曾先后游历吴越和齐赵,其间曾两次赴洛阳应举不第。他目睹了唐朝上层社会的奢靡与社会危机,纵有壮志凌云,也只能仗剑远游。他客居长安十年,奔走献赋,郁郁不得志,仕途失意,过着贫困的生活,甚至小儿子被饿死。其间,他结识了李白、高适,三人曾一同云游。755年,四十三岁的杜甫为生计所迫接受了一个于所学无用之职,被授予河西尉的小官,后改任右卫率府兵曹参军,负责看守兵甲器杖,管理门禁锁钥。757年,唐肃宗授杜甫为左拾遗,故世称“杜拾遗”。“安史之乱”爆发后,社会动荡不安,杜甫于759年弃官入川,在成都西郊盖了一所草堂,开始他最后漂泊西南的生活。杜甫在漂泊的十一年中,生活依然很苦,他憎厌官僚,喜欢和劳动人民往来,常心系苍生,胸怀国事。杜甫没有停止自己的创作,写有一千多首诗,比较有名的有《茅屋为秋风所破歌》《闻官军收河南河北》《又呈吴郎》《遭田父泥饮》《诸将》《秋兴》《岁晏行》等,都是当时最优秀的作品。在他流传千古的名句中,可以感受到他的志向、抱负、困苦和忧郁："会当凌绝顶，一览众山小""朱门酒肉臭，路有冻死骨""安得广厦千万间，大庇天下寒士俱欢颜""国破山河在，城春草木深""但见新人笑，那闻旧人哭""读书破万卷，下笔如有神""此曲只应天上有，人间能得几回闻""丹青不知老将至，富贵于我如浮云""白日放歌须纵酒，青春作伴好还乡""出师未捷身先死，长使英雄泪满襟""无边落木萧萧下，不尽长江滚滚来"。770年，杜甫在由长沙到岳阳的一条破船上病逝，时年五十九岁。"战血流依旧，军声动至今"，这是他最后忧国忧民的真情流露。一颗巨星就这样在无限的孤独、寂寞中陨落了。杜甫颠沛流离、悲催艰难、催人泪下的人生，为我们留下了一千四百多首诗。用白居易的诗句总结杜甫，"吟咏留千古，声名动四夷"，他创造了爱国主义的千古绝唱。

10. 长安米贵

"长安米贵"出自宋·尤袤（mào）《全唐诗话》卷二，比喻居住在大城市的生活不容易维持。白居易（772—846）字乐天，号香山居士，又号醉吟先生，祖籍晋阳（今山西省太原市），生于新郑县（今河南省郑州新郑市），唐代伟大的现实主义诗人，唐代三大诗人之一。白居易与元稹（zhěn）共同倡导新乐府运动，世称"元白"，与刘禹锡并称"刘白"。白居易十六岁时，带着自己的诗稿到长安拜访文坛前辈顾况，顾况看到白居易的名字时，嘲笑他说："长安米贵，居大不易。"顾况看到白居易的诗"离离原上草，一岁一枯荣，野火烧不尽，春风吹又生"，便马上改口："道得个语，居即易矣。"意思就是说，凭你所写的诗，完全可以在长安城内立足生存。800年，二十九岁的白居易考中进士，先后任秘书省校书郎、翰林学士，后被唐宪宗封为左赞善大夫。后因直言进谏，又多作讽喻诗，被贬为江州（今江西省九江市）司马。820年，白居易被召回长安，任尚书司门员外郎。《琵琶行》《长恨歌》是白居易写得最成功的作品，作品中用叙述、描写来表现事件，但言简意赅，声随情起，情随事迁。他在《与元九书》中提出了著名的“文章合为时而著，歌诗合为事而作”的现实主义创作原则，对于促使诗人正视现实、关心民生疾苦具有进步意义。他的诗中佳句“在天愿作比翼鸟，在地愿为连理枝”“天长地久有时尽，此恨绵绵无绝期”“同是天涯沦落人，相逢何必曾相识”“日出江花红胜火，春来江水绿如蓝”“试玉要烧三日满，辨材须待七年期”至今老幼皆知。白居易自酿美酒，质高出众，他曾为自家酿酒作诗：

开瓶泻罇中，玉液黄金脂。
持玩已可悦，欢尝有余滋。
一酌发好客，再酌开愁眉。
连延四五酌，酣畅入四肢。

从他的诗中能看出白居易常以伎乐诗酒放纵自娱，他的诗中有姓名之伎便有十多名，最出名的是小蛮和樊素。有记载：“白尚书姬人樊素善歌，伎人小蛮善舞。樱桃樊素口，杨柳小蛮腰。”白居易六十多岁时，得了风疾，半身麻痹。于是他卖掉坐骑并让樊素、小蛮离开自己嫁人，但美人与马均不忍离去。在他七十岁时，樊素和小蛮还是走了，白居易思念中写道：

两枝杨柳小楼中，袅娜多年伴醉翁。
明日放归归去后，世间应不要春风。
五年三月今朝尽，客散筵空独掩扉。

病与乐天相伴住，春随樊子一时归。

846年，白居易于洛阳去世，享年七十五岁。白居易去世后，唐宣宗李忱写诗悼念他："缀玉联珠六十年，谁教冥路作诗仙？浮云不系名居易，造化无为字乐天。童子解吟长恨曲，胡儿能唱琵琶篇。文章已满行人耳，一度思卿一怆然。"白居易有《白氏长庆集》传世，代表诗作有《长恨歌》《卖炭翁》《琵琶行》等。

11. 因诗致祸

刘禹锡（772—842）字梦得，河南洛阳人，自称"家本荥上，籍占洛阳"，唐朝时期大臣、文学家、哲学家，有"诗豪"之称。刘禹锡诗文俱佳，涉猎题材广泛，与柳宗元并称"刘柳"，与韦应物、白居易合称"三杰"，与白居易合称"刘白"。刘禹锡出身世代以儒学相传的书香门第，祖先为汉景帝贾夫人之子中山靖王刘胜。他聪明过人，勤奋好学，从小开始学习儒家经典和吟诗作赋，在作诗方面，曾得到当时著名诗僧皎然、灵澈的熏陶指点。他十九岁左右，游学洛阳、长安，在士林中已有一定的名气。793年，与柳宗元同榜进士及第，同年登博学鸿词科，曾任淮南节度使杜佑的掌书记。802年，刘禹锡调任京兆府渭南县主簿，不久迁监察御史。当时，韩愈、柳宗元均在御史台任职，三人结为好友，经常进行学术交流。805年，唐顺宗李诵即位，刘禹锡被任为屯田员外郎、判度支盐铁案，参与对国家财政的管理，积极参与"永贞革新"。唐宪宗时革新失败后，刘禹锡被贬为连州（今广东省清远连州市）刺史，后又被贬为朗州（今湖南省常德市）司马。814年，他回到长安，被授太子左赞善大夫。815年，刘禹锡在长安到玄都观赏桃花，回来后写了著名的《游玄都观咏看花君子诗》：

紫陌红尘拂面来，无人不道看花回。

玄都观里桃千树，尽是刘郎去后栽。

这首诗很快在长安城传开，有人对唐宪宗说："这首诗看似写桃花，实际是讽刺新提拔的权贵。"刘禹锡因诗致祸，唐宪宗再次将他贬到播州（今贵州省遵义市）任刺史。又过了十四年，裴度当了宰相，才把他重新调回京城。刘禹锡再去游玄都观，眼前看到一片荒凉，有感而发，写下《再游玄都观》：

百亩庭中半是苔，桃花净尽菜花开。

种桃道士归何处，前度刘郎今又来。

一些大臣认为他的诗是在发牢骚，在皇帝面前添油加醋地说了他不少坏话，仅三年后他又被贬到外地。《旧唐书》说他"终以恃才褊心，不得久处朝列"正是对他因诗致祸的总结。836年开始，白居易改任分司东都的闲职太子宾客、秘书监。刘禹锡晚年到洛阳，与白居易、裴度、韦应物等朋友交往密切，赋诗对吟，生活闲适。842年，刘禹锡病卒于洛阳，享年七十一岁。从刘禹锡的诗中可以看出他刚毅不屈的性格、伤感寂寞的无奈和忧患向上的情怀。他被贬为朗州时写有《秋词》：

自古逢秋悲寂寥，我言秋日胜春朝。

晴空一鹤排云上，便引诗情到碧霄。

他的《乌衣巷》更是脍炙人口：

朱雀桥边野草花，乌衣巷口夕阳斜。
旧时王谢堂前燕，飞入寻常百姓家。

刘禹锡被贬安徽和州时，非常势利眼的和州县令给刘禹锡安排了半间茅屋。次日，刘禹锡就写了篇文章，刻在石头上，立于门前，这就是那篇流传千古的《陋室铭》：

山不在高，有仙则名；
水不在深，有龙则灵。
斯是陋室，惟吾德馨。
苔痕上阶绿，草色入帘青。
谈笑有鸿儒，往来无白丁。
可以调素琴，阅金经。
无丝竹之乱耳，无案牍之劳形。
南阳诸葛庐，西蜀子云亭。
孔子云：何陋之有？

作品单纯、简练、清新，充满了哲理和情韵，借赞美陋室抒写自己志行高洁、安贫乐道、不与世俗同流合污的隐逸情趣。刘禹锡一生颠沛流离，在清贫中乐道，在苦难中达观，因其才华横溢、信念坚定，一直为后人所景仰。刘禹锡的著作有《刘梦得文集》《刘宾客集》，有《陋室铭》《竹枝词》《杨柳枝词》《乌衣巷》等名篇。他还撰写有唯物主义哲学著作《天论》三篇，论述了天的物质性，分析了“天命论”产生的根源。

12. 一生襟袍未曾开

李商隐（约 813—约 858），字义山，号玉谿生，祖籍怀州河内（今河南省焦作市沁阳市），出生于荥阳（今河南省郑州市荥阳市），晚唐著名诗人，和杜牧合称“小李杜”。李商隐的父亲李嗣曾担任获嘉县（今河南省新乡市获嘉县）县令，后任职浙江。李商隐十岁时，父亲李嗣病故，他随母还乡，“四海无可归之地，九族无可倚之亲”，过着艰苦清贫的生活。他易于伤感，勤奋好学，从小抄书挣钱，贴补家用。829 年，李商隐拜见了时任天平军节度使的令狐楚，令狐楚对他的才华非常欣赏，不仅教授他骈体文的写作技巧，而且还资助他的家庭生活，鼓励他与自己的子弟交游。837 年，李商隐考中进士，可惜这一年令狐楚去世，李商隐成为泾原节度使王茂元幕僚。王茂元极为欣赏他的才华，将小女儿嫁给李商隐。后因王茂元卷入“牛李党争”的政治旋涡受到牵连，备受排挤，仕途一直不能得志。839 年，李商隐第二次参加授官考试，才顺利通过，得到了秘书省校书郎的职位，不久，被调任弘农（今河南省三门峡市灵宝市）县尉。后来，他的仕途更为坎坷，一路荆棘遍布，让他万分痛苦。但他一直关心国家命运和百姓疾苦，在他现存六百多首诗中涉及政治、民生的内容占有很大比重。李商隐的作品刻意追求诗美，尤其是一些爱情诗和无题诗写得情意缠绵，优美动人，广为传诵。他的咏史诗借鉴历史的经验教训，讥评时事，有很高的成就。李商隐一生困顿，殚精竭虑，他留下的传世佳作，读起来总让人荡气回肠。他身居异乡巴蜀（今四川省）时写给远在长安的妻子王晏媄（一说写给亲友）的一首抒情七言绝句《夜雨寄北》：

君问归期未有期，巴山夜雨涨秋池。
何当共剪西窗烛，却话巴山夜雨时。

这首诗构思巧妙，跌宕有致，言浅意深，语短情长，具有含蓄的力量，千百年来吸引着无数读者，令人百读不厌。他的名作《无题》：

昨夜星辰昨夜风，画楼西畔桂堂东。
身无彩凤双飞翼，心有灵犀一点通。
隔座送钩春酒暖，分曹射覆蜡灯红。
嗟余听鼓应官去，走马兰台类转蓬。

全诗以心理活动为出发点，将作者细腻而真切的感受，以及只可意会不可言传的情感描绘得扑朔迷离、入木三分。另一首名作《无题》：

相见时难别亦难，东风无力百花残。
春蚕到死丝方尽，蜡炬成灰泪始干。
晓镜但愁云鬓改，夜吟应觉月光寒。
蓬山此去无多路，青鸟殷勤为探看。

诗中名句借用春蚕到死才停止吐丝，蜡烛烧尽时才停止流泪，来比喻男女之间的爱情至死不渝，成为一曲悲壮的千古绝唱。李商隐在官场之中异常失意的郁闷心境，他的佳作《登乐游原》便是其真实写照：

向晚意不适，驱车登古原。
夕阳无限好，只是近黄昏。

这首诗反映了作者的伤感情绪，他为排遣不得志的情怀而登上乐游原时，看到了一轮辉煌灿烂的黄昏斜阳，于是发出感慨，尤其后两句诗历来脍炙人口，其意蕴非常丰富，具有极高的美学价值和思想价值。840 年，唐文宗李昂虽想励精图治，去奢从俭，然郁悒成疾，含恨而终，李商隐为伤悼唐文宗作《咏史二首 · 其二》：

历览前贤国与家，成由勤俭破由奢。
何须琥珀方为枕，岂得真珠始是车。
远去不逢青海马，力穷难拔蜀山蛇。
几人曾预南薰曲，终古苍梧哭翠华。

作品从总结历朝历代统治经验出发，得出成功大都由于勤俭，破败大都因为奢侈的经验教训。作者借用嫦娥在月中的孤寂情景，抒发诗人自伤之情，创作有《嫦娥》：

云母屏风烛影深，长河渐落晓星沉。
嫦娥应悔偷灵药，碧海青天夜夜心。

全诗情调感伤，意蕴丰富，奇思妙想，真实动人。858 年，李商隐郁郁而终，时年四十六岁。他死后，朋友崔珏哀悼他：“虚浮凌云万丈才，一生襟袍未曾开。”这便是李商隐一生的真实写照。

13. 千古词帝

李煜（937—978），南唐元宗李璟第六子，初名从嘉，字重光，号钟隐、莲峰居士，彭城县（今江苏省徐州市）人，南唐末代国君。961 年北宋时，李煜即位，尊宋为正统，寄希望于向宋纳贡以保全基业。他坚持沿用北宋年号，每次会见北宋使者都换龙袍为紫袍（官服）。李煜从小无意争位，为了避免兄长的猜忌，从不问政事，志在山水，潜心于经籍乐律。而太子的病逝，改变了他逍遥潇洒的人生，在风雨飘摇的世界，二十五岁的李煜即位临朝，南唐的烂摊子也确实为难了性格懦弱的李煜。他在位期间，殷勤侍奉宋朝，除了岁贡，每逢宋廷用兵或有重大活动，皆有进礼以示支持和祝贺，表示臣服。对内为重振人心，确立威信，李煜重用旧臣，稳定政局。由于李璟时期战争连绵，南唐国小势弱，国库空虚，北宋一统的大势使得南唐亡国已成必然。但李煜依然爱民如子，减免税收，免除徭役，与民生息，可敬可贺。但他国策失误，外交软弱，得过且过，后期贪图享受，醉心经籍，不问政事，骄奢淫逸，作为皇帝是不称职的。尤其是后期，他在逃避中寻求一种虚幻，躲进词界乐一通，管他冬夏与春秋。从他大量旖旎轻浮的诗词中，可以感觉到听歌赏舞、吟诗作画、醉生梦死的奢靡生活。但就这么一位词人皇帝，委曲求全使南唐苟安一隅十五年，也实属不易。欧阳修在《新五代史》中批评李煜："煜性骄侈，好声色，又喜浮图，为高谈，不恤政事。"清代词学家郭麐（lín）曾感慨道："作个才子真绝代，可怜薄命作君王。"974年，宋太祖赵匡胤召南唐后主李煜到开封朝见。李煜担心自己被扣押，就派徐铉（xuàn）到开封求和，恳求缓兵。宋太祖直截了当地说道："不须多言，江南有何罪，但天下一家，卧榻之侧，岂可许他人鼾睡。"975年，李煜兵败降宋，被俘至开封，授右千牛卫上将军，封违命侯。李煜政治上的无能，却没有影响他文艺上的成就。他精书法，善绘画，通音律，诗词和文章均有一定造诣。其中以词的成就最高，语言明快，形象生动，用情真挚，风格鲜明，含意深沉，值得后人尊敬和学习。李煜亡国降宋前的词，主要反映宫廷生活和男女情爱，风格绮丽柔靡；亡国降宋后的作品，主要反映亡国之痛，对屈辱拘囚生活的愤懑，凄凉哀愁，意境深远，表达了对“故国”“往事”的无限眷恋。他的词存世共有三十八首，所传下来的千古杰作有《虞美人》《浪淘沙》《乌夜啼》等。他早年写给大周后娥皇的《一斛珠 · 晓妆初过》:

晓妆初过，沈檀轻注些儿个，向人微露丁香颗。一曲清歌，暂引樱桃破。罗袖裛（yì）残殷色可，杯深旋被香醪涴（wǎn），绣床斜凭娇无那。烂嚼红茸，笑向檀郎唾。

这首词抓住娥皇从化妆出场到终场赴宴极为微小而细致的动作，描写了他们恩爱生活的片段。李煜挚爱大周后娥皇（南唐司徒周宗长女），二人恩爱有加，却又热恋比娥皇小十四岁的妹妹周嘉敏（女英），暗中纳为姬妾。娥皇发现后，非常愤恨。李煜既多情又深情的特点，把自己推向痛苦的深渊。娥皇去世后，妹妹女英被立为皇后，也就是后来的小周后。亡国时小周后随李煜一同被俘至开封，李煜身为亡国之君，苟且偷生，甚至保护不了小周后被宋太宗强幸，那种屈辱、寂寞、清愁，化作万般无奈浸染在《相见欢 · 无言独上西楼》:

无言独上西楼，月如钩。寂寞梧桐深院，锁清秋。剪不断，理还乱，是离愁。别是一般滋味，在心头。

李煜亡国后悲哀的痛苦最后达到极限，在《虞美人 · 春花秋月何时了》里被表达得淋漓尽致:

春花秋月何时了，往事知多少？小楼昨夜又东风，故国不堪回首月明中！雕栏玉砌应犹在，只是朱颜改。问君能有几多愁？恰似一江春水向东流。

这首词很快传到了宋太宗赵光义那里，有人说这首词里表达了复国之意，这让皇帝起了杀心。其实，赵光义心里很清楚，这个懦弱无能的后主已根本无力回天。但当他一听见这首词的词句便为之震惊，“问君能有几多愁？恰似一江春水向东流”。赵光义深深地感到，李煜作为亡国之君只是他的阶下囚，李煜作为词人势必会活成一个真正的帝王，这才是宋太宗忍无可忍的真正理由。978年，宋太宗于开封赐鸩毒杀了李煜，时年四十二岁，追赠太师，追封吴王，世称南唐后主、李后主。李煜的生命随同李后主的一江春水，东流而去，而他的词作给了他在人类文化史上的永生，被世人称为“千古词帝”。